国際モンテッソーリ協会(AMI)公認シリーズ……02
Montessori Education

1946年
ロンドン講義録

マリア・モンテッソーリ…著
by Maria Montessori
アネット・ヘインズ…編
中村 勇…訳
AMI友の会NIPPON…監修
Friends of AMI NIPPON

風鳴舎

"The 1946 London Lectures"
by Maria Montessori
Edited by Dr. Annette Haines
Published by Montessori-Pierson Publishing Company©2012

※凡例：本文中、（　）内の小文字は訳者による注あるいは補足です。
原文に落ちがある場合は適宜テキストを補いました。

—謝辞—

この度、ＡＭＩ友の会ＮＩＰＰＯＮより「１９４６年ロンドン講義録」が出版されますことを心から喜んでおります。

何よりも、読みやすくお手に入りやすくなっておりますので、現在モンテッソーリ教育を学んでいらっしゃる方々にはもちろん、教師としてまたは親として、日々お子様のそばにいらして、彼らが自分自身の力で進もうとし、また、進まねばならない努力を見守り助けていらっしゃる方々にも、大変お役に立つことと存じます。

このお話が始まりましてから、その実現に向かって友の会のメンバーがこぞって協力してまいりました。

私も二〇一五年の四月にオランダのＡＭＩ総会に出席いたしました折に、現事務局長のリン・ローレンスさんと、本著の版権をお持ちのモンテッソーリ・ピアソン出版会社の社長であり、モンテッソーリ博士のひ孫にあたるアレキサンダー・ヘニー氏が特別な時間を設けて下さり、契約書を中心に正式な許可をいただきました。幸い、松本愛子さん、美浩さん、三浦勢津子さんも同席し、本書に続き次々とＡＭＩが出版しているブックレットが翻訳されることになったことを喜び合いました。

この度の出版にあたりましては、中村勇様が翻訳下さり、多大なるお力添えをいただきました。監修にあたりまして深津高子さんが担当して下さいました。

また、国際モンテッソーリ協会（ＡＭＩ）公認シリーズが着々と形になっておりますことは、友の会一同の喜びと感謝につきることでございます。

一般社団法人　ＡＭＩ友の会ＮＩＰＰＯＮ代表
東京国際モンテッソーリ教師トレーニングセンター所長
松本静子

出版によせて

マリア・モンテッソーリの「１９４６年ロンドン講義録」の出版は、モンテッソーリ教育界が待ち望んでいたことです。あるひと握りのＡＭＩトレーナーは以前からこの講義録の古い原本を知ることはできたわけですが、一度も校訂されてはいませんでした。このたび、ＡＭＩのトレーナーであり、その科学的教育学委員会（Scientific Pedagogy Group）の代表であるアネット・ヘインズ博士による根気強い編集作業が行われ、世界はやっと、モンテッソーリ博士の人生後半に行われた、３～６歳の子どもを対象とした教師養成コースの講義（本書）にアクセスできるようになりました。

長い間、この本の諸講義はマリア・モンテッソーリの３～６歳の子どもの業績の集大成であると言われてきましたが、実は、３歳以下――誕生から始まる発達――についても多くが言及されています。『新生児の心理学』というタイトルの講義があるほどです。

３～６歳の教師の方へは、モンテッソーリのこの年齢層の長年の研究による多くの提案と示唆があるでしょう。また、３歳以下の子ども達と仕事をする方には、モンテッソーリのインド時代に熟成した考えが、この魅力的な本に明確に描かれていることを知るでしょう。モンテッソーリ自身による３歳以下の子ども達のヴィジョンに特化した出版は僅かですが、この本が部分的にもその目的を果たすことでしょう。

日本で仕事をするモンテッソーリアンが、この本を入手できるようになったことは素晴らしいことだと思います。きっと皆さんの理解を助け、これまでの知識をさらに明確なものとし、また、皆さんを元気づけてくれることでしょう！

国際モンテッソーリ協会　０歳―３歳、３歳―６歳トレーナー

ジュディ・オライオン

目次

ロンドンは、モンテッソーリが第二次大戦後、再び完全なトレーニングコースを行なった最初の場所。この戦争の恐怖と大きな悲しみはまだ記憶も新ただった。そのためにモンテッソーリは、かつてないほどに強く唱えた。人類は世界を変える援助者としての子どもたちに、もっと目を向けなければならない。と。自分自身と、自分の心を新たな方向へ向け直さなければならない。教育計画が人間の偉大さを発達させることができる。

第2講義――科学的教育学…32

モンテッソーリは、一つの人格を変化させ、豊かにし、発達するのを助けるために科学をどのように応用するか語る。いろいろな「敏感期」の発見。教育者は子どもの見せる現象と、その隠されたエネルギーに導かれるべきである。

第3講義――心理学に基づく教育…40

小さい子どもたちの精神生活の現れを発見することの大切さ。子どもたちは、精神の発達が手の動きを通じて生じることを明らかにしてくれる。人間の精神生活の中の諸敏感期。生命の始まりの時期は最も大切な時期である。子どもの研究は人類の成熟を助けるために大切である。

第4講義――発達の段階…52

発達段階は〇～六歳、六～十二歳、十二～十八歳。生命は自然の諸法則に従って成長する。発達の三つの時期の特徴は、進歩は直線状ではないということ。従来の教育の誤った前提の一つは、自然のエネルギーを考慮に入れていないこと。

第5講義――遺伝と創造…60

人間の一生で最も大切なのは生まれてからの二年間。その時期には、身体の成長よりも精神的な創造が見られる。動物たちは遺伝的諸特徴に限定されるが、人間はあらゆることができる。小さい子どもは自分の環境から取り入れ、人間の精神を建設することができる。子どもは生む人である。嗅覚、味覚、触覚の働き。

第6講義――無意識の心理学…70

赤ちゃんの身体の全体的なバランスと人間の脳の大切さの記述。モンテッソーリは、意識の形成と、赤ちゃんの

目の力に注意を向けさせる。子どもは、無意識から潜在意識へと連続的な段階を経て、徐々に発達しながら、明確な意識に達する。子どもは、周囲を取り巻くものすべての一部でなければならず、できるだけ頻繁にことばを聞かなければならない。

第7講義―誕生時からの教育…80

意識は個人の内部でつくられる。ことばの発達のためには健全な聴覚が必要である。小さい子どもは人間の声に深く感動する。幼い子どもは、ことばを「持って」いないけれど、感受性はある。ことばは環境から、それも教師なしに吸収される。子どもは、その無意識の中に、私たち、意識ある者たちが持つどのようなものとも異なる力を持っている。子どもの「吸収する精神」は生活と環境を必要とする。

第8講義―ことばの発達…92

話しことばと聴きことばとは異なる発達の仕方をする。聴きことばは最初に発達する。私たちは、隠されている複雑なことばの準備（潜在意識）と、外に現れた表現（意識）とを区別する。ことばは徐々にではなく、階段状に発達する。一年間の「研究」と努力の後に、最初の意図したことばが話される。異なる種類の単語群の理解がそれに続く。

第9講義―自然との調和…103

二年後には、ことばに対するある内的興味が満たされ、子どもの主たる興味は環境へと移る。この段階では、子どもは環境からの援助と励ましを必要とする。

第10講義―知性の鍵をあける…111

子どもが、環境から明確な印象を得るのを助ける「感覚教具」の説明。相反する対照物と徐々に変化する漸次性の紹介により、観察力と知性の両方が洗練される。たとえば、もし、漸次性によって差異が均等に比較されれば、知覚の明確さが改善される。五感の孤立。

知的教育は知的発達と関係している。道徳教育と社会教育は、活動的な社会生活と関係する。子どもは生まれたときから、環境での社会生活に備えられなければならない。適応と行動。動物たちは適応のための遺伝的力を持っているが、人間は自分で構築しなければならない。動物の身体は、その精神的働きの道具である。まずは働きが創造され、身体はその働きに仕える。子どもは最初の二年間に、自分の属す集団への適応を築かなければならない。

人間は環境とそれへの適応との相互関係の中にいる。「コスミック（宇宙的）」な使命。まずは環境への適応が必要である。あらゆる動物は、環境中のすべてのものの調和ある相互関係のために働く一個の行為者である。生きているものは自分たちのためだけに働いているのではない。自然には一つの秩序があって、すべての生物が相互に関係している。生活の二面性の一つは意識的、もう一つは無意識的。同じことは人類にも当てはまる。人間は自分で環境に適応するよう準備する。そして、特に自分の手による仕事を通じて、環境を変化させなければならない。

私たちは、子どもが未来の文明に、より適切に適応するのを援助することによってのみ、人類を助けることができる。人々が社会を創造するには、ある本能が不可欠である。たとえば、移動するという原始的な本能があるが、一つの場所に止どまりたいという傾向もある。その他の面は、ことばと手の仕事、音楽に対する喜びと情操、宗教、国への愛、道徳の慣例などが含まれる。一つの集団は独特の特徴を築く。適応は地理的な面だけでなく、精神的な面でもなされる。私たちは子どもたちを、人類に変化をもたらす者として見なければならない。

子どもの行動が人間の精神を形成する。子どもは一個の「精神的な胎芽」。新生児は外界に適応するために大き

官である。活動の諸器官は知性を助ける。人間は発達するために仕事をしなければならない。私たちは子どもに正しい条件を与え、そして励ましと、必要なときには援助を与えなければならない。

第18講義―自立のための教育…192

大きな活動の時期の後には休息の期間が訪れる。生後二年の前半の間、さらなる運動の準備のために、多くの活動のサイクルがある。子どもは歩くことを好む。そして大人は子どもとともに歩かなければならない。その反対であってはならない。子どもに歩かせよう。そして子どもがどのように歩くかに注意しよう。子どもは環境を探索する。

第19講義―いちばん大切な年齢…201

環境にある活動を通じて、いろいろな機能が正常に発達する。身体的あるいは精神的な栄養が不足すると、「抑制」が起こる。私たちは子どものことをシルエットとして考えることができる。身体の周りに将来その子がなるであろう人間のアウトラインを持ったシルエットである。逸脱はいろいろなショックや傷が原因になる。その唯一の治療法は、秩序ある活動と環境での経験である。早い時期の誤りは三～六歳の時期に訂正することができる。

第20講義―社会的な問題を解決する…212

子どもは〇～三歳の間に人間を創造する。その後、世界に出ていって、〇～三歳の頃を忘れてしまう。子どもたちは三歳で他の子どもたちとの社会を必要とする。子どもたちはこの年齢では、年上の子たちを模倣する。三～六歳からは、欠陥はもっと定着する。身につけたものすべてが発達し、完成される。その例がことばの吸収である。教師たちは正しく話すよう注意を払わなければならない。何かを理解するということは抽象的な考えではない。それは人間形成期の間に発達しなければならない。理解、友愛などは、子どもたちには早くも〇～三歳の時期に生じ、三～六歳の時期に定着し、大人になってからでは遅い。

第21講義―仕事と遊び…220

一般的に見て、三〜六歳の子どもたちは遊び、遊ぶことを通して諸特徴を形成する、と考えられている。(玩具類を買えない) 貧しい人々の中に、私たちはこの形成期の本当の諸特徴を見る。小さい子どもたちは、大人たちの行動を真似することによって、遊びの中で仕事をする傾向を持っている。私たちは、自分の知性を形成し維持するために、自分の手を使わなければならない。新たなことが明らかになった。それは、子どもたちは真剣に仕事をし、「**集中**」という偉大な力を持っているということである。知性に導かれた (手を使う) 活動だけが、集中を生み出すことができる。子どもたちは、環境での仕事を通じて精確さという力を形成しなければならない。私たちは子どもに人格の統合を築く手段を与えなければならない。

第22講義―運動と性格…229

身体は非常に複雑な機械と似ている。人間の精神は、自分が置かれている状況に応じてこの機械を働かさなければならない。本質は知的な動きにある。意志と筋肉の間には関係がある。自由に行動する子どもは性格を変える。目的のあるすべての知的な運動は、発達の正しい道に関係する。体操に関係すること。「日常生活の練習」は自然な運動である。このような自然な仕事はすべて性格を発達させる。私たちはまず興味を持たなければならない。

第23講義―手…237

すべての生命は動く。世界の創造はこれらすべての運動と目的との調和である。私たちが行動について語るとき、それが人間であれ動物であれ、彼らの目的ある運動について言及している。運動と手の使用は、五感の発達を助ける。手は内的生命の器官である。無意識の生活の時期には自然が指揮を取るが、三〜六歳からは意識を持ち、意志の力を使って自己構築しなければならない。私たちはこれら二種類の発達を理解しなければならない。

第24講義―想像力の建設…244

年齢によって、知性の建設には異なる段階がある。動物の知性は、いろいろな物を認識できることにあるが、人間の知性は想像力に富んでいて、それが知性の本当の姿である。人間は目の前に無い、いろいろなものを想像でき、それを建設できる。無意識の活動は知性の建設に結びついている。想像力は一生続く。

第25講義―拡張する教育…255

子どもの知識は現在に結びついている。幼い子どもは「吸収する精神」を持っているが、それはだんだんと意識的になる。幼い子どもたちの「吸収する精神」は、最も広範な枠組みにおいても、何でも取り入れることができる。自然はこの隠れた普遍的な力を、幼い子どもたちに与える。人々の間にある相違は人生の始まりには生じないが、後に彼らが得る機会に応じて生じる。進歩は発見や、想像的な建設とともにやって来る。私たちは子どもに、人生の始めから活動的になる機会と、そのヴィジョンとを与えなければならない。

第26講義―真実とおとぎばなし…264

子どもたちは環境から多くの知識を取り入れる能力を持っている。しかし、それは自分の活動を通じてだけである。幼い子どもたちは自分の手を使って仕事を始める。そして、外界にあるいろいろな物に深い興味を持つ。また、子どもたちは大人が語り聞かせる物語から学ぶ能力も持っている。私たちはまるでおとぎばなしのような形で子どもたちに物語を与えることができる。そして、物語を使いながら彼らに知識を与えることができる。たとえば、歴史は想像力を身につける練習になりえるが、想像力がおとぎばなしを通じてしか、育たないと考えてはならない。知識は想像力によって、取り入れられるべきで、暗記によってではない。改革とは単なる授業科目の改革であってはならず、深い心理学的な改革でなければならない。

脳は単に受動的ではなく、絶えず能動的で建設的である。精神的発達は成長の自然なプロセスの一つである。私たちはまったく新しい何かを想像することはできない。私たちはたくさんのイメージを環境から取り入れなければならない。脳につながるには環境が仲立ちをしてくれる。頭の中にある、いろいろなイメージは抽象（一般化）に至る。いくつかの教具はいわゆる「具体化された抽象概念」を表現している。私たちは、「**感覚教具**」を発達への援助として、また、脳を秩序づける援助として与える。知性は識別することができるようになる。私たちは、抽象、象徴、総合を通じて、自分の脳を建設する。

宗教を教えるには子どもたちの心理に基づかなければならない。言語と宗教は、全ての人間集団が持つ二つの特徴である。私たちは子どもたちに宗教を与えてはならない。その代わりに、（環境の影響によって）子どもの中に宗教が発達するのを見なければならない。子どもたちは誕生から六歳までに、（吸収によって）宗教的な栄養を見つけなければならない。子どもたちにとって神聖すぎるものはない。子どもたちは、ことばを吸収するのと同じように、宗教を吸収する。魂の発達の三段階の識別。

道徳とは本来、他の人々との社会関係から生じた慣例である。私たちは道徳教育に対して単一のカリキュラムを持つことはできない。なぜなら、必要とされることが一定の発達段階と密接に関係しているからである。七歳までは「難しい子どもたち」なのだろうか？　原因は、生命に必須の何らかの要素が欠けていることに違いない。私たちはそのことを、親たちの視点から考えなければならない。七～十二歳は幸せな時期である。この年齢の子どもたちは善悪の問題に興味を持っている。思春期の子どもたちについては、入念な研究を要するたくさんの問題がある。

大人たちは時代が要することに自分自身を適応させなければならない。道徳教育は精神生活と社会に関係している。道徳を教えるのは間接的である。大人、子ども、そして環境が三位一体である。自然は身体の発達を守ってくれるが、精神の発達は、そのように強力な守り手を持っていない。自然はいくらか助けるだけである。たとえば母性愛がそうである。環境は逸脱を引き起すたくさんの障害物を持っている。いろいろな「抑制」は、精神の飢えと活動不足の一つの結果である。「**正常化**」を通じて、すべてのエネルギーが統一され、一人の新しい人間が現れ出ることができる。

さまざまな形の「行儀の悪さや粗暴さ」は「集中」を通じて消える。集中は活動を子どもの内部の何かと結びつける。正常さは集中という現象を通じて起こる。内面の再建を助けるには、二つのことが考慮されなければならない。一つはこの再建をもたらすために、私たちは何をするべきなのか？　もう一つはその後のさらなる発達を助けるために、何をするべきなのか？

私たちの眼は「集中現象」の観察のために、訓練されなければならない。注意すべきことは、集中している子どもの邪魔をしないこと。子どもたちが正常化するときには、正常さを援助できる新しいタイプの教師が必要とされる。教師は魅力的であるだけでなく、品位がなくてはならない。

「集中現象」の後、子どもたちは本当に新しい子どもたちになる。集中はいろいろな欠陥を直すだけでなく、一つの新しい力を解き放つ。その力は結果として、多くの活動と新たな態度に現れる。七歳ごろ、もう一つの社会的な秩序が始まる。それは社会環境への容易な適応である。学校は社会であり、三年間の年齢幅のある子どもたちは一つの連帯する集団を形成する。もしこの年齢で発達の自由があれば、その結果はその子が大人になったときに見られるだろう。

まえがき

モンテッソーリムーブメントの一〇〇年間の歴史の中には、航路標識のように際立ついくつかの出来事がある。その中の一つが、一九四六年のロンドンでの教師養成コースである。これは、マリア・モンテッソーリと息子のマリオによって、第二次世界大戦という大変動によって強いられた七年間の亡命後に、ヨーロッパに戻って最初に開かれたコースである。

このコースは――これ自体でも歴史的な視点で興味深い一つの里程標である――地味ではあるけれど、大きな意義を持つ教育学的な結果になるはずだった。というのは、「一九四六年講義録」はＡＭＩのすべての三～六歳コースの基礎になるはずだったからである。

アネット・ヘインズが「編者のノート」に書いているように、マリアとマリオの一九四六年の講義は当時の印刷方式で再生された。その方式は、私たちの進んだ技術的な視点から言えば、恐ろしく古風なものだった。

何年間、たぶん数十年間にさえもわたって、気をもんでいたトレーナーたちは、これらの脆くて、徐々に判読しにくくなる文書を、か弱い病人にふさわしいような注意を払って扱っていた。何年間、たぶん数十年間にさえもわたって、この状況を正すために何かがなされなければならないと、時々せっかちなつぶやきとして聞こえ、またある時は、うやうやしく、そっと小声で主張された。というのは、一つのことが確かだからである。つまり、これらの諸講義はマリア・モンテッソーリの教えにおいて超えられない一つの到達点であり、彼女の教育学的な諸原理と実践を理解し、実行にうつすための明確で力強いガイドラインが含まれているからである。したがってこれらの講義は、私たちの子どもたちを教育するのに必要な、思慮深い優れた知識を、これから教え広めようと目指す人たちにとっての唯一の出発点なのである。

そして、これらの講義は今日まで、まるでF・H・バーネットの『秘密の花園』のように、だんだんと足を踏み込められない状態、そのままで残されていたのだ。そしてついに、モンテッソーリ学識者の感受性を持つ、有能な庭師のようなアネット・ヘインズが、イバラを取り除き、小道を開けて、これらの原稿を剪定してくれた。でも、決して講義の構成とそのエッセンスはいじりはせずに。

とうとう「一九四六年講義録」は、マリア・モンテッソーリ特有の、すべての優雅さと共に世界に出て行く用意ができた。これらによって、モンテッソーリの知恵、知識、経験が、遠くへそして広く普及し、現在と未来の無数の子どもたちに恩恵をもたらしますように。

レニルデ・モンテッソーリ©二〇一二
（モンテッソーリ博士の孫で元AMIの事務局長）

編者のノート

一九八二年、私がAMIの「トレーナー（教師養成者）養成プログラム」にいたとき、私の師であるパール・ヴァンダウォール（Pearl Vanderwall：一九一九〜二〇一五年、米国セント・ルイスのトレーニングセンター創始者）がファスナーで閉じられて南京錠のかかった、小さい擦り切れそうなスーツケースを私に見せた。ヴァンダウォールは当時セイロンと呼ばれていた頃、マリア・モンテッソーリの養成を受けた人だった。彼女はどこか儀式めかして南京錠を開け、スーツケースのファスナーを開いた。そして、非常に注意深く、黄色に変色した謄写版刷りの紙束を取り出した。その用紙は脆くて、文字はかすれていた。タイトルページには、「一九四六年、ロンドンでの教師養成コース中に、マリア・モンテッソーリ博士が行った講義」と記されていた。さらに、わけのありそうな登録番号№二二〇七二三と「独占著作権。国際モンテッソーリ協会所有」という警告が書かれていた。これらの出版されていない講義録は、まるで忘れられた金鉱のようだった。入り口はめったに通り抜けられなかったが、約束された宝が内部にあったのだ。

私が「一九四六年講義録」に出会って以来、25年の間に、私の最初の予感は真実だと分かった。これらの講義は金鉱なのである。しかし、その真価を明らかにするためには、深く穴を掘り、採掘され、削られなければならない。読むのがいつも容易なわけではない。これらの講義を編集するに当たって、私はモンテッソーリのことばの調子とリズムを留めながら、元の形を保つように努めた。それは、原本の文の構成を保存することを意味する。時には荒っぽい翻訳も。したがってこれらのページは、文体としては完璧な英語ではないかもしれない。そのスタイルは英米どちらの英語でもないかもしれない。しかし、これらのページが読者に、それらが常に私に提供してくれたもの、つまりマリア・モンテッソーリの声を自分が聴いているという感じを、与えられたらと思う。

それは円熟した声だ。一九四六年のモンテッソーリ博士の声、死の六年前の声である。読者は読んでいると、博士が、アルゼンチンからオーストラリア、インドからアメリカ合衆国へと、世界を回って来たと感じる。そして、数えきれないほどの物事、特にサン・ロレンツォでの発見――子どもと人間の発達の本性についてのさまざまな発見――を、深く科学的に観察し、何回も何回も確認した、と感じる。一九四六年までには、彼女は自分に完全に自信を持ち、自分の言っていることに自信があった。しかし、これはいささか不安を感じている女性の声でもある。繰り返し誤解されてきたからである。これらの学生向けの講義で、彼女はことばを大槌のように使って、強調のために繰り返しつつ、自分の論点を納得させる――まるで、たぶん今度は誰かが理解してくれるだろう、たぶん今度は誰かが自分の示唆したことを実際にやってくれるだろう、と考えているかのように。それは、一つの考えに専心し一生を過ごした一人の女性の円熟した声である。そして、あまり時間が残っていないと、彼女が知っている感じもある。

そのせいで彼女は、これら33の講義では、婉曲な物言いをしていない。現代の女性として彼女は、乳幼児心理学についての当時の研究と考察だけではなく、戦後の英国の傾向にも言及する。彼女は自分の経験に基づいて話をする。何らかのイデオロギーや知的あるいは政治的立場からではない。そして、幼児期だけではなく、乳児期、小学校時代、思春期という全体としての人間の発達の探究に費やされた一つの生涯の円熟した知恵をもって語る。

彼女のいろいろなことばは、刺激し熱中させる武器として使われる。彼女はマドラス（現在のチュンナイ）とバンガロールの活気ある市場と、イギリスの制服を着た乳母たちや、乳母車、無菌の保育所のある、もっと衛生的な英国ライフスタイルとを比べる。「イギリスの乳母は」と、彼女は言う。「世界で最悪です」。彼女は、翻訳が常におおよその意味だけを伝えるだけであることを知っているので、学生たちを扇動するために意図的に衝撃的な比喩を用いる。たとえば、「……出産は手術ではありません。一人の女性は、できものを取り除かれ、もう一人は赤ん坊を世の中に生み出します。できものは保存水の中に、赤ん坊は籠に入れられます」と言ったりする。

同じ講義の中で、最初の入浴をしてもらっている新生児を「肉屋からやって来た死肉の一片」にたとえた後、彼女は決定的な言明をする。「私は子どもたちが病院で生まれるのに反対です」と。

しかし、誇張と美文調のことば遣いの傾向にもかかわらず、そして彼女のストーリーテリングの傾向（これはもちろん真の教師のしるし）にもかかわらず、その下にあるメッセージは残っている――小さい子どもは「私たちの未来の希望」であるという、モンテッソーリが永続している深遠な信念である。

一九四六年講義録の原本は、新しくフォトスタット複写機によって複製された。この複写は本文が薄れて消えるのを防ぐために日光に当てないようにしなくてはならない。それは、これらの講義を日の光の下に持ち出す一つの努力である。

このような仕事は、共に働いてくれる多数の人々がいなければ、できなかったであろう。私を助けてくれた、ＡＭＩ（Association Montessori Internationale = 国際モンテッソーリ協会）のすべてのスタッフに感謝する。サンドラ・ジラートとレニルデ・モンテッソーリは原稿を注意深く読んで、配慮の行き届いた示唆を与えてくれた。心理学博士であるシルビア・デュバボイは潜在意識、無意識、意識という術語の私の理解を補ってくれた。最後に、この貴重な企画を私に任せてくれたモンテッソーリー・ピアソン財団（Montessori-Pierson Estate）とモンテッソーリー・ピアソン出版社（Montessori-Pierson）とに感謝する。

米国セントルイス国際モンテッソーリ教師トレーニングセンター所長
ＡＭＩ科学的教育学委員会　委員長
アネット・ヘインズ
二〇一二年

1946年の教師養成コース宣伝用パンフレットからの複写２枚

〈１枚目〉

第28回

（国際）モンテッソーリ教育

教師養成コース

指導者：マリア・モンテッソーリ医師　D.Litt.（文学博士）

管理委員会議長

J. エワート・スマート，M.C.,（下院議員）M.A.,（文学修士）B.Sc.,（理学士）Ph.D.（哲学博士）

学科管理者

マリオ・M. モンテッソーリ

ロンドン

1946年９月２日－12月20日

(1946年の教師養成コース宣伝用パンフレット)〈２枚目〉

第28回国際モンテッソーリ教育教師養成コース
1946年９月２日－12月20日
ロンドン

この島々の子どもを愛するすべての人たちは、モンテッソーリ博士がきわめて大きい成功を収めた教育的なインド逗留の後、1946年９月から始まる４か月間の教師養成コースを開くことを知って、喜ぶであろう。

モンテッソーリ博士は、若い医学職員として、子どもの立場を擁護するライフワークに献身するために、ローマ大学を去った日からはるかに遠くまで来た――そのライフワークはその特性と適用において、特定の一つの国に限られずに広く行なわれている。

彼女は、医学の訓練を精神病院での実践とその後のローマ大学における哲学と心理学の勉学とで補って、自分の知識をすべてのタイプの学校で、さまざまな国々で、また、過酷な条件のもとで、子どもたちを教える時に、直接、適用した。

しがって、彼女が開発した諸原理は、実験の段階を通り過ぎてから久しい。それらは既に認められ、現代の教育実践のスタンダードとして受け入れられている。これらの原理はきわめて厳しい精査と考察との対象となってきた。しかし、それらを適用した実践教師たちは長年にわたって、それらを放棄しようとか、自分たちの教育法を変えようとかという望みをまったく示してこなかった。実際に、教師たちの多くが、子どもの精神についてのモンテッソーリ博士の理解に驚きと感嘆の声をあげるのが聞かれた。そして教師たちは、ときどき催されるさまざまな研修会や個人指導にしばしば参加した。

モンテッソーリ・スクールでは、子どもたちは仲がよくて相互に作用する社会集団として一緒に生活する一方で、教育上の諸課題の追究に自発的な衝動と喜びを示す。

抑圧による規律はもはや存在しない。それはもっと幸せで、もっと現実的な何かに入れ替わった――自己活動に。

モンテッソーリ・システムは初め、幼児の学校に適用された。しかし、諸原理をすべての教科を教えることに、それぞれの年齢での成長の法則の研究に適用するために、苦労をいとわないいろいろな研究が絶えず行なわれてきた。

今回のコースでは、初等教育の全範囲に有効だと立証されたいろいろなメソッドを示すことが提案されている。コースの参加者たちは、あのように傑出した人格の教育者、モンテッソーリ博士個人に会う機会を持つという非常な幸運に恵まれるであろう。彼女の指導のもとで学ぶことは、将来の学生たちが羨むことになる特権である。

モンテッソーリ・スクールでは、子どもは自分自身になり、自分の王国を確立したのだ。

J. エワート・スマート

(J. E. S.)

1946年ロンドン講義録

マリア・モンテッソーリ 著
アネット・ヘインズ 編

Montessori-Pierson Publishing Company 刊ⓒ2012　英語での再版ⓒ2013

第1講義　一九四六年九月三日

生命への援助としての教育

私たちはみんな、過ぎ去ったばかりの悲しい時期によって結ばれています[1]。過去の年月の出来事によって私たちはつながり合っています。このごろは以前にもまして、私たちの希望は、教育が世界の状況をより良くするための援助を提供することです。今や人々はあらゆるところで、教育は世界の未来のための希望であると語ります。今にいたるまでは、教育はただ多くの事柄の一つにすぎませんでした。たぶん、それ自体で当たり前であって、本質的にほとんど大切ではありませんでした。教育は社会の外にある何かと見なされていました。というのは、教育は小さい子どもたちだけ、若い学生たちだけ――まだ市民ではない人たち、社会の一部になっていない人たち――を扱うからです。今日、教育はそれとは別の、何かだと見られています。何か不可欠なもの、世界が再建されるべきだとすれば、使われなければならない何か大きい力と見られています。

そうです、人々がついに説得されたかのように思えます――次のような考えが広まっています――もし世界がより良くなるべきならば、子どもたちからの助けを期待する必要があるだろうという考えです。そのような考えが世界中のすべての男性たちと女性たちの間に広く広まったのは、歴史上で初めてです。私たちは常に、大人たちは子どもの助けになれるかもしれない、大人たちは子どもの生存と発達に必要なのだ、ということが分かっていました。しかし、子どもが私たちの助けになれたでしょうか？　文明の助けになれたでしょうか？　この考えは決して人間の心には浮かびませんでした。過去においては、特にこの前の世代においては、人々そして社会でさえも、子どもたちの発達を助けるために子ども時代の環境を改善し、そして子どもたちの境偶を良くするために働きました。しかし、子どもが私たちの助けになれると考えた人はかつていませんでした！

子どもが私たちの未来の希望になりえる、それも過去よりもよりよい未来という希望になりえるという考えは——馬鹿げたものでした！

このことはたぶん、平和を愛する人々、最善の意図を授けられた人々が平和の支配する世界をつくり出そうと真剣に努力したので、起こったのです。そして、人々は成功しなかったのです。平和というこの理想に向かって、人類がこれまでいかに懸命に働いてきたか、いかに多くの道徳のガイドラインをつくってきたか、考えてみましょう。「互いに愛し合いなさい」と何世紀にもわたって説かれてきました。そのせいで、平和、友愛、人間性へのこの願いが未だ成功していないとすれば、何かが欠けているに違いない、何か私たちがこれまでに知らなかったものが、私たちが発見しようと探すべきものが。何が欠けているか見つけたいという一つの切望とも言えるものがあります。私たち自身に何かが欠けているのでしょうか？　私たちの敵たちに何かが欠けているのでしょうか？　それとも人類全体に欠けている何かでしょうか？　このように、すべての精神が満たされず、答を求めているのです。

このようにして、この時代の注意は、一つの点に焦点を当てるようになってきました。その一つの点とは子どもです。子ども時代はかつてに比べれば、どんなに違って考えられているか、皆さんには分かるでしょう。私たち、この光の点に焦点を絞る者たちは、その謎、その光、その助けから人類に何が欠けているかを既に学びました。子どもを援助しようと努力していた過去においては、私たちの態度は常に、子どもとは私たちの憐れみ、私たちの思いやり、そして私たちの助けを必要とする人間、として扱うというものでした。私たちは子どもをそのような位置に追いやることで、子どもが私たちの救済のために、もたらしたかもしれない助けを無視しました。過去においては、あらゆることが大人のためになされました。文明のすべての仕事は大人のために、大人によってなされました。したがって、子どもは社会の外に止どまり、一人の市民とは考えられませんでした。社会に正義をもたらすべくいろいろな法律は、子どもを考慮していませんでした。民主主義、私たちがそのためにもう一つの戦争を戦ったばかりの民主主義、世界の大部分を治めている民主主義は子どものためには存在しません。皆さんは誰かが——世界のどこででも——子どもがこの民主主義から、この正義から利益を得なければならない、と言うのをこれまでに聞いたことがありますか？　文明は大人のためにつくられています。社会的な集団が戦うとき、戦争に勝利するとき、人々はいろいろな権利——人々の諸権利、よりよい諸条件、よりよい生活——のことを語ります。しかし、人々が語るのは大人のためのよりよい生活です。子どものためのものではありません。子どもについてはまったく考慮されませんでした。

私たちが人間の定義を大人たちだけに限ったことが間違いだと私は考えます。社会の目では、人間や市民だと考えられるのは大人だけです。しかし、人間であるのは大人だけでしょうか？　そして市民は？

私はこのことから、ギリシアのピグマリオンの伝説を思い出します。彫刻家がある像を作り、それに恋をします。彼の愛はたいへんに大きかったので、彫像に生命を与えました。これが、私たちが今、人類のことを考えている考え方です。私たちは意識しないで、社会のいろいろな集団を突然に人間になる彫像だと考えています。しかし、そうはなりません——それらの集団は突然に大人の人間、あるいは大人の社会集団として現れるわけではありません。彫像が生命を持つようになるという物語は、今までよく映画化されてきました。人間は機械を作ります——機械は生命を吹き込まれます——でも魂はありません。それが怪物になるのです。これが、私たちの精神のもう一つのあいまいな点です。人類は——大人が血に飢えて大量殺戮にふけるとき——一個の怪物です。(2)しかし、怪物も突然に生命を持つようになるわけではありません。一瞬、あるいは一時間、一週間、一年の間に創造されるわけではありません。大人時代は何年間もの苦しみと戦いの結果です。この大人という人間、映画の怪物よりももっと残酷になるかもしれない大人を形成するのは子どもです。子どもは自分の生命の力で、何年間も自分の人格を築くことを通じて、成人の男性あるいは女性になります。

戦争の問題に立ち向かうとき、私たちは社会から締め出されていた時期があった人間のことを考えなければなりません。何の権利も持っていなかったときに、彼らは、私たちが恐れおののく怪物を形成しつつあったのかもしれません。たぶん、私たちが夢見た人間、理想主義者たちが過去に説いたところの人間は、おそらく子ども時代に見つけられるでしょう。人間のいろいろな基礎はこの時期の間に形成されるのは明らかです。赤ん坊が生まれるとき、生まれるのは人間ではありません。人間の素《もと》なのです。

もし、このことが私たちの頭の中で明確ならば、社会を変化させずにこのまま放置しておくことは考えられません。私たちは社会の中の子どものことを考え始めなければなりません。人間の建設というこの仕事、異なる段階を持つこの仕事は、一人一人の個人の経験によって引き起こされます。私たちが今日、考えなければならないのはこの仕事です。すべての段階におけるこの仕事を研究するために、一つの科学が創造されなくてはなりません。経験を通じて、なるべき人間を建設する、子どもによる人間の建設を研究する科学です。

この新しい科学は実現するでしょう。そして、多くの専門領域を組み込むことになるでしょう。そのうちでは、子どもの心理学が既に発展しつつあります。しかし、その科学は、植物学や動物学や鉱物学を研究するような、冷血なやり方で実行されてはなりません。冷静な科学的研究であってはなりません。その科学は人間の良心を再び目覚めさせること、私たちのいろいろな理想の向きを変えること、私たちの希望を内に含んで実現することを要求します。その科学はすべての人の意識を引きつけるはずです――限られた数の人だけが興味を持つ植物学や、少数の人だけが興味を持つ動物学や、もっと少数の人だけしか興味を持たない石の研究などとは違います。というのは、もし私たちが子どもを研究すれば、私たちは全人類にアピールすることになるからです。子どもたちはすべての男女の生活に加わるからです。人間のいるところならどこででも、子どもたちが生まれます。そして、もし私たちが男性たちと女性たちの愛と注意を子どもに向けさせたら、私たちは覚えておかなければなりません。男女の注意の方向はは子どもに対してではなく――いずれ大人になるすべての男性たちや女性たちに対してであることを。つまり登り道にそって自分の道を出発したばかりの大人たちに対してであること、そして（何世紀も通じて）文明を形成するために、すばらしいすべての事物をこれまで創造し、またこれからも創るであろう大人たちの集団に対してであることを忘れてはいけません。

私たちが子どもに触れるとき、それは人類に触れているのです。私たちは子どもを通じてのみ、より良い人類になれるのだ、と大人たちを教育しなければなりません。子どもは大人の建設者である、と気づかなければなりません。子どもはこれまで常に謎でした。知られざる多数者でした。この無理解の結果が——そのすべての欠陥と美徳、弱さと強さをかねそなえた大人です。今日の男性たちや女性たちがこれらの特徴をそなえているのは、偶然ではありません。私たちが将来、知らなければならないのは、あの知られざる子どもです。今日、人類が考えや趣味においてばらばらであることを理解——ましてや甘受——できませんが、もしその人たちがどのように形成されたかを知れば、彼らをよりよく理解できるようになるでしょう。

人々が互いに理解し合っていないこと、そして誰もがどこででも、友愛を育てようと努力しているということに、全世界が同意するでしょう。人々は一つの共通言語であるエスペラント語を提唱します。そして、もし国々が学生たちを交換すれば、人々は互いによりよく理解するだろう、と示唆します。

それにもかかわらず、別の戦争が続きます。明らかにこれは正しい道ではありません。

もし私たちが人間を理解したいのなら、私たちはまず、人間がどのように形成されてきたのかを理解しなければなりません。もし一生の間に一度だけ新生児たちが、すべての人間が同じ考えを持ち、同じことばを話す時期があるとすれば、それは誕生のときです。どの人種に属していようと、世界のどの地域で誕生しようと関係なく、新生児たちは、みんな似ています。もし私たちが平和と相互理解を達成したいと望むなら、私たちは誕生の瞬間から始めなければなりません。すべての人間が似ているときからです。

もう一つ、私たちみんなが似ている時期があります。それは子ども時代です。全人類は、発達に関しては、同じ諸法則に従います。奇妙なことですが、中国人、インド人、アフリカ人、ヨーロッパ人を問わず、子どもたちは同じ時期に話し始めます。人間たちの間に、これ以上に万人共通の意見の同意はありえないでしょう。私たちが話し始めたときについてちょっと考えてみましょう。それは奇跡です。あらゆる人種の子どもたちによって共有される奇跡です。

子どもは教えられたのではないとしたら、どのようにしてことばを身につけたのでしょう？　もし教師がいなかったとしたら、表現するべきいろいろな考えをどのようにして集めたのでしょう？　誕生のときには、あのように無意識だった子どもたちは、そのすばらしい知性をどこから手に入れたのでしょう？　今日、心理学者たちが大きな興味を持っている意識のある精神と、無意識の精神との関係を私たちも本当に知りたいと願うなら、子どもについて考えなければなりません。なぜなら子どもがあらゆる考えと能力とをそなえた人間になるのは、完全に無意識な状態からです。そしてこれがすべての始まりですから、私たちが理解と着想と希望とを求めなければならないのは、この時期においてです。あらゆるものが建設される点から出発するのです。子どもが成し遂げるいろいろな奇跡という視点から、子どものことを考えなければなりません。人間性をつくることよりも偉大な建設はほかにはありません。驚いたり感嘆したり、もっと知りたいという欲求が、人間には組み込まれているに違いありません。新たな関心事が生まれなければなりません。人間の関心を、子どもの成し遂げたことや、その奇跡に焦点を当てなければなりません。

今日の教育の中心を占める興味とは何でしょう？　子どものさまざまな間違いや失敗です！　これらの小さい間違いが、人間の本来の偉大さを隠しています。これらの小さい誤りが巨人を隠しています。私たちは態度を変える必要があります。子どもの誤り（私たちが引き起こした誤り）という小さくて乾いた葉っぱよりも、子どもの成し遂げたことの偉大さを見る必要があります。大人の欠陥は幼児期、つまりそれは子ども時代のある時間です。大人の途方もないさまざまな誤りを考えるとき、その人の子ども時代に目撃したすばらしい成果が、なぜ大人になっても継続しないのか、いぶかしく思います。それでも、人間は偉大なのです。

　人間がいかに偉大なことができるかに気づくには、文明の様相を見れば十分ですが、私たちは人間の偉大さではなく、誤りや間違いを見るように強いられています。その責任は私たちにあります。考えてみて下さい。いかに多くの物を人間はこれまでにつくってきたか。一つの例は無線(3)です。私たちが持っている物すべてを見回してみましょう――小さい物、大きい物、あるいは美しい物――それが何であっても、人間によって創造された物です。しかし、これらのすばらしい発明品を、よりいっそう求めている間も、私たちは来してそれらをつくった人間のことを考えません。発明者のことをまったく考えないのです。私たちは、自分がもっと快適になれるようにと、何やかやと試みますが、私たちは人間の偉大さについて考えません。そのさまざまな欠陥だけを考えます。私たちは創造者、人間のことを考えません。したがって、私たちは自分の心の焦点を合わせ直さなければなりません。私たちは人間のいろいろな欠陥ではなく、創造物を中心に据えなければなりません。

　子どもに対しても同じ態度を取らなければなりません。私たちは、一人の子どもが歩いているという奇跡を目にしたとき、何の注意も払いません。日々起こることだからです。しかしながら、私たちは子どものちょっとした過ちを訂正します。もし、私たちが、子どもの小さいあらゆる誤りに注目する代わりに、子どものあらゆる偉大さ、美しさを見るとしたら、人生はどんなに豊かで満ち足りたものになるでしょう? 私たちの両目の中には私たちを意気消沈へと導く非常に大きな物が存在しています。なぜなら私たちがいつも粗悪さだけを見るからです。私たちの目的は、子どもを新たな視点から研究することです。私たちの心を入れ替えると、異なる発達段階にいるすべての子どもを研究したくなると思います。子どものあらゆる奇跡を研究したくなるでしょう。人間を建設する子どもを通じて、どのように人間が人間という段階に達するかを認識したいと思うでしょう。

　私たちはこの発達と、この奇跡のような力が必要とする援助を、与えなければなりません。それは心の温かさを必要とします。そして理解を必要とします。この援助を「教育」と呼ぶことにしましょう。

　教育とは、生命自身が持つ力の偉大さによって発達するよう、私たちが生命に与えなければならない援助です。

それらの偉大な力は、誕生時には無力で、知的でもなく、思いやりもない子どもを、成人の偉大さにまで導きます。それらの偉大な力を援助する、これこそが教育の計画であるべきです。つまり、私たちはどのような援助を与えることができるか、それを調べることです。

私たちは援助できるようになる前に、理解しなければなりません。子ども時代から大人時代までの道をたどらなければなりません。もし私たちが理解できれば、援助できます。そして、この援助が私たちの教育の計画でなくてはなりません。つまり、人間が発達するのを援助すること、その欠陥ではなく、偉大さを援助することです。

原注（1）：一九四六年は、マリア・モンテッソーリがインドから戻ったばかりだった。彼女はイギリスのロンドンで、第二次世界大戦後に初めて開かれたAMIの教師養成コースで話をしている。モンテッソーリはコースの間、世界の他のいろいろな地域で標準形式になっていたように、彼女が教育の諸原理と子どもの発達について講義をし、彼女の息子にして協力者のマリオ・モンテッソーリが、子どものための教具群の「提供（提示）」と使い方、および教室の準備と備品について講義と実演をした。

（2）：モンテッソーリは疑いもなく、枢軸権力を示唆している。枢軸権力は多くのヨーロッパ人の心の中では、「血に飢えた怪物」「魂のない生き物」と認められていた。「人間は機械をつくり出した」の語句は武装した民族国家のことを言っているのであろう。

（3）：電信と電話はモンテッソーリの時代の新しい発明品。モンテッソーリは世紀の初めごろ（一九一三年）にA・G・ベル（ベル）とT・エジソン（エジソン）によって米国へ招かれた。この二人の有名な発明家は熱心なモンテッソーリの支持者だった。

第2講義　一九四六年九月四日

科学的教育学

今日では、数知れない教育法があります。それらのすべてをよく知るのは困難です。私の名前のついている教育法は、一般的にはそれらの一つと見られています。そしてそのせいで、いろいろな疑問が生じ、いろいろな結論に達しましたが、それらの結論は考え方を明確にするよりも混乱させました。したがって私は、私の教育法がどのように違っているかを、皆さんに実地に示したいと思います。他のさまざまな教育法も、人々——天才的な人々——、偉大な人類愛を授けられた人々の努力の成果です。私の教育法は私の名が冠せられていますが、偉大な思想家が自分自身の理念を発展させた努力の成果ではありません。私の教育法は、子ども自身をもとにして見出されました。私たちの研究の起源は子どもにあります。子どもとその心理に従うことによってつくられました。他のすべての教育法と同様に、客観的であって、主観的ではありません。子ども自身から発せられるその現象の観察を解釈する、私たちの能力に基づいています。正しい客観的な教育法は観察、事実の観察を基礎としています。このことが、モンテッソーリ教育法が他のすべての教育法と完全に異なっている理由です。他の教育法は一定の理論に達した一定の人々に由来しています。

皆さんは疑問に思うかもしれません。「ある教育法が誰かが考え出して説明するものだとしたら、なぜ〈モンテッソーリ教育法〉と呼ばれるのか？」と。「なぜ、あなたの名前がついているのか？」と。そうですねえ、私はそのように呼んだことは決してありません。私が、あれらの最初の実験の細部を描いた本につけた題名は『子どもの家の子ども教育に適用された教育学の科学的方法』でした（イタリア語の題名は『子どもの家の幼児教育に適用された科学的教育学の方法』）。私は科学的教育学の方法を述べていたのでした。あらゆる科学は方法を持っています。そしてこれは、教育学に適用された方法だったのでした。この題名を英語（というか米語）に翻訳することになったとき、出版社の人が言いました。「おやまあ、なんと途方もない題名でしょう！　もっと簡単にしましょう。『モンテッソーリ・メソッド』と呼びましょう」と。それ以来、英訳版はすべてその題名を使ってきました。

名前それ自体は重要ではありませんでしたし、興味もわきませんでした。興味をわかせたのは、一つの科学的な方法が教育に適用されていたという事実です。大切なのは題名でも科学的な紹介でもなく、予期されていなかった、いろいろな現象が起こったという事実、そして何にもまして、それらの現象が子どもたちに源を発するという事実です。

その当時の、今から四〇年あるいは五〇年前の科学的教育学についての私の意図を、少々説明したいと思います。この科学的教育学は、学校の状況を改善したいと望んだ人々の善き意図から発しています。当時の学校は二〇〇年以来の誤りに苦しんでいました。そして、子どもたちがたいへんに苦しんでいました。何か一つの治療法が必要でした。そして、改革を実現する唯一の方法は、それを科学的にすることでした。したがって、その新しい方法は科学的教育学と呼ばれました。その考え方は、「子どもを教育するためには、まず子どもについて知ろう」というものでした。最初の問題は、どのようにして子どもを知るかということでした。

そこで、私たちは言いました。「出来ることをやりましょう」と。そして、私たちはそうしたのです。ある一定の年齢の子どもたちの身長がどれぐらいか見るために、子どもたちの身体を測り始めました。頭や鼻やなどのサイズも。私たちは一種の人類学的な研究をしました。子どもたちの個人的な生育歴も記録しました。持っている病気、家族の歴史、彼らの社会的、経済的、状態なども記録しました。五〇年前になされたこれらの努力の跡は、いまだに生徒の個人記録カードという形でいくつかの学校で見出すことができます。子どもたちの生物学的な歴史を記録することによって、そして生徒の鼻や耳などを測ることによって、人々は子どもたちを知ることができると思いました。

これは、もちろんのことながら、不可能でした。私たちは、これらすべてをやり終ったときにも、子どもの心理についてはほとんど分かっていませんでした。始めたときと同じでした。このやり方は結局は放棄されましたが、しかしそれは、学校の状況を改善したいと望んだ人々の、善き意図を示していました。

もう一つの試みもなされました。各種のテストが開発されました。実験心理学のテストです。ビネー(4)が最初で、他の多くの人たちもそれに続きました。ビネーのテストはいまだに「進歩的な学校」として知られている学校群で盛んに用いられています。これらのテストは子どもの心理についての一つの考えを提供します。それらのテストは知能のレベルを示し、子どもの発達について何らかの光を当てます。それらは興味深いもので、私も最初の頃、いくつかのコースで試したことがあります。個人の心理を知ることに対する一定量の興味を起こさせるからです。

しかし、心理テストは個人の心理について伝えてくれるだけと分かった後、私は何をするべきでしょう？　これらのテストは子どもが達しているレベルを私に示してくれましたが、どのように教えるかは示してくれませんでした。問題は教育の科学を開発することです。耳や鼻や胸などを測ること、精神の発達を測ることなどは、教えることを助けてはくれないでしょう。これらすべての試みには何か必須のものが欠けているのです。教育学です。このようにして、これらの科学的な要素のすべては現代の学校においては、興味深い飾り物以上のものではなくなっていました。教育は片側に寄せられ、個人の研究はもう片方に寄せられていました。この二つを組み合わせるのは非常に難しいことです。そしてその結果として、それらを結ぶものは決してつくられませんでした。

ある人間が何か大きい欠陥を持っていたら、その人は前進できません――どのような輝かしい考えも、高尚な感情も、あるいは洗練された授業科目もその人の助けにならないだろうからです。ただ一つだけのことが可能です。もしある重度の自閉症児か発達障がい児か(5)を、単語で――言語で――教育しようとすれば、それは無効でしょう。なぜならその子どもが理解できないものだからです。もし誰かが心理テストを用いようとしても、その子どもは答えられないでしょう。では、どうするべきでしょう？　問題を間接的に着手し、子どもの注意を引くことが必要です。欠けているものを補うために、ことば以外の何かが必要です。この子どもが話すのを助けたり、ほかの人とコミュニケーションできるよう助けることは、健常な子どもたちの学校で単に従順さを求めることとはまったく異なります。この場合には、身体測定も知能テストもたいして役に立ちません。子どもは依然として一つの謎、一つの問題のままです。従来からのやり方は治療法にはならず、私たちが解決策を見出す助けにはなりません。新しい教育法が用いられるべきです。これらの子どもたちの教育は哲学を基礎にできません。教育するためにありえる唯一の道は、子ども一人一人の内部でまどろんでいるエネルギーを利用することです。これらの子どもたちを教育するためには、現状——多くの場合に非常に限りある現実——に厳密にそって作業しなければなりません。人は出来ることしか出来ないのです。それも間接的に。これらの子どもたちが注意を払えるようになる前に、意識を持つようになる必要があります。したがって、ある種の非常に特別な努力がなされなければなりません。

もし誰かが非定型発達（abnormal child）の子どもを教育するのに成功するとすれば、それは科学的な諸原理に基づかなければなりません。現在の教育学では十分ではありません。しかしながら、一つの基本的な科学的原理があります。五感の教育です。これらの人たちに用いられた前向きな教育の形です。これは科学的教育学における最初の真の成果でした。そして、このやり方は非定型発達の子どもたちが教育されるのを助けました。それは知識の伝達に限られていませんでした。一人一人の子どもが前よりももっと力強く、完璧に——より幸せでエネルギッシュに——なりました。それは奇跡でした。もし科学的教育学がしっかりと開発されなければならないとしたら、私たちはすべてを忘れて、この目的に完全に専心しなければならない、ということが示されました。一人の人がその目的に間接的に近づき、相手の人格を変え、豊かにし、完璧にし、そして助けるために、自分の持っているすべての科学を適用するのです。科学的教育学は知識の伝達にだけ関わるのではありません。

そうなると、二つの計画があります。一つは、知識を拡めること、つまり一つの授業計画に従うやり方です。もう一つは人間の生命に目を向け、それに仕えること、そして生命に仕えることで人類を助けることです。

後者が本当に選択に値する唯一の道です。教育の目的は、個人を高めることでなければなりません。さもなければ、教育は何の役にも立たないでしょう。そのことが教育の目標でなければなりません。私たちは、ただ既成の計画を適用しようと望むのでなく、人類を愛したいと望まなければなりません。

特別な援助が必要な子どもと似ているものがあります。新生児です。今では誰もが教育は誕生時から始まらなければならないということに同意します。しゃべれない子ども、理解することがまだできない子ども、動くことさえできない子どもを、私たちはどのように援助できるでしょう？　もし私たちが成功したならば、確かに、一つの科学的な仕事をつくり出したことになります。私たちは間接的な行動を通じてだけ前進できます。私たちは一人一人を個別に援助しなければなりません。教育は子どもの誕生とともに始まります。しかし、その指令は子ども自身から出なければなりません。私たちからではありません。

障がい児のために開発された教育学を、私が健常児たちに用いたとき、非常に意義深い何かが起こりました。現れ出た現象は予期していなかったものでした――奇跡のようでした。それが健常な子どもたちの魂から出てきたので、それだけに素晴らしいものでした。それは、いまだ――幼い子どものとき――どのような敬意も払われない人間の中に存在している、さまざまな偉大な力の発露でした。これらの小さい子どもたちは、喜びで生き生きと輝くようになり、読み書きを始めました。子どもたちに教えた教師は誰もいませんでした。子どもたちは朝から晩まで読み書きしました。その喜びは炎のようでした。大切なことは、子どもの心理における突然の発露でした。子どもたちの成果は教育者の行為のせいではありませんでした――小さい子どもたち自身の力の発露でした。

人々はこの教育法について大騒ぎをしました。子どもたちにこの能力を与えたのは私のすばらしい教育法だ、と誰もが言いました。そして、誰もが教育法について熱狂しました。しかし、この現象を生み出したのは、学校でも教育法でもありません。小さい子どもの力の現われでした。何かそれまでは知られていなかったものの表出でした。重要な事柄は、幼い子どもの驚くべき力の発見でした。私は感嘆して――そのような幼い年齢の子どもたち、四歳半の子どもたちがこのような偉大な力を持っている、偉大な知性を持っていることに気づいて――我を忘れました。年上の九歳の子どもたちはこれほど知的ではありませんでした。人間の知性は常に拡大しながら進歩するのではない、という証拠を私たちが得たのは、これが初めてでした。年齢が異なれば思考傾向も異なります。幼い子どもたちには、年長の子どもたちとは異なるある精神の形があります。幼い子どもは、成長するにつれて失われるいろいろな力を持っている、と私たちは初めて気づきました。それは一人一人の生命の展開に関わることです。

生まれてからの数年間には、私たちは大きな潜在能力と力を持っていますが、それらの力は更なる発達をする機会を与えられず、その結果失われてしまいます。たとえば、十四歳の少年は単語を暗記するのが難しいですが、五歳の少年は容易に、かつ喜びをもって暗記します。発達とともに私たちがより多くの力を獲得するというのは真実ではありません。一生のうちには、異なる能力を身につけることのできる、異なる時期があります。小さい子どもたちは、年長の子どもたちがもはや出来なくなった事柄をすることができます。誕生から六歳までの子どもたちは、私たちがもはや持っていない力を持っています。それは彼らが創造の年齢にいるからです。たとえば、大人は一本の歯さえ生み出せませんが、小さい子どもたちは一セット全部の歯を生やすことができます――その年齢に限られた身体力の一つの例です。心理的な発達においても同じことが言えます。心理的な発達においてはいくつかの時期があり、それらの時期には、子どもたちはどんな教育法の効果ともいえないほどの能力を身につけます。そして、このことは最初の発見に次ぐ発見でした。つまり、いろいろな「敏感期」の発見です――子どもが非常に強力な能力を身につける心理的発達上のいくつかの時期です。

ですから、私たちは新たな計画を作らなければなりません。子どもを、生命の始まり、つまり誕生から、これらの力との関係を研究しなければなりません。私たちは不思議な出来事を研究し観察しなければなりません。人間の精神生活の始まりをです。というのは、子どもは人間の成熟した精神の創造者だからです。この創造はその現象が現れる順序で研究されなければなりません。私たちは小さい子どもの深遠で、神秘的な心理を研究しなければなりません。子どもの発達を観察し、援助するために何ができるかを見つけなければなりません。

私たちは今、未知の隠れているエネルギーを使わなければならないということを知っています。でも、そうするためにはまず、これらの隠れているエネルギーについてもっと多くのことを見つけ出さなければなりません。私たちは発達の計画を作らなければなりません。その計画は、子どもが見せてくれる力を通じて、子どもによって導かれるものです。私たちは進まなければなりません。私たち自身の考えや偏見に基づいてではなく、教育法に基づいてでもなく、子どもを観察することによってです。子どもの人格は、教育という大きな問題の中心にそびえたっています。この計画においてありえる唯一の主人公です。この、私たちの前に立ち、隠れている素晴らしいエネルギーを持つ子どもが、私たちの努力を先導しなければなりません。子どもは私たちの教師だというとき、子どもの発露を私たちのガイド（導く人）として受け取らなければならないことを意味しています。私たちの出発点は、個々の人間の諸特徴の現れでなければなりません。

子どもを私たちの教師として受け入れなければならないと私が言うと、皆さんはたぶん、「私たちは子どもを教育しなければならない。そしてあらゆる種類の情報を与えなければならない。私たちが大切だと思う学科を子どもは学ばなければならない」と言って、反対するでしょう。これらのような偏見を持たないでください。子どものエネルギーが解放されれば、子どもは以前よりもより良く学ぶことでしょう。

ですから私は、この教育法をモンテッソーリ・メソッドではなく、「子どものメソッド」と呼びたいと思います。

原注（４）：Alfred Binet（ビネー一八五七〜一九一一）。フランスの心理学者。今日のＩＱテストの基礎になった実用に耐える知能テストを発明。

（５）：元のテキストでは、「idiot child」。「idiot（白痴）」ということばは、モンテッソーリの時代には今日のような否定的な含意を持っていなかった。彼女は単純に、今日、私たちが（現代の政治的な適切さの範囲内で）「発達障がい」と呼ぶものを持つ子どもたちのことを言っている。

第3講義　一九四六年九月六日

心理学に基づく教育

「モンテッソーリ・メソッド」を学ぶに当たって、きわめて興味深い中心点にまっすぐに向かいましょう。それは幼い子どもの精神生活の驚嘆すべき現れです。人間の心理は大きな大陸のようなものです。アメリカ大陸を例に取ってみましょう。この大陸は既に存在していましたが、そこにあることを誰も知りませんでした。子どもの魂も豊かで、偉大で、測り知れません――まるで巨大な未知の大陸のようなものです。そしてそれは、やっと今日になって、科学によって発見されつつあります。もし私たちがそれを理解したいと思うなら、発見しなければなりません。

多くの人々が大きな貢献をしてきました。それらの貢献は偶然の発見ではありません。たとえばキュリー夫人(6)は、何かが存在することを知っていました。そして、それを見つけようと乗り出しました。それに対して、私たちが見つけたものは、きわめて偶然に現れました。多くの人々は設定された一つの目的に従うことで出発し、存在するとは知らなかった何かを発見します。しかしながら、私たちの見たものは、あの有名な死んだカエルたちに似ていました。頭がなくて皮をむかれてはいても、足を鉄の手すりに吊り下げられると、動き始めたカエルたちです(7)。

子どもたちについての私たちの研究でも、まるで予期していなかった何かが起こりました。それはとても驚くべきことで、まったく予期していなかったので、人々は一つの奇跡だと考えました。死んだカエルが生き返ったようでした。人々は一つの奇跡だと言い張りました。そして、この奇跡を生み出したのは教育法だとも言いました。人々は尋ねました。「モンテッソーリ夫人、どのようにして、このような成果をあげたのですか？」と。

ちょうどガルバーニに「どのようにして、この復活を実現したのか？」と尋ねたように。しかし、その奇跡はカエルたちにあったのでも、鉄の手すりにあったのでもありません。それは奇跡ではなく、一つのエネルギーによって起こされたのです。そのエネルギーは、世の始まりのときからずっと存在していたのですが、人々が今にいたるまでその存在に気づかなかったのです。電気エネルギーは、それが発見されたときには誰も想像できなかった程度にまで、文明の発展に影響を及ぼすよう運命づけられていたのです。

子どもの内部のこのエネルギーの発見の結果は、未来に対してもっと大きい、もっと深い影響を及ぼすでしょう。もし皆さんがこのエネルギーの測り知れない力を想像できるなら、また人々がひとたびそのエネルギーを使うことを学び、それによってたらされる効果を想像できるなら、皆さんは今日の社会とはまったく異なる社会のビジョンを持つことでしょう。一つの新しい世界が現れ、新しい人類が生まれることでしょう。その鍵は幼い子ども、つまり最初の発達段階における人間の心理の現れです。このエネルギーを何か具体的で、誰にでも手の届くものに導く努力がなされなければなりません。それが起これば、人類は状況の犠牲者にはならずにすむだろう、と私は信じます。道は開かれているでしょう。未来においては、偉大な科学である人間形成と創造の全時期を含む人間の心理学が、他の科学の上に浮かび上がり、応用科学の中でも最も有益なものになるでしょう。

子どもたちに（私は教育学的な目標はなく、ただ科学的な目標だけを持っていたので、本当の学校においてではありません）、現在では〈赤い棒（長さの棒）〉〈ピンクタワー〉、〈はめこみ円柱（円柱さし）〉という名で知られているいくつかの物を与えたとき、私は子どもたちにあることをしました。〈赤い棒〉は一五〇年以上前に発明されました。私が自分の仕事を始める一〇〇年前ですが、今後もずっと長く使い続けられるでしょう。私自身もこの教具をもう四〇年以上にわたって使っています。この同じ教具を、たとえばパリのビセートル研究所[8]で見ることができます。もっとも、ここでは、開発されないまま残っていますが。進歩は教具そのものによるのではなく、使われ方によります。この教具は知能の低い子どもたちが算数を明確に理解するのを助けるのに使われました。多くの大人たちもまた算数をよく理解してはいません。しかしながら、この教具を使えば非常にＩＱの低い子どもたちも、算数の明確な理解ができるようになったのです。これは本当に心理学的教具と呼んでもよいでしょう。健常な子どもたちも同じように、この教具を楽しく使えます。この教具は算数という教科の明確な理解を助けます。なぜなら正確で、具体的で、自分だけの個別作業を可能にし、体験を通して学べるようにするからです。〈ピンクタワー〉もまた、私が実験を始める四〇年前にメンタルテスト用に使われていました。したがって、一〇〇年にわたって使われていることになります。皆さんは心理学研究所で〈ピンクタワー〉にも出会うことでしょう。〈はめこみ円柱〉も同様に科学的心理学で使われています。

後の二つの教員、〈ピンクタワー〉〈はめこみ円柱〉の意義は何でしょう？　これらはテストを受ける人たちの内面の何か無意識なものを発見させてくれます。たとえば高さの異なる〈はめこみ円柱〉を大人たちに与えれば、手で操作し、それぞれの人が活動を終えるのにかかる時間は異なるでしょう。とても驚くべきことに、ある大人たちはこの作業を非常に難しいと思うのです。それはある種の経験が欠けているせいです。したがって、経験から学ぶチャンスを持ったか否かによって、ある大人たちは知的で、ある大人たちは知的ではないということになります。

今日では、人々がテストされ評価される心理学研究所があります。それらのテストは成熟した大人用に作られています。それらのテストを通して、私たちはほかの方法では決して発見できなかった、人々の能力についていろいろなことを学べます。個人差が表面に出てきます。産業社会では、雇用者たちは労働者一人一人の有用性を知りたがります。たとえば〈ピンクタワー〉は、正しく活動するためには非常に安定した手が要求されます。この活動をしようとするときに、ある人々の手は震えます。精密さと正確さを欠いているからです。この教具はまた病院で、神経病を患っている人々のための診断用具としても使われます。

私はこれらの教具を子どもたちに与え、たくさんの測定値を集めました。すべてのテスト用具を自分で作ったわけではありません。既にあったいくつかの教具を採用して、小さい子どもたちで試しました。子どもたちが教具を非常に注意深く、それも長時間にわたって使うことに、私は気づきました。子どもたちは興味を、ある自発的な興味を示しました。でも、なぜそんなにも興味を持ったのでしょう？　なぜ、この教具でそんなにも長い期間にわたって作業したのでしょう？　明らかに、彼らは基本的な何かを発達させる必要があったからです。

心理学の進歩によって、成人した人たちがこれらの基本的な何かを持っているかどうか、私たちは判断できるようになりました。子どもたちは熱心にこの教具を手に取ります。それへの強い必要性があり、引き続き何か月もそれで作業をします。そのことは、子どもたちがこのタイプの活動を必要とする、精神の建設のプロセスの渦中であることを意味します。子どもたちの知性は、この教具で作業することによって増大し、発達の新しい段階に達します。

子どもはすぐに出来ても大人は、心理学研究所で自分の前にこれらの物が置かれると、それを完成させるのにいくらか時間がかかるでしょう。でも、そこで私は、子どもたちに科学的な環境を与えました。この教具が子どもたちに及ぼす影響を見るためです。もし三歳から六歳までの子どもの心理を研究するのなら、私たちは動きを見ます。特に手の動きは、この年齢集団の子どもたちの精神発達に重要な役割を演じます。手の動きはとても重要です。精神の発達は、手の動きから刺激を受けるということを小さい子どもたちは明らかにしてくれました。手は知性の道具です。

子どもは物を手で扱うことを必要とし、触ったり掴んだりすることで経験を増やします。子どもたちには遊ぶ年齢があります。私たちはそれを遊びの年齢と呼びます。しかし、もし必然的に手の動きをともなわないとしたら、遊びとは何でしょう？　子どもたちは、環境の中で見つける、あらゆる物に触ったり動かしたりすることを必要としています。今日、子どもたちは玩具類を与えられます。それらは少なくとも無価値ではありません。その玩具類が基本的に適切な物ではないとしても、少なくとも手で扱うという要求は満たします。しかしながら、私が子どもたちにこの科学的な教具を与えたとき、子どもたちは玩具類よりも教具を選びました。なぜなら子どもたちの天性の中にある衝動に、教具が応答したからです。

教具は子どもたちを発達させます。私たちはその教具を、五感の発達のための材料と呼びます。しかし、感覚の発達は単に手で何かをするという衝動の結果にすぎません。子どもたちはまた、自分のいろいろな動きを精確にコントロールする能力を身につけます。そして、その巧みさは子どもたちを成熟に近づけます。

たとえ私たちが、手でいろいろな物を操作したいという子どもたちの衝動を理解できたとしても、では子どもたちの中にある、読み書きしたいという自発的な欲求に対しては、どのように説明できるでしょうか？　それは、子どもたちが突然にもっと知的になったからではありません。これらの子どもたちはなぜ、他の子たちとあれほど違っていたのでしょう？　あのような早い年齢で読み書きをあのように好むとは？　四〇年前には、子どもたちは七歳あるいは八歳になるまでは読み書きは習いませんでした。しかし私たちの学校では、四歳半の子どもたちは苦労しながら、しかも非常な困難をともなって学びました。七～八歳になると、子どもたちが熱中して一日中書きました。子どもたちの手が、書くことへの準備ができていたというのは本当です。しかし、そのことだけでは子どもたちの熱狂ぶりを説明できません。子どもたちはなぜ、床や壁じゅうに書いたほどに書きたがったのでしょう？　書くことは自然には生じません。それは文明の偉大な獲得物の一つです。

書くことへのこの大きな興味は、子どもたちが表現したがっていた考えを持っていたことから生じました。もし子どもたちが何の考えも持っていなかったら、書かなかったでしょう。この書くことへの爆発は突然にやって来ました。私たちは、一人一人の子どもがいつ書き始めたか、正確な時刻さえ指摘できました。私たちは「この小さい子は昨日の三時に書き始めました」と言えました。子どもたちの内面の成熟は、この一つの外面的な行動に示されました。私たちがその現象を研究し、その意義を理解することが大切です。書くことは自然には生じません。それに対して、話しことばは自然に生じます。そして、子どもたちは自分のことばを発達させる必要性を持っています。そのせいで、中心的な興味が子どもの内面生活から出現しました。そのことが、この現象があんなにも並はずれたものであった理由でした。話しことばの発達は、子どもの内面の感受性と関連することを示しました。その感受性は、私たちが「敏感期」と呼ぶもので、一生のある一定の時期の間、持続します。

子どもたちは、この内面の感受性に駆り立てられて、自分の環境からことばを吸収し、奇跡のようにそれを発達させます。その感受性はこの期間中はとても強いので、もし子どもたちが書くという別の言語表現手段を与えられれば、その、ことばの形式が子どもの興味を強く引きつけるでしょう。これらの子どもたちは書くことを愛しました。ことばの敏感期にいたからです。子どもたちは書くことに興味を持ちました。でも年上の子どもたちは書くことをたいへん難しいと思い、興味を持ちませんでした。年上の子どもたちは異なる精神の形式を持っています。そのせいで小学校の子どもたちは、私の学校の子どもたちがやったことができなかったのです。年上の子どもたちは書くことをゆっくりと、非常に不完全にしか学べませんでした。そこへこの現象が現れました。その当時は、驚異的で不可解だと思われました。四歳半の子どもたちが九歳の子どもたちよりも上手に書いたのです。子どもたちに書くことを強いた教師は誰もいなくて、学べと頼んだ人も、懸命に作業しろと頼んだ人もいなかったので、それはよりいっそう理解ができませんでした。子どもたちは自発的に学んだのです。年上の子どもたちには教師がいて、ある教育法を採用していて、授業計画に従っていました。私の子どもたちにはそのような人はいませんでした。書くことは、子どもたち自身の発達エネルギーから生まれた何かでした。

印象的な現象は、小さい子どもたちが年上の子どもたちよりも、たくさんの量の作業を、より完璧にできるという事実でした。そして、幼い子どもたちはその作業を大喜びでしました。この事実は以前には知られていませんでした――精神が形成期にある年齢には、精神はゆっくりとでたらめに発達するのではありません。急速に目覚ましく発達します。なぜなら精神が特別な感受性を持っているからです。人間は人生の早い時期に、本当に役に立つ成果をもたらす、ある特別な感受性と可能性を持っていますが、その時の精神そのものは異なります。このことは何千回となく示されました。たとえば、小さい子どもは外部のいろいろな現象にじっと注意を向けます。すなわち、一本の植物を強い興味と共に観察することができますが、年上の子どもはそのようにはしません。もう一つの例は記憶です。十四歳の少年は地名を覚えるのにたいへん苦労します。それがあまりにも難しいので、やる気を失います。小さい子どもは簡単に努力しないで学びます。

十歳の少女が、同年齢の子どもたちと一緒に教室でクリスマス・キャロルを習っていました。彼女の三歳半の妹が彼女を待ちながら部屋の中に座っていました。姉妹が家に帰ったとき、姉が母親にキャロルを歌って聞かせようとしました。でも、歌詞の一部を思い出すことができませんでした。彼女の小さい妹が脇から歌詞を教えました。妹は練習に参加していませんでしたが、完璧に歌詞を覚えられたのでした。

私たちは同じような経験をたくさんしたので、小さい子どもの精神がいかに異なっているかが分かりました――小さい子どもたちがどのように、いろいろな敏感期の間、その後の生活では消えてしまうさまざまな力を、持っているかが分かりました。ひとたび一つの敏感期が過ぎると、そして精神が、その間の感受性が建設するのを助けた特別な能力を獲得してしまうと、人は違うやり方で学ばなければなりません。小さい子どもは簡単に学ぶのに、年上の子どもは学びたいから学びます。でも、努力して学びます。たとえば、ひとたびことばの発達が完成すれば、ことばに対する特別な感受性は消えます。このことが、私が幼い子どもたちに与えた教具群を、年上の子どもたちに与えようとしたときに、結果が同じではなかったことの理由です。

私は三歳半から四歳の間の子どもたちに、アルファベットの文字を与えました。まったく偶然のことでした。なぜなら私は何が起こるかまるでわからなかったからです。人間の精神の発達にはいくつかの敏感期があるという事実は今では心理学者たちによって認められています。そして、敏感期の意義も認められています。私がやったことすべての基礎は心理学的です。そして、そのいろいろな結果は教育学的です。

これらの敏感期は非常に大切です。そして、教育は子どもが生まれつき持っている、この機会を容易に使えるようにしなければなりません。教育は、生命の発達を助けるような環境を用意しなければなりません。基礎は心理学で、教育学はその上に築くことができます。教育の技術は、すべての子どもたちに本来備わっている、これらの力に仕えなければなりません。教育は生命への援助でなければなりません。

他のいろいろな教育法は、大人たちによって確立された基本の諸原理に由来しています。大人たちは、ある年齢の子どもたちすべてに与えるべきものに関するルールを制定しました。それらは年上の子どもたちだけのルールです。子どもは七歳になると、私がすでに述べたようなやり方で学ぶには遅すぎます。ダンスを習うには四十歳では遅すぎるのと同じです――その年齢では筋肉がもはや十分に柔軟ではないからです。いくつかの学習形式は与えられるのが遅すぎます。そのときには、もはや子どもはそれらに興味を感じないのです。七歳と八歳の子どもたちは既に年老いた人々です。もっと早く学習を始める必要があります。子どもたちが若くて創造的な時期にです。今日では、心理学者たちがいたるところでこの問題を研究し始めています。今ではすべての心理学者たちが同意しています。つまり、生後二年間の小さい子どもは、ほかのどの時期よりも広い範囲にわたる発達を経験していて、三歳から六歳の間にはたくさんの実践的な経験をする必要がある、ということです。子どもはその年齢では遊びの中で自分を表現します。遊びは非常に大切だと考えられてきましたが、遊びの時期に先立つ数年に何らかの注意を向ける人はほとんどいませんでした。全世界の人々がこの初期の時期に見られる固有の精神の力を認め始めたのは、やっと最近のことです。そして、人間の生存において最も重要な時期として生命の始まりが研究されています。この時期はいちばん大切です。あらゆるものが建設され、創造の偉大なエネルギーが卓越しているからです。

私たちは生涯に見られる異なるそれぞれの時期の、心理学を研究しなければなりません。これを研究すると、私たちが直線状に進歩するとは考えられません。いろいろなエネルギーと可能性が異なるさまざまな時期がありますす。そして、一定の特徴を身につけることができるのは、人が非常に幼いときの、これらのいくつかの時期においてだけです。人間の心理的な諸特徴の形成は非常に早い時期に起こります。

今日では何百人もの若い学者たちが心理学を、特に誕生からの子どもの心理学を研究し始めています。新しい科学が建設されつつあります。その科学は、かつては一顧だにされなかった、生命のこの時期がいちばん大切な時期であるという発見に基づいています。誕生から六歳までの時期はすべてが形成されなければならない時期であることに、すべての人が同意しています。

心理学におけるこれらの研究が一人一人別の研究者によって個別に行なわれたにもかかわらず、子どもたちが非常に大切であると全員が指摘したのは、奇妙なことです。何人かの心理学者は生後二年間の子どもを研究しました。別の人たちは大人の病気の源は幼児期にあることを示しました。さらに別の人たちは、大人を理解するためには、それに先立った幼児を理解することが必要だと示しました。同じように私の研究は、これらの他の研究とは独立して行なわれました。私たち全員が真実の理解に近づいているので、私たちの一人一人の報告が、他の人たちが発見したことのいろいろな面も言及しています。

子どもの心理学という科学が、これらの報告のすべてによって建設されつつあります。わくわくしてスリルがあります。新たに発見された大陸を探検するようです。旅のようでもあります。ただこれは、精神の世界という大洋への旅です。

私たちはそれらの探検隊の一員です。でも、実地の分野においてです。というのは、私たちは教育を手段として働いているからです。この教育は、子どもの心理学によって明らかにされた可能性の開墾です。

子どもたちは、以前には知られていなかった、無限の可能性を持っています。小さい子どもたちは何千年にもわたって生きてきましたが、誰もその存在に気づきませんでした。同じように、人間は何千年にもわたってこの地球上に生きてきましたが、この表面下に隠されていた宝物について知識を持たずに来ました。人間は地面の下に何が横たわっているか、あるいは宝物がどれほど自分の近くにあるか、まるで考えもしないで地面を耕しました。石油と石炭は地中にありました。でも、人間は表面に現れているものだけを見ていました。それと同じように、人々は時の始まり以来、ずっと子どもたちと一緒に暮らしてきて、この小さい人間の内部に隠されていた宝物を見ませんでした。それでいて、私たちが楽しむすべての宝物は子どもに由来するのです。私たちは深くまで掘らなければなりません。深い物は表面にはないからです。はっきりと見分けられません。人間の魂の深い神秘的な富が隠されているのは深いところにです。私たちは人間の生命の最も深い神秘まで掘り下げなくてはなりません。すべてが形成される基点に達しなければなりません。新生児の一見存在しないかのような精神に達しなければなりません。新生児は人間の内にあるすべてのものを発達させる力を持っています。新生児は環境の中で自分を適応させることのできる一つの存在を創造します。ことばを持たないけれど話すことを学びます。知性を持たないけれど知性を建設します。自分のいろいろな運動を調整して、歩くことを学びます。いろいろなものごとに興味を持ちます。何も存在しなかったのに。すべてのものが新生児によって建設されてきました。新生児の中に私たちは創造という神秘的で奇跡的な事実を目のあたりにします。

人々はいつもそれを目撃していたにもかかわらず、常に当たり前のこととして受け取ってきました。子どもたちはしゃべりすぎで、触りすぎで、十分に従順ではなかったので、ただ非難されました。人々は子どもに人間の創造者を見ませんでした。あらゆる偉大な人間が発達したもとである、この力を見ませんでした。ナポレオン、仏陀、シェークスピア――皆が、ことばがなく、知性がなく、動きもない状態でスタートしました。

教育は誕生時から始まらなければなりません。教育は人間の心理の発達を理解しなければなりません。人間の偉大な精神エネルギーについて知らなければなりません。

これらのエネルギーは何歳ごろに現れるのでしょう？　子どもは二歳で歩き、話し、理解します。したがって、これらの偉大な獲得が起こるのは誕生から二歳までです。これらすべてがこんなに短い期間に成し遂げられます。何と素晴らしいことでしょう！　子どもはなんという努力をしなければならないでしょう――どんなにたくさんの援助と保護を必要とするでしょう！　今日、医者たちは言います。「子どもたちはいつも眠らなければいけない」と。でも、子どもたちは、いつも寝ていたら、どのようにしてこれらすべてを達成するのでしょう？　ことばが身につくのは寝ることによってではなく、聞くことによってです。もしある子どもが二歳で話せるとしたら、その子はずっと聞いてきて、一つの言語を建設したからです。言語は遺伝で獲得されるのではありません。聞いて話すことだけによって一つの言語を建設できます。人々は子どもたちを助けなくてはなりません。この責任に鈍感であってはなりません。一人の子どもの活動の範囲は、その環境に比例します。もし私たちが一人の子どもを育児室に閉じ込めて、夜じゅうだけでなく昼間の大部分も同様に眠ることを期待すれば、この子どもから進化する人間は、その発達のいくつかの側面を欠くことになるでしょう。

子どもは偉大な働き手です。この養成コースではもっぱらこの事実を説明します。子どもは大切です。私たちの愛を必要とするからではなく、私たちの保護を必要とするからではなく、人間の創造者だからです。子どもは大切です。子どものいろいろな力は神秘的ではありますが、知性的だからです。私たちは子どもの助けになるために、子どもの要求を理解しなければなりません。

前の世紀（十九世紀）に、ある婦人が書きました。「来る世紀は、子どもの世紀になるであろう(9)」と。そうなる代わりに、戦争の世紀であるように見えます。戦争は次から次へと絶えず続いてきました。しかし、子どもの世紀も同じように夜明けを迎えました。というのも、いたるところで子どもへの関心が大きくなっているように見えるからです。誰もが子どもに気をつけています。人間愛の雰囲気が広がっています。今回の恐ろしい戦争は、私たち、既に発達した人々には何もできないことを明らかにしました。なぜなら、大人たちはこの戦争に対して適切な意識の枠組みを持っていないからです。大人たちは自分勝手で、世界について何ら理解していません。これらの不適切に発達した人間たちは、いくつもの創造の時期を無視されてきた子どもたちが育った結果なのです。私たちは、植物学、地理学、化学などについてたくさんのことを知っています。今日では、知識は広く普及するからです。しかし、人間それ自身について、私たちは何を知っているでしょう？

ですから、この勉強は子どもたちだけに限られません。なぜならば、たとえ子どもについての勉強が、大人にとって興味がなくても、人類全体としての成熟を促進するとしたら、大切だからです。私たちは人間が創造される田畑を探検しなければなりません。私たちは人間の発達を方向づけることを学ばなければなりません。

原注(6)：Marie Curie（マリー・キュリー）はノーベル賞を受賞した最初の女性で、ラジウムとポロニウムの発見への貢献で、ノーベル物理学賞と化学賞の二つを受賞した唯一の人物。夫の Pierre（ピエール）とともに Radioactivity（放射能）という術語をつくった。

(7)：Luigi Galvani（ガルバーニ）のこと。ガルバーニはイタリアの医学教授で、一七八六年に「鉄の手すり」に吊り下げた死んだカエルの脚に金属のナイフで触れると、脚が激しく痙攣することを発見した。イタリアの別の科学者、Alessandro Volta（ボルタ）は一七九二年に、二つの違う金属板の間に水分が入ると、力が生じることに気づいた。このことによって、ボルタは最初の電池を発明するにいたった。ガルバーニは電気を探していたわけではないが、偶然に電気を発見した。ボルタは後にその仕組みを説明した。当時の学校の生徒たち誰でも、これらの話を聞いたことであろう。

(8)：The Bicètre Laboratory（ビセートル研究所）は、精神病患者の治療のために設置されたもので、パリで最大の精神病院に付属していた。「白痴」の子どもたちのために働いたイタールとセガンの両者とも、この施設で草分け的な仕事をした。二人のさまざまな発見に刺激されて、モンテッソーリ自身も一八九〇年代末にはパリで研究した。

(9)：一九〇〇年、Ellen Key（エレン・ケイ）は『子どもの世紀』という世界的なベストセラーを書いた。ケイはこの本で、二十世紀は世界の子どもたちが社会の中心的な仕事になるべきである、と提案した。彼女は「子どもの世紀」が現実になるとは決して考えなかったが、ことばは新たなスピードで広まった。大衆的な新聞のせいで、ことばは素早く世界中に広まるからである。イタリア王の Victor Emmanuel（ヴィットリオ・エマヌエーレ三世＝一九〇〇年即位）は「二十世紀は子どもの世紀」であると宣言した。そしてモンテッソーリは子どもの国際的な擁護者となった。たぶんメディアがモンテッソーリについて報じることを好んだせいであろう。子ども時代についての研究は、この時期以前には考えられないほど高まった。

第4講義　一九四六年九月十日

発達の段階

もし教育が、幼い子どもたちについて私たちが知っていることを基礎とするならば、私たちはまず子どもたちの発達を知らなければなりません。

私は今日、人間の発達を説明している図表を持ってきました（図表は不明）。

誕生から十八歳までは、現代の心理学者たちによって、普通は三つの時期に分けられます——三つの非常に異なる時期——それらは互いにはっきりと区別できます。これらの時期はそれぞれが同じ長さです。最初の時期は誕生から六歳まで、第二は六歳から十二歳まで、第三は十二歳から十八歳までです。私たちは、人間は二十四歳まで発達を続け、その年齢で発達が完了することを知っています。二十四歳で成熟するのです。これらの六年ずつの時期は、更にそれぞれ三年間ずつの同じ長さの期間に分けられます。したがって、人間の一生はそれぞれが三年間という短い期間に分割できます。自然がこのような法則を持っているのは不思議です。

人類学の研究は、成長がリズムを持っていることを示しています。もし私たちが最初の成長の時期の測定をすれば、生後第一年にはとてつもない成長があることに気づくでしょう。この成長は第二年には衰え始めます。第三年にはもっとスピードが鈍ります。このリズムはほかのいずれの時期でも繰り返されます。これらの三年単位のどの段階でも、大きな努力をする一つの期間の次には休息の期間が続きます。したがって、生命は一つの法則に従って発達し、すべての生命は同じ法則に従います。そして、これらの時期はあらゆる子どもについて同じです。

これらの三つの時期、誕生から六歳、六歳から十二歳、そして十二歳から十八歳は、身体と精神両者の発達に関して、互いに明確に識別できます。しかし、身体と精神は同時に発達します。六歳で歯の発達があり、最初の歯の生えかわりが起こります。これは全骨格の骨化が外面に現れたものです。第三の時期には思春期という印象的な現象があります。

この表では三つの時期が一つの非常に興味深い事実を説明しています。第二の時期、六歳から十二歳までがただ一つ不変で平安な時期です。この年齢は休息の時期です。六歳の子どもは十二歳の子どもとは異なります。十二歳の子どもはそれに先立つ六年間で既に成長をとげていますが、その間に大きな変化はありませんでした。この六年間は平穏な成長の時期です。この理由のせいで、第二の段階は力と精神の強さの時期です。この時期は勉強と精神的応用の時期です。子どもは真剣です。成熟した大人のようです。人類はこのことをまだ理解していませんが、一つの印象的な事実です。それが、この時期が一般に公教育のために選ばれている理由です。私たちは子どもたちをこの年齢で小学校に送り出します。六歳から十二歳までの間に実用的な教科が教えられます。

第一と第三の時期はたいへん大きな変化の時期です。非常に難しい時期でもあります。性格が形成される時期です。奇妙なことに、幼児期と青春期、つまり身体的な変化のこの二つの時期には、病気に対する抵抗力があまりありません。実際に、これら二つの時期に特有の病気があります。もちろん、私たちはどの年齢においても感染を受けやすいのですが、この二つの時期には身体の状態と関係する特別な病気があります。今日では幼児疾患の専門家がいます。イタリアでは、医者たちは思春期の病気も専門化しました。それらは多くの場合に、精神と道徳両方にかかわる奇妙な神経の病気です。この時期には、思春期の少年少女が犯罪に向かうこともありえます。

小さい子どもは特に伝染病——くる病、肺炎など——にかかりやすいのですが、思春期には肺結核にかかる傾向があります。

これらすべては、異なる段階にいる子どもたちを、同じやり方で扱うことができないことの一つのしるしです。子どもたちは、同一の世話、環境、目的あるいは教育法を必要としません。教育が生命に基づくべきだとすれば、これらの違いのすべてに適応していなければなりません。たとえば、もし私がある一つの年齢向けに一つの形式の教育をつくり出したとしても、その教育形式がすべての年齢向けだということは意味しません。一つの段階では完璧でも、次の段階では完璧ではありません。一つの段階には栄養物であるものも、別の段階にはそうではありません。一つの時期のいろいろな特徴は次の時期の特徴ではありません。

新生児は第一期に、突然のエネルギッシュで素晴らしい発達を示します。その後の発達はあまり印象的ではなくなります。最大の発達は誕生から三歳までに起こります。その後の三歳から六歳までの発達はもっと穏やかになります。最初の時期は二番目の時期の準備のようです。あるいは反対に、二番目の時期が最初の時期の仕上げをします。

思春期は身体にいろいろな変化をもたらします。この時期には激しい発達、危機があります。成長が非常に突然で暴力的になる危機的な瞬間に達することがあります。私たちは「思春期の危機」について語りさえします。十五歳から十八歳までの間は、変化はもっと穏やかです。この時期の前半でなされたものを完成させ、平衡に達する時期です。第二の部分は第一の部分の継続です。第一の部分が第二の部分の準備をします。そのようにして、一つの組み合わせが完成に導きます。十五歳から十八歳までの間は、成長はもっと限られています。どちらかと言えば、六歳から十二歳の期間に似ています。いくつかの変化はありますが、それらは穏やかです。この時期の子どもたちは変化がなく、あまり問題の無い時点にいます。

したがって現場の教育は、これらの年齢で異なっている身体的、精神的成長に合わせて計画されます。私たちは教育を、類似したいくつかの時期に分けます。過去の時代には、誕生から三歳までの時期には教育は授けられませんでした。三歳から六歳までの小さい子どもたちも、教育に値するとは考えられていませんでした。六歳から十二歳の時期が大切な年齢だと考えられて、これらの年齢の子どもたち全員に対して小学校出席が義務とされました。十二歳から十八歳の子どもたちには中等教育が授けられました。その次の生命の穏やかな第二の時期の第二段階では大学が続きました。しかしながら、教育の指示は独断的で、ある授業科目によって決められていました――その授業科目は、科学や知識にではなく、偏見に基づいていました。その根底にある考えは、子どもたちは成長するとますます強力で知性的になる、つまり、十二歳の子どもは生命の第一段階にいる子どもより知的である、というものでした。このように、直線状に発達するという固定観念があり、それゆえに十二歳の子どもは、より知的だと考えられたのです。

自然の摂理はそうではありません。発達は直線状ではありません。自然においては、それぞれの時期はそれ自体で一つの特別な時なのです。誕生から六歳までは特別な諸特徴を持つ時期で、それらの特徴は六歳から十二歳までの時期に属す子どもたちの諸特徴とは非常に異なっています――非常に異なるので、子どもは二つの異なる生命を持っていると言うことができます。六歳で一つが終わり、もう一つが始まります。まるで第二の誕生のようです。

十五歳の少年は、十二歳の少年よりも知性的なので、もっと勉強して、もっとたくさんの科目を取らなければならない、というのは真実ではありません。真実でない理由は、身体が大きく変化する時期は、身体が休息している時期よりも、知性は活動的ではないからです。現在は学校で、十二歳から十五歳の子どもたちに大量に頭を使う作業が与えられています。ところが、この年齢の子どもたちがいちばん必要としているのは、休息と精神の自由なのです。

思春期の若い少年少女は勉強を強いられてはなりません。それは危険な時期にいるからです。少年少女は一定の病気にかかりやすく、十二歳の子どもたちのようには丈夫ではありません。十五歳を過ぎれば、もっと丈夫になるので、勉強も可能になります。誕生から三歳までと、十二歳から十五歳までの時期は、創造的な変化の時期です。第一の時期には、人間は精神の発達に関しては、無から発達します。これは個人の形成期です。十二歳から十五歳までの年月には、私たちは人間の建設を目にします。つまり社会で生きるよう運命づけられている人間の建設です。この人間は既に発達している一人の人間から発展します。誕生から十二歳までは、一人一人の人格が形成される時期です。この理由のために、子どもは自己中心的だと言われるのです――それはこの年齢にともなう特徴的な特性です。小さい子どもの使命は、自分が後に成るであろう人間を形づくることです。そこで自然は、私たちの精神の発達において姿を現すエネルギーを私たちに与えてくれます。それぞれの時期は次の時期のための準備です。そして自然は毎日、非常に注意深く、私たちを準備してくれます。自然は、この建設が起こりえるように、私たちにいろいろな法則とエネルギーを与えてくれました。しかし子どもは何歳でも、例えば六歳、あるいは九歳の子どもでも完璧な人間になれる、と考えてはなりません。九歳の子どもの完成度は、それより前の子どもの育ち方次第です。九歳でよりよい子どもにするためには、私たちは誕生時から始めなければなりません。

誰かを教育するのは、つまり良い教師になるのは、そんなに容易なことではありません。大学で学ぶだけでは十分ではありません。完成は、人生の一部で、それに達するためには、私たちは長期にわたって学ばなければなりません。変革は誰にでも訪れるわけではありません。私たちは辛抱強く理解するように努め、理解に基づいて行動するよう努めなければなりません。私たちの変革は、心の中にあるべきです。

第一の時期での完全な発達は、第二の時期により大きい能力を与えます。誕生から六歳までの時期は、生活がそれ自体のための生活です。もしこの生活がうまく生きられていれば、六歳の子どもは非常に知性的で、仕事に大きな愛を持っているでしょう。その子どもはまた、成熟した人間の性格をほぼ発達させているでしょう。ある心理学者が言うかもしれません。地球から遠く離れたある星から見たら、そして地球の六歳から十二歳の子どもたちを初めて見たら、それらが成熟した人類だと思うかもしれない、と。

精神の力は誕生時に始まります。私たちはそうだと確信しています。そして、私たちは経験を通じて、三歳から六歳の子どもたちは大量の知識を吸収できるということを学びました。このことを、現在の教授システムは考慮していません。この年齢グループの子どもにとっては、ほかの年齢のときよりも多くのことが容易なのです。たとえば、この時期は、書き方を学ぶための敏感期です。それは六歳を過ぎると衰えます。

子どもたちは六歳でまさに世界を理解し始めています。子どもたちは教師なしで、たくさんのことを既に理解しています。私たちは子どもたちの教育を六歳で始めることはできません。なぜなら子どもたちは今ちょうど終わったばかりの一つの全人生を、既に通過してきてたからです。もし子どもがこの時期、まったく教育を受けるべきではないとすれば、六歳の時点で、栄養不良になっているでしょう。もし六歳で子どもに初めから教えるスタートを切るとしたら、子どもは退屈するだけでしょう。

子どもたちは六歳のずっと前に小学校を始めるべきだ、というのが結論です。今は、五歳で学校に行き始めるべきだと言っている人たちもいます。でも、五歳でさえも遅すぎます。三歳で一種の小康状態が始まります。つまり次の時期のための待機です。私たちが三歳のとき、あるいは二歳のときでさえも始めると仮定してみましょう。子どもは六歳になる前に、疲れることもなく大量の知識を身につけることが可能です。栄養は疲労の原因にはならないからです。もし子どもが教えられることに疲れたら、私たちが誤った知識を、誤った時に紹介しているとの証拠です。子どもは学ぶことを楽しまなければなりません。子どもは世界において知性的で自由な生き物だからです。人間の特徴は知性です。したがって、自分の知性を用いるのは確かに一つの喜びであるべきです。学ぶという仕事への満足と熱狂を与えるべきです。もし学校がこのことを提供しないのなら、学校が間違っているのです。そして明らかに、子どもの真の本質に根ざしていないからです。

私たちは六歳から十二歳までの時期を「教授の年齢」あるいは「学びの年齢」と呼びます。この時期の間にすべての教科を与えることができます。普通は十二歳から十五歳の間に与える教科も、この六歳から十二歳までの間に与えるべきです。また、現在、六歳から十二歳までの間に与えている知識を、三歳から六歳の時期に与えるべきです。人類は将来、もっと良く教えられなくてはなりません。世界にある、すべての知るべきものをちょっと見てごらんなさい。ラジオや飛行機など、あんなに素晴らしいものを。外界の世界でなされた進歩を見てごらんなさい。人々はこれらすべてについて知る必要があります。

私たちはいろいろな新しい考えを紹介し、一般的な偏見を拭いさらなければなりません。子どもたちは、今実はたいへんに退屈しているのですが、勉強が嫌いだから勉強することができないという考えから出てくる偏見——子どもたちは知的な勉強をするには幼なすぎるから、そんなことをしないようにしなければならないという偏見——思春期の少年少女は学校で疲れているので興味がなく、たくさん勉強しようとしないという偏見——だから私たちは子どもたちが十八歳になるまですべてを遅らせなければならないという考えから出てくる偏見などです。これらすべては偏見に基づいた誤りです。現実は、同じ授業を「より幼い」年齢で与えることができます。そうすれば、授業は子どもを満足させる一種の精神的な食物になります。私たちの教育の計画は正しいものでなくてはなりません。

このことが真実であることを、皆さんは経験によって見出すでしょう。今日の教育の欠点の一つは、私たちが子どもたちに易しすぎる課題を出すので、子どもたちがそれを退屈だと思うことです。私たちは自然のエネルギーを考慮することを忘れています。私たちは人間が知性的な存在であることを忘れています。知性とは何かあいまいなものではなく、仕事をすることを望むもの、環境から知識を吸収したいと望むものです。私たちはこの知性に食物を与えなければなりません。知性がもっと強力になるよう食物を与えなければなりません。

私たちが今、十二歳から十五歳の子どもたちに与えているものを、もっと早く与えなければなりません。この第三の時期は、休息の時期です。身体が大きく成長する時期だからです。若い人はこの時期には特別な種類の生活を送る必要があります。強要されてはなりません。自分たちが出来ることをする自由を、そして自分たちが望む知的な仕事をする自由を与えられなければなりません。若い人たちの精神生活は自由で、急かされず、そして穏やかでなければなりません。この年齢のさまざまな必要性が尊重しなければなりません。少年少女たちにシラバスを強いてはなりません。思春期のいろいろなトラブルの非常に多くは、今日、少年少女が誤った種類の教育を与えられている証拠です。

もし人生の第一の時期で、子どもが栄養不良だとすれば、第二の時期でも追いつけないでしょう。ある特定の敏感期が過ぎてしまっているからです。私たちは誕生から六歳までの時期を研究しなければなりません。特に前半の誕生から三歳までを。生命のこの時期を理解したいなら、私たちはこの時期を研究しなければなりません。誕生から六歳までの間に、人間はいくつかの特徴を持ちます。この時期の子は楽しくて優しいのです。一生の中でもいちばん良い時期です。この第一の時期は第二の時期の準備期間です。発達を援助する多くのことができればできるほど、それだけ第二の時期のためになっていることになります。そして、第二の時期もあらゆる点で――精神的に、身体的に、そして知性的に――よりよくなるでしょう。

私たちの新たな使命の真実を認識しなければなりません。このことが、皆さんに銘記していただきたいことです。ただ知識だけを伝達してはいけません。生涯全体をより良くする可能性を持ったこの生命を大事にしましょう。それは偉大なこと、でも、とても簡単なことです。

第5講義　一九四六年九月十一日

遺伝と創造

心理学の研究のいちばん大切な部分は、今日では、生命の第一の時期にいる子ども、特に生後の三年間の子どもの研究です。

最初の時期（誕生から三歳まで）の後には、三歳から六歳までの時期が続きます。三歳から六歳までは、誕生から三歳までの間に身につけたすべての事柄が、外部の世界で獲得された経験を通じて定着する時期です。子どもは六歳になると、一人の人間になります。人間の成長における二つの異なる事柄を区別し、よく考える必要があります。

私たちは、成長の問題の前に、存在の問題、創造の問題を考えましょう。子どもが存在する前には、子どもは存在しませんでした。私たちは存在しなければ、成長できません。これはなぞでしょうか、奇跡でしょうか？この存在し始めることは一つの奇跡です。それまでは前は誰もいなくて、その後に存在し始めるからです。これは非常に印象的です。第一の時期には子どもは自分自身を形成しなければなりません。この時期はすべてのうちで最も大切な時期です。あらゆるものがこの時期に由来するからです。この新生児は胚の段階（胎芽期　妊娠3ヶ月まで）で既に存在していました。このこともまた奇跡です。たった一つの細胞から、神秘的な能力と知恵をそなえた身体のすべての器官が建設されるからです。すべての器官の形だけでなく、その働きも構築されます。この働きも神秘に満ちています。驚くべきことです！

新生児が世に現れたときには、それはある身体です。でも、知性的ではありません。人間の赤ちゃんがこのように「劣った」外観をしているのはきわめて印象的な事実です。ほかの哺乳類の赤ちゃんは、外観がこんなに哀れでもなく、意識も理解力もないわけではありません。たとえば、子牛は生まれると、その日のうちに走り回り、自分で母親を見つけます。食べ物が欲しくなると、自分の母親のところへ行きます。どこで食べ物を見つけるべきかを自分で、知っています。一つの大きな駆り立てる刺激を持っています。生後たった一日の子馬は、長い長い脚を持っています。とても長い脚です。どうして脚がそんなに長いのでしょう？　なぜなら走り回るためです。子馬はまわりを走り回ります。これは馬たちの主な特徴です――馬たちはとても速く走れます。

さて、人間の新生児と比べると、これらの幼い動物たちは知性的です。生後一日か二日の赤ちゃんザルを見てみましょう。既に走って自分の母親から離れます。母親は呼び戻さなければなりません。母親が木に登るときには、母親の身体に自分でしっかりと掴まります。よく動く頭を持っています。大きな興味を持ってあらゆるものを見回します。人間とはたいへんに違っています。人間はあのように劣った子どもを持つ唯一の生物です。このことがいちばん印象的な事実です。

人間はサルから発達したと言う人たちがいます。いいでしょう――そうかもしれません――人間にはサルに似ているところがあります。醜い顔と長い腕を持ったサルに。しかし、原始人が、母親から走り去れる新生児を持っていて、呼び戻さなければならなかったとは、私には想像できません。人間の子どもはずっと今日の子どものようであったに違いありません。それが人類の特徴だからです。動けない子ども、自分の頭を持ち上げられない子ども、自分では寝返りの打てない子ども、母親にとっては自分の懐に入れるしかない重荷である子ども、それが特徴です。もし原始人がサーベルタイガーやマンモスと戦わなければならなくて、自分の子どもも守らなければならないとき、どうしたのでしょう？

もし、皆さんが人間は動物たちとはまったく異なる何かだと信じたいのなら、人間の子どもをちょっと見てごらんなさい。この子どもはほかの動物たちの子どもとは非常に違っています――無力で、受動的で、口のきけない子どもです。人間という一個の偉大な被造物が持っているべきだと期待するような、知性も持っていません。

ことばも持っていません。他の幼い動物たちは自分の両親のことばと似ている何らかのことばを持っています（たとえば、子ネコは生後すぐにネコのことばを話します）。しかし、人間の赤ちゃんは何も持っていません――ことばも、動きを調整する能力も、目的のある動きも。赤ちゃんたちは目を開けていて、口で吸うだけ、それがすべてです。

二年後には、子どもは走れます。でも、生まれたばかりの子馬ほどに上手ではありません。しかし、二歳の子どもは話すことができ、ほかの人が話すときには理解できます。環境の中のあらゆるものを見分けられます――テーブルと椅子を、母親と父親を、兄弟と姉妹を、花々を木々あるいは箱を――すべてです。子どもは今や生まれたばかりの人間のようです！

この二年間に何が起こったのでしょう？　何か素晴らしいことが起こりました。子どもはこれらすべてを創造したのです。これらすべては以前には存在しませんでした。そして今は存在します。したがって、生後の二年間は身体的な成長よりも、精神的な発達の創造――いろいろな能力の創造、意識の創造――に費やされる、という結論に達せざるをえません。あらゆるものがこの時期の間に創造されます。そして自然はその後に、創造されたものを完成させ、高めます。したがって私たちは、何も無いところからの創造の時期、形成の時期と、成長の時期を区別しなければなりません。これら二つの時期は異なるのです。この理由のせいで、生命の第一の時期はいちばん大切なのです。もしこの時期の創造に何か欠けていると、それは永遠に欠けてしまうでしょう。ひとたびこの時期が過ぎれば、子どもたちはこの能力を失います。

胎芽期は、細胞組織が、ある精確な仕方で発達することが重要です。もし何か小さい誤りがあると、結果として怪物がつくり出されます。自然は論理的に行動し、この大切な時期を守ろうとします。だから、私たちもまた子どもを保護しなければなりません。生命の始まりのときから、正しい方法で展開しなければなりません。精神の創造の時期にいる子どもが最善の状況、自分の発達の助けになり得るすべてのものを必要とすることもまた、論理的です。何かが欠けたとすると、後にその結果の欠陥が現れます。今日では、かなりの量の注意がこの時期に向けられています。

誰もが遺伝について語り、遺伝は素晴らしいと言います。しかし、遺伝という用語はクロロフォルムのようです。理解力を曇らせます。この用語はあらゆるものを満足させ、あらゆるものを包み隠します。動物たちは遺伝した力を持っています。すなわち、一定の方法で行動する傾向です。馬は速く走ります――これが馬の特別な特徴です。地面に穴を掘る動物もいますし、樹木の上にすむ動物もいます。それぞれの動物は環境に何らかの特別な適応をしています。動物たちはその特別な諸特徴を遺伝によって手に入れます。それ以上ではありません。動物たちの諸特徴は遺伝されたものに限られています。しかし、人間の生命は違います。人間は何でもできます。人間の言語を発達させることができます――英語やイタリア語のような一つの特定の人間の言語ではありません。インドの子どもは、遺伝によってサンスクリット語を話しません。子どもは誰でも自分の環境の言語を吸収します。私たちはその言語を「母語（mother tongue）」と呼びますが、これは正しい用語ではありません。というのも、もし子どもの母親が死んだら、あるいは子どもが両親から離されて他の国に連れていかれたら、両親の話していた言語ではなく、その国の言語を吸収するだろうからです。

異なった人々の生活や習慣にはいろいろな違いがあります。それは人間が一般的な行動の多様性に対して非常に大きな潜在能力を持っているからです。たいへんな無力さから始める子どもは、自分の環境にあるものを何でも取り入れられなければなりません。心理的な諸特徴、それも人間一般のではなく、そのときの子どもの環境にあるものを取り入れられなければなりません。したがって、これらを身につけるのは子どもの仕事であって、遺産ではありません。

子どもが人間の精神を築くことのできる存在と見ることができます。創造者ではありませんが、ある意味では「生む人」を見られます。両親は子どもの創造者ではありません。しかし、「生む人」――この創造に必要な手段です。両親がどのように重要か見てみましょう。子どもに対してどのような種類の権利を持っているでしょうか？　どのように尊敬されているでしょうか？　しかし、両親は子どもに自分の知性を与えません。知性は子ども自身によって建設されます。したがって子どもは、自然が人間に与えていた最高の贈り物の「生む人」なのです。これらの小さい無力な身体に敬意を持ちましょう。子どもの力はあらゆるものの始まりだからです。

確かに、子どもたちは遺伝に相当するたくさんの潜在能力を持っているに違いありません。でも、一つの言語を学ぶための潜在能力であり、動きをコントロールするのではなく、調整を獲得する潜在能力です。子どもたちは五感を通じて自分の環境から情報を吸収する潜在能力を持っています。これらの潜在能力は自然が子どもたちに与えたのです。これらを持っているので、子どもは、必要とされるさまざまな経験をひとたび自分の環境から得れば、何でも自分の望むものを成し遂げることができます。それは敏感な映画フィルムのようです。もし光があれば、一つの絵がフィルムに反映し、そこに固定されます。フィルムそのものは絵ではありません。いろいろな絵を記録する潜在能力です。

写真の世界では、私たちは感受性以外には何も持っていません。その感受性が環境からあらゆる物を取り入れて固定することができるのです。このことは私たちにいろいろな自然な能力という一つの考えを与えます。ただ、私はこれをフィルムとは呼びません。「創造的な星雲」「生きている星雲」⑩と呼びます。もし環境が有利ならば、何でもすることができます。

もし子どもが人々の話すのを聞かなかったら、二歳になっても話せません。子どもは環境から聞いた言語を吸収できるだけです。ことばを聞かなければなりません。いろいろな物の名前を聞かなければなりません。子どもが多くの物のを見て区別すれば、それだけ子どもの精神は豊かになるでしょう。一人の子どもが二年間生きて、ほとんど物のイメージを持たずにいることはできます。あるいは、二年間生きてたくさんのイメージを持つこともできます。それは、その子どもの環境と生活の仕方とによります。さもなければ、奇跡でしょう。これらのイメージとことばを子どもに身につけさせるのは何でしょう？　教育でしょうか、教師でしょうか、母親でしょうか？　違います。これらは子ども自身が獲得したのです。子どもは「これは水、これは草、これは花」などと教えてくれる教師を持っているでしょうか？　もしある教師がいろいろな物をこのように指さして三歳の子どもに教えたとしたら、その子どもは言うでしょう。「ぼくは世界を見てきた。今はこれらの物をみんな区別する力をぼくは持っている」と。

子どもの発達について何も知らない教師が、六か月の子どもに音節を教えようとする場面を想像してみましょう。もしその教師が、ババババ、ママママなどと言いながら音節をはっきりと発音し、自分の後について繰り返させようとしたら、子どもはそうしようとはしないでしょう。でも後には、教師の介入なしに、あなたが言うことはすべて理解できるようになるでしょう。もし、とても小さい子どもに「服を着なきゃだめよ。」そうしたら、乳母車に乗せて外へ連れていってあげるよ」と言ったら、子どもは「いや！」と言うでしょう。子どもは理解したからです。子どもはこのことを自分で学びました。子どもは、ただ理論的に学ぶのではなく、現実的で前向きに学び、学ぶ能力、理解する能力、認識する能力やその他の能力を持っています。ある子どもは見聞きすることによって学びます。その子はある名前を聞いて、それが何の名前なのかを理解します。子どもは少しずつ自分でいくつかの単語を言うようになるでしょう。自然界には学校があるでしょうか？　自然界には教師がいるでしょうか？　子どもにあれらの音節を、世界中の子どもたちに共通のあれらの音節を教える教師が？

世界中で子どもたちは、同じことを同じ年齢で身につけます。同じときに歩き始めます。同じときに音節を発音し始めます。生後六か月で、すべての子どもがひとりでお座りをし始めます。一歳二か月で、すべての子どもたちは同じ段階にいます。まるで神が競技会を催していて、その年齢のすべての子どもたちが、世界中で歩き始めるかのようです。まるで神が一人一人の子どもに言ったかのようです。「ほかの子たちと同じように歩かないなんて、恥ずかしくないのかね？」と。子どもは従わないのを恥じます。自分のすべてのエネルギーを歩くという衝動に従うことに投じます。自然に従順なこの生徒の内部には、生命のすべての力が存在します。そのせいで、子どもは偉大さを達成できるのです。子どもは自分自身を教育する能力を持っています。正確な授業科目をそなえた普通の学校で、子どもたちが従順でなければいけない学校で自分自身を教育するのではありません。監督されない学校、競争する必要のない学校でです。自然の諸法則に従って熱中して勉強できる学校でです。もし私たちがこれらの法則を知らなくて、それらを尊重しないと、子どもの偉大な仕事をだめにしてしまう危険性があります。

自然の偉大な諸法則と、一人一人の子どもの内部の努力とを無駄にしないようにするのは私たちの責任です。教師は自然の摂理の召使でなければなりません。教師にできる最高の事柄は仕えることです。教師にできる最善のことは、敬意と気配りを示し、へりくだっている完璧な召使になることです。教師の計画は生命を養うことでなければなりません。生命とは一つの力、知恵と能力とが満ちている一つの力です。新生児は無力な存在です。しかし、この無力な存在が上に述べたような力を持っているのです。私たちは驚嘆しなければなりません。私たちの態度は、人間の創造に栄養を与えるために、私たちに出来ることをするというものでなければなりません。

このごろは、すべての人が新生児に目を向けています。生後たった一週間の子どもの生活を観察するための出版物もあります。この一週間は冒険に満ちています！　生後の最初の年に観察できること、あるいは一か月にでさえ観察できることをすべて書くとしたら、あまりにも多すぎるでしょう。大冊の科学書を埋めるに十分でしょう。それでも、書くことが多すぎるでしょう。

この時期は一つの星雲のようです。星雲とは、無秩序ですが、星々を作ります。すると星たちは永久にそれぞれの軌道に従います。素晴らしくて心からの興味をそそられます。これらの星たちはどこから来たのでしょう？　私たちはそれらの星雲を見られるでしょうか？　そうするのは困難です。何十億とあるからです。

子どもすなわち人間の創造者は、やはり私たちにとってたいへんに興味深いはずです。人間の魂のこの研究は大いに興味深いに違いありません。子どもの未来の性格は空の一つの星より大切です。社会は子どもに注意を向けなくてはなりません。社会は大きな気配りと注意と敬意を小さい子どもたちの世話と教育に払わなければなりません。必要なのは教えることではなく、自然を助ける気配りであることに、私たちは気づかなければなりません。小さい子どもに対するこの気配り、それは人類の責任です。というのは、すべてのものが生命のこの時期にかかっているからです。私たちは子どもに注意し、気配りし、愛情を注がなければなりません。私たちは、単に子どものためだけではなく、自然の偉大な驚異のために何ごとかをなしたいという一つの大きな望みを持たなければなりません。

私たちにとって新生児は一個の身体です。胚の産物です。そして、この物質的な胚が人間の精神的生命を創造します。新生児はすべてを生み出さなければなりません。したがって、私たちのするあらゆることは、そのような仕事をする新生児を助けなければなりません。

子どもの生活は、どのような些細なことでも、規則を、神秘的な法則を持っています。一つ一つの小さいことが重要です。だから、私たちはあらゆることを尊重しなければなりません。たとえそれが、私たちには理にかなっているとは見えなくとも。

成り行きは分かりません。私たちは裁判官ではなく、自然の摂理の召使です。

胎芽期の代謝のほんの小さな変化でも身体に大きな変化を起こします。胎芽期の少しの不完全さが、後には身体に恐ろしい影響を及ぼします。私たちは成長に関する自然の諸法則に従い、自然の摂理の良き従順な召使でなければなりません。

とても幼い子どもを観察してみましょう。そして、私たちがこのような意味で、何ができるかを学びましょう。

第一に、いちばん重要な感覚は嗅覚です。嗅覚は鼻孔内にあります。鼻孔は夜も昼も開いています。寝ていても閉じません。二つの鼻孔は非常に重要です。防衛のための大きな手段だからです。人間が眠っていても危険を警告します――たとえば、火事があったときに。鼻はとても大切な器官です。常に油断なく待機しているからです。

味覚もとても大切です。味覚は非常に物質的なものだと考えられるかもしれませんが、生命は食物を供されることを必要とします。鼻がガイドです。犬を見てごらんなさい。犬は鼻で理解します。犬の知性は鼻の中にあります。私たちは鼻によって食物を見分けることができます。環境にある食物が食べられるかどうかを判断できます。高等なタイプの動物たちだけが鼻によって環境から食物を選びます！

触覚は身体じゅうにあります。

これら三つの感覚は発育に関する感覚と呼ばれます。これら三つは発育にかかわる諸器官に結びついています。両目は光を記録したり、その他のことをしたりします。といっても、目や鼻のような実際的なやり方でではありません。目の反応は鼻のそれとは違います。鼻は生命に必要な食物を見分けます。

心理学者たちの言うことでは、もし音楽と騒音とがあっても、子どもは両方に無関心のままでいます。聴覚はもっと後の段階で発達するからです。

子どもはこれらの五感を初めからそなえています。もし子どもが五感をそなえているとしたら、何かの目的があってのことです。したがって、それらは重要です。

私たちは子どもに、ゴム製乳首がついた、ミルクの入ったガラス製哺乳瓶を与えるとき、子どもが吸うままに寝かせておきます。さて、明らかに子どもは、生きるためにはミルクを必要とします。自然は、子どもがミルクを嗜好するようにし、ミルクは子どもの身体に栄養を与え、身体は太ります。しかし、子どもが自然に食物（母乳）を与えられるとき、子どもはただ栄養を与えられているのではありません。子どもは自分の母親を必要とします。母親との接触が子どもの精神的な発達を助けます。子どもは生活において何かを発達させます。したがって、味覚は大切な感覚です。ミルクを飲むことによって、母子の関係は強められます。人は愛に満ちていなければなりません。愛は自然界にあるエネルギーです。人間は自然に、子どもを自分の両腕に抱きます。子どもは支えられる必要があるからです。いつも子ども用ベッドに入れて置いてはいけません。母親が子どもを自分の両腕に抱くのが自然の摂理だからです。それだけではありません。将来のために形成されつつある人格のための一つの準備なのです。

人々はたくさんの科学的な問題を研究してきました。でも、一つの科学としては、人間の精神の発達という重要な研究にやっと乗り出したばかりです。

原注（10）：星雲とは星間物質の雲で、ガスと埃の薄く広がったかたまり。星雲が大きくて密度が高いと、しばしば星の生まれる場所になる。（『子どもの精神』第七章「星雲」参照）

第6講義　一九四六年九月十三日

無意識の心理学

小さい子どもたちを観察するほうが、研究するよりも大切です。まずいくつかの簡単なことを知る必要があります。心理学を学ぶこともできるでしょう。しかし、これは別の勉強です。一冊の本を手に取って、それによって勉強することもできます。しかし、いくつかの単純な真理を知ることが必須です。それらの真理は一般に受け入れられている考えとは反対です。たとえば、生後三〜四か月の一人の赤ちゃんの頭を見てみましょう。そして、通りで見かける同じ月齢の子どもたちの頭と比べてみましょう。赤ちゃんの頭は大人に比べると、身体に対する割合がとても大きいでしょう。もし新生児の頭を生後三か月の赤ちゃんの頭と比べると、著しい違いを見出すでしょう。子どもが一歳になると、その頭は成熟した人間の頭の大きさの半分以上になります。それは怪物の頭のようです。でも、誰も気づきません。誰もが子どもを褒めます。その際には、きれいとか可愛いとかという形容詞を使います。でも、それらの人はわざわざじっくりと子どもを見ようとはしません。

子どもの頭と体の割合のこの違いを考えれば、自然が人間にまずは脳を与えたことが分かるでしょう。人間が知性的な存在だからです。子馬は初めから長い脚を持っています。その脚の割合は身体と釣り合っていません。そして、大人の馬の脚も釣り合いを欠いています。馬は走らなければならないからです。生き物はどれも独特の特性を持っています。そして、人間は特別な頭を持った生き物なのです。

この頭は誕生時には骨化していません。非常に未完成です。とても未完成なので、頭蓋骨の骨化は六年後にやっと完成します。このことは、これらの早い年月の間には知性が何か特別な成長の支配下にあらねばならない証拠です。

もう一つ観察するべきものは、小さい子どもの目です。それらの目は誕生後一か月からとても明るく輝いています。大きな興味と観察力を示します。いつもじっと見ています。これらの目を観察し、調べるのはたいへん興味深いことです。視覚は非常に現実的なものです。特に意識の形成と関連させて研究されるべきです。

初めの頃、子どもは無意識です。そして、この無意識な状態から意識した状態が現れます。子どもが自分の見るものを意識しているかどうか分かります。子どもは連続した段階を通ります。無意識から潜在意識[11]へとそれからはっきりした意識へと達します。この意識は、一定の物に引きつけられることによって示されます。それらの物をほかの物の中から選ぶため、またほかのいろいろな物よりも一つの物を気に入るからです。子どもがこうするとき、それは純然たる意識から生じることは確かです。現代の心理学者たちは、子どもが生後一〇か月になるとこのことが起こる、と言っています。しかし、それ以前にも、子どもはいろいろな物を見分けられます。光といくつかの物を見分けられます。子どもは一日にして突然に意識を持つわけではありません。徐々に発達します。無意識な生き物から知性がゆっくりと現れます。太陽が徐々に昇って、真昼までは光が増すのと似ています。そのように、意識の光は短い期間の間に少しずつ生じます。意識が十分に習熟する前に、何らかの内面での作用があるはずです。

とても幼い子どもの心理学は無意識の心理学です。それを直接の観察によって研究することができます。それに対して、成長した人々の潜在意識を観察するのは困難です。無意識から意識への移行についてひとたび明確な考えを持てば、子どもの発達を援助することができます。子どもを援助するべきだとすれば、子どもが意識に達する前にでも一種の精神生活を持っていることを明確に知らなければなりません。このことが、この非常に幼い年齢での子どもの心理学がとても大切な理由です。

潜在意識の時期では、活動は非常に注意深く考慮されなければなりません。子どもは成長するために環境での経験を持たなければなりません。子どもがいろいろな色を見分けて、好みの色を選ぶ前に、子どもはそれらの色を何回も見ていなければなりません。環境で違う色の服を見るかもしれません。しかし、子どもがいろいろな色を見る機会を、そしてこの内面の働きを行なう機会をそれまでに持っていなかったら、生後十か月という重要な年齢で選択をすることができません。

この毎日の発達を研究するのは興味深いものです。この潜在意識の時期の存在を理解すること、そして子どもは成長するためには環境に出会う必要があることを理解することは大切です。私たちは子どもに経験を強いる必要はありません。経験への衝動はこの月齢の子どもたちみんなに生まれつきそなわっているからです。自然それ自体が既に子どもに身の回りのいろいろな物を見るよう促しています。

この研究でのいちばん大切な部分は観察です。小さい赤ちゃんたちを観察しましょう。赤ちゃんたちの目を見ましょう。そうすると、赤ちゃんたちが一つの同じ物を長い間見つめていることが分かるでしょう。子どもは大きなエネルギーと力とで環境からいろいろなイメージを取り入れます。無意識は環境を研究します。子どもは五感を通じて身の回りのあらゆる物を取り入れます。そして五感を通じて、大きなエネルギーであらゆる物を吸収します。子どもは生後三か月でこれをしているのは明らかです。一般的に言えば、子どもは誰でもこれをします。皆さんのイギリスの子どもたちも同じに違いありません。ただ、私はイギリスの子どもたちを観察する機会をあまり持てませんでした。というのは、イギリスの路上にはほとんど子どもがいないようだからです[12]。子どもたちはどこにいるのでしょう？　イギリスの第一印象は、いるのは成人の住民だけで、子どもは誰もいない、というものです。しかし、皆さんはイギリスの子どもたちがどこにいるか知っています――だから、皆さんは子どもたちを観察し研究することができます。これは皆さんの課題です。これを行なってください。この時期には途方もない活動が精神の力と環境との間で起こりつつあることを認識するために。

子どもは働き者で、勤勉な観察者です。いろいろな物をまっすぐに見ます。それらの物を長い時間見つめます。自分の環境について、自分に出来ることすべてを学ぶことに興味を持っています。たぶん、一本の花を見つめていて、そのイメージを吸収しているのでしょう。この仕事は子どもに幸せと平安を与えます。そうすることで自分の自然な衝動に従っているからです。

子どもは自分では動けません。最初は両目を動かせるだけです。しばらくすると、頭を動かし始めます。それから、生後ほぼ三か月で、頭を持ち上げようとします。懸命に試みて、試み続けます。その努力はたぶん疲れるでしょう。でも試み続けます。子どもがもし頭を持ち上げられれば、もっとよく見えて、そうすれば自分のやり方で意識をよりよく準備できるからです。

私はかつてまだ生後十か月にはならなかった一人の子どもを見守ったことがあります。その子は一つのクッションを見ていました。ややぞんざいに作られた花々と子どもたちの絵がついたクッションです。その子どもは絵の中の子どもたちにキスし、花々の香りをかぎました。このことは、その子が花と子どものイメージを知覚することができて、それについて真に理解していることを示していました。誰もが皆、子どもたちにキスをし、誰でも花の香りをかぐので、その子どもの行為は高度に発達した何かを示していました——つまりその子どもがこのことを認識できたということです。

たぶん、心理学者たちはこれらの事柄を見ないでしょう。テストをするのに忙しいからです。皆さんはテスト類に煩わされてはいけません。皆さんに必要なことのすべては観察すること、そして子どもたちをその自然のありのままで研究することです。もし皆さんが本を読んで勉強するだけなら、いろいろなことを間接に勉強しているのです。心理についての本は非常に複雑です。そうではなく、子どもが自分の自然の衝動に従っているとき、何をするかを見守りましょう。

私は生後九か月のある子を知っています。その子は毎日、茶色の大理石の一片を見たがりました。この茶色の大理石の一片は茶色の壁にはめ込まれていました。壁の色と大理石の色とはほとんど違いませんでした。でも、その子は大理石にとても興味を持ちました。毎日、乳母はそれを見せるために子どもをそのそばに連れて行きました。大理石には何も魅力的なものはありませんでした。ただの石でした。そして、それがはめ込まれている茶色の壁にとても似ていました。でも、その子はそれを喜びました。その子は生後十か月になる前にでさえ、非常によく似ている同じ色の二つの色合いを区別するという難しい仕事を好んだのでした。子どもが難しい仕事を好むということに、人々が気づくのは容易ではありません。本で勉強したり何か科学的な研究をしたりする前に、どのような先入観も持たずに子どもたちを観察すれば、子どもについてのこれらすべての事柄に気づくことができます。

今日、生後四か月の男の子が私の家に来ました。その子の母親が褒めてもらおうと連れて来たのです。母親は身体がよく育っているのを私に見てもらいたかったのでした。でも、私が見たことのすべては、そんなにも長い間じっと私を見ている、一人の子どもの両目でした。彼は私と知り合いになりたがっていたみたいでした。そこへモンテッソーリ氏が入ってきました。するとその子はまた別の人を見たので興奮しました。そして彼を何度も見て、見つめました。その後にチャイルド嬢[13]がやって来ました。その子は彼女を同じように見つめました。自分の周りで何が行われようと関係なく、その子は人々を見つめ続けました。部屋の中には見るべき物がたくさんありましたが、ほかの物はまるで関係ありませんでした。

自然はなぜ、赤ちゃんにそんなに大きい頭と活発な脳を与えたのでしょう？　赤ちゃんが環境を研究しなければならないからです。赤ちゃんは貧弱で哀れな身体を持っています。初めのうちは動くことさえできません。ではなぜ、動く力さえないのに、この知性を授けられていたのでしょう？　動けるようになる前に、なぜいろいろな物を見ることにそんなに興味を持っているのでしょう？　たぶん、子どもは動く前に、知性を訓練しているのでしょう。動けるようになったとき、知的に目的をもって動けるように、知性を準備しているのでしょう。しかしながら、子どもはまず自分の環境を知ることから始めなければなりません。自然は子どもにそうする力を授けたのです。

小さい子どもたちを観察しましょう。観察できるところならどこででも観察しましょう。ここロンドンでは、皆さんが観察するために、通りには子どもたちが多くはいないようです。しかし、あまり文明化されていない国々では、いたるところで子どもたちが見られます。たとえばインドでは、子どもたちは通りに出てきます。あらゆる年齢の子どもたちを観察できます。そして、幼児たちには同じことが見られます――両目を固定してじっと見つめます。地理の雑誌でよその国々の人々の写真を見てごらんなさい。それらの写真はいろいろな国で着られている衣服（あるいは衣服を着ないこと）を見せようとしているのですが、これらの人たちの集団には常に母親たちが赤ちゃんを連れているのが見られます。母親たちにとっては、いつも赤ちゃんを連れているのは自然なのです――文明化した国々を除いて。これらの写真を見ると、大人たちの目は子どもたちの目と違っているのにも気づくでしょう。子どもたちの両目は二つの星のようです。固定されていてじっと何かを見ています。

論理的な結論は、この生命の第一段階にいる子どもは、成長するためにたくさんの事物を見なければならないということです。子どもは将来に備えるために外部の世界を見なければなりません。動くことができるようになる前途に備えてです。視覚経験のための十分な機会を与えられないと、後になって、ひとたび歩き始めると、精確で正しい動きの出来ない人々の一人になるでしょう。この人は不注意になり、しばしば転び、物にぶつかることでしょう。

子どもを誕生時から教育するために、心理学的な観察に基づく理解を持たなければなりません。これは衛生学とは違います。衛生学は、子どもがどのぐらい長く眠るべきか、何を食べるべきかを不自然な几帳面さで指示します。衛生学は心理をまったく考慮しません。心を忘れています。そして、成り行きだけを見ます。

子どもは大人の生活の一部でなければなりません。そして、すべてを見なければなりません。これが子どもの普通の育ち方です。私たちは、子どもがあらゆる物をどんなに熱心に見つめるかを知っています。起こることすべてを見守ることにどんなに興味を持っているかを知っています。私たちは子どもを世界の中へ連れて行かなければなりません。そして子どもは世界で、自分が必要とするすべての印象を取り入れられます。たぶん、子どもはそれらの印象を潜在意識の中に吸収するでしょう。どのくらいたくさんの印象を吸い上げるか、私たちには分かりません。しかし、私たちが子どもを一緒に連れ歩けば、子どもが一か所に止どまっているよりも多くの印象を取り入れることができるでしょう。

心理学者たちは、子どもにいろいろな色の物を見せて、何色の物を選ぶか見ます。しかしながら、子どもはそのように制限されてはなりません。環境であらゆる色を何回も見なければなりません。子どもは、水差しからグラスに水が注がれるのを見ると、あるいは別の子どもを見ると興奮します。生活の中で起こるあらゆることを見ることに興味があります。それだから、私たちは子どもにあらゆることを見る機会を与えなければなりません。

このごろは、衛生学的な偏見が、子どもは一つの庭の中に止どめておくべきだ、と指示します。子どもはその庭で、木々や花々を見ることができます。しかし、それでは十分ではありません。子どもは家中に行かなければなりません。料理人を見るために台所へ、訪問者たちや初めての顔を見るために客間へ、と。子どもはこれらすべてを興味深いと思うでしょう。それらすべてを見なければなりません。子どもはすべてを見るでしょう。そして、自然の衝動によって多くの印象を取り入れ、多くの事柄を無意識の中で準備するでしょう。それが後になって有益だと分かります。子どもは自分の環境に適応します。

小さい子どもたちの世話をするときに、衛生に大いに注意を払うのが今の流行です。最近の科学です。イギリスの乳母は世界で最悪です。よそではどこでも、子どもは出来る限り有利な地点から、世界に見入る多様な機会を持たなければならないことを、人々は知っています。人々は子どもをまだごく小さいうちから、部屋中を見渡せて、部屋の中にある物すべてがよく見られるような場所に置きます。子どもが一歳になる前にでも、楽しみを必要としていることを知っているのです。赤ちゃんは笑います。そこで乳母は子どもにちょっとしたジョークを演じます。これが子どもの発達を促進します。

子どもはどこへでも行って、何でも見なければなりません。母親が服を着るのを見守らなければなりません。イブニングドレスを着ている婦人たちを見なければなりません。生活上のいろいろな美しい物を見なければなりません。しかし、育児室に閉じ込められている子どもは何ができるでしょう？　そこにいるのは、子どもについて全責任を負っている経験豊かな乳母ですが、いつも同じような服装をしています。その育児室は衛生的で、白い家具をそなえ、壁は明るい清潔な色です。乳母は用心深くて、子どもの物が汚れないようみんな引き出しの中にしまっておきます。子どもが見るものはほとんどありません。子どもがすることもほとんどありません。子どもはその空っぽの白い部屋に横になっていて、やっては来ない、いろいろな経験を待ち望んでいます。そして、唯一の救いは眠ることです。

ある本で読んだことですが、生後三か月の子どもは一日に四時間以上目覚めていてはいけないそうです。でも、子どもたちはいつでも眠っている必要がある、と私は考えません。赤ちゃんは眠っているときには、世界を見られませんし、自分の知性を準備することもできません。けれども現代心理学が言うことによれば、子どもたちは自分の時間をすべて眠って過ごさなければなりません。年齢にかかわらず長い時間眠るべきだとされています。心理学者たちは身体だけしか見ていないのです――でも身体だって、ただ眠っているだけでは丈夫に育ちません。身体もやはり訓練を必要とします。したがって、この睡眠を強調することは、まさにこの世界に行き渡っているそんな偏見の一つです。そしてそれらの偏見は、現に子どもの発達の道に置かれた障害物なのです。この現代科学はいろいろな新しい偏見をもたらしました。

子どもが乳母車で散歩に行くときは、乳母のほうに顔を向けます。子どもに見えるものは乳母だけで、乳母ならば家の中でいつも見ています。子どもの知性はどうして発達できるでしょう？　人間の未来の世代にたいして、私たちは何をしているのでしょう？　人間の心理発達に対して、これらすべては致命的な誤りです。人類はどのような方向へ発達しているのでしょう？

人類は、心理学なしで、意識、無意識という知識なしで、子どもたちが環境で必要とするいろいろな経験という知識なしで、何千年間も存在してきたと言うことはできます。人々はいつ、子どもはどこへでも行って、何でも見なければならないと気づいたのでしょう？　そう、現代になるまでは、母親たちは自分が行くところは、どこにでも子どもを一緒に連れて行きました。母乳を与えていたからです。働きに行く母親たちも子どもを一緒に連れて行きました。長い距離を歩かなければならなくても、子どもを連れて行かなければなりませんでした。母親がいなければ子どもが飢えたからです。すべての母親が子どもを一緒に連れて行きました。それが、地理の本のいろいろな民族の写真の赤ちゃんたちが母親たちと一緒にいる理由です。地球上どこででも、子どもたちはさまざまなやり方で母親に結びつけられました。母親の背中に吊り下げられたり、腰に載せられたりしました。日本では、母親たちは、子どもの顔が母親の肩越しに見えるように、子どもを背中に負ぶって運びます。父親も別の子を同じやり方で背負います。このために、日本人は「頭の二つある民族」と呼ばれます。子どもたちはこの位置でならば、大人たちと同じように世界を見られました。

イヌイットの国は大変に寒いので、もし私たちが住むとしたら、赤ちゃんを暖かい火のそばに置いておくでしょう。でも、イヌイットたちは赤ちゃんを毛皮のフードに入れて一緒に連れて行きます。そのようにして、子どもたちは自分の環境に慣れるのです。そして、歩き始めたときには、精神的に言えば、環境に馴染んでいます。子どもたちにとっては新しい環境ではないでしょう。あらゆる細部にまで既に馴染んでいるだろうからです。

ことばについても同じです。イヌイットの子どもたちはいつも大人たちと一緒にいました。そして、大人たちが話すのを聞いていました。これらの人々は自然の一つの法則によって保護されています。子どもたちにとってはいつも大人たちと一緒にいるのが必要だとする一つの法則によって。今日、私たちは、子どもはいつも眠っているべきだと考える代わりに、このような考えに戻らなければなりません。

だから、子どもたちはたくさんの睡眠を必要とするという考えを忘れましょう。誕生時からの教育の新しい形式がなければなりません。当然ながら、現代の生活は異なっている必要があります。子どもと母親を汚い路上に出すわけにはいきません。といって、自然界へ送り返すわけにもいきません。しかしながら私たちは、現実を見つめることができ、私たちが小さい子どもたちを扱うときのやり方を変えることができます。子どもたちの精神生活の発達を実際にどのように助けるかを、私たちは学ぶことができます。このことは、教育が目指す最初の問題でなければなりません。その答えは子どもを世界の中に連れ出せです。

原注(11)：subconscious（潜在意識）という用語は、古典的精神分析でももっと最近の神経心理学の文献でも使われないが、モンテッソーリは subconscious について語っている。彼女は明らかに、彼女が subconscious と conscious（意識）と unconscious（無意識）と呼ぶものを区別している。

(12)：モンテッソーリはイギリスの学生たちをだしにしてちょっとしたジョークを言っている。ごく最近にインドから帰って来たので、どこにでも子どもたちのいる賑やかな市場とロンドンの落ち着いた雰囲気との対比がきわめて際立ったに違いない。

(13)：Phoebe Child（チャイルド　一九一〇〜一九九〇）は、モンテッソーリ・メソッドのパイオニアの一人。イギリスに生まれ、一九二九年にロンドンで最初にモンテッソーリ博士について学んだ。その後、仲間の学生 Margaret Homfray（ホムフレイ）と Edna Andriano（アンドリアーノ）ともに一九三〇年のローマでのコースで英語への通訳者として働いた。一九四六年、チャイルドはイギリスでの教師養成プログラムでモンテッソーリに協力した。

第7講義　一九四六年九月十七日

誕生時からの教育

心理学者たちは、とても幼い子どもたちを観察した後で、五感のうちでは聴覚がいちばん発達していない、と言います。多くの人々が、誕生から三か月までの乳児たちは、光に引きつけられるようには、音には引きつけられないように思えるということに同意します。赤ちゃんたちは精神[14]発達のごく初めには音楽に気づきません——しかし、もし私たちの聴覚が発達するのに本当にそんなに長くかかるとしたら、確かに奇妙でしょう。聴覚は非常に大切だからです。耳は防衛の器官として非常に大切です。非常に大切だから、いつも開いているのです——眠っているときでもいつも油断なく待機しています。耳の聞こえない人たちは事故にあいがちです。自動車の音が聞こえないからです。夜眠っているときに物音で目覚めることもありません。耳は非常に大切な器官です。

私たちは、とても幼い子どもが意識を持っていないことを心に留めておかなければなりません。意識は最後に登場します。人が音を聞くときには、常に意識に言及します。ことばを換えれば、音を意識します。スイスの偉大な心理学者ユング[15]の語句を引用したいと思います。「意識は初めからは存在してはいない。一人一人の子どもにおいて、生涯の初めの年月の間に新たに築き上げられなければならないものだ[16]」。この事実が基本です。意識は一人一人の個人において築き上げられなければならないものなのです。私たちは、小さい子どもがまだ欠いている何かを持っているのです。意識は子どもの生命の中に後でやって来るのです。私たちはこのことがいかに大切であるかを理解しなければなりません。たぶん、このことがいかに大切であるかに後になるまで気づかないでしょう。もし意識が遺伝するなら、私たちには何もできないからです。しかし、意識はどんな個人においても完全に発達します。将来によりよい世代が現れる可能性があります。私たちには幼い子どもの心理を意識という視点からは判断できないという事実をよく考えなければなりません。幼い子どもたちには意識はありません。

　今日では、多くの心理学者がいて、それぞれに違う面に焦点を絞って研究しています。「我々は子どもの行動と子どもに出来ることを観察しなければならない、それがその子どもの性格を示す」と言う心理学者たちもいます。この神秘的な内面は何か不明瞭なものです。私たちがそれについてよく考えたときに、やっと理解できるものです。

　私たちが子どもたちの行動を見守るとき、観察されえる最も重要な事柄のうちの一つは、子どもたちがことばを発達させるということであるのが分かります。この目的のためには、子どもたちは非常に優れた聴覚を持っていなければなりません。それと、自分の周囲のことばから音の一つ一つの小さい細部を取り入れる能力を持っていなければなりません。さもなければ、子どもたちは話すことを学べません。このことはたいへんに興味深くて重要なことです。そのせいで、ことばの発達は最も綿密に観察され、頻繁に研究される、子ども期の現象になっています。子どもたちはその生命の初めから自分の環境のことばを吸収し始めるという一つの結論が出されています。私たちはどのようにしてこの結論に達したのでしょう？　それは論理的な結論だからです。子どもは生後三か月になるころには既に、しゃべっている誰かの口を大きな興味を持って見守っているからです。子どもは興味を持っています。というのは、その誰かの口は既に自分をうっとりさせた何かをしているからです。子どもは意識しないで、それらの音を発する奇妙な器官を好奇心いっぱいで見守ります。だから子どもは、大人がしゃべっているときには、その口を熱心に見守ります。皆さんは自分でこのことを見なければなりません。子どもたちを観察して、通常は見過ごされてしまうこれらの事実に気づくことが必要です。

　皆さんが赤ちゃんに話しかけると、赤ちゃんは皆さんを、皆さんの顔を、あるいはバラとかブローチとかの皆さんが身につけている魅力的な物を見る代わりに、まっすぐに皆さんの口を見るでしょう。私たちみながやるように、魅力的で優しい話し方で赤ちゃんに直接に話しかけても、赤ちゃんには皆さんが何を言っているか理解できません。でも、感情は感じるでしょう。そして、とてもわくわくするので、自分の口を動かし始めるでしょう。もし小さい子どもたちが口の動くのを見るとそんなにわくわくするのなら、それは子どもたちが、人間の声である不思議な音楽に既に気づいているからです。私たちは赤ちゃんたちに話しかけるとき、私たちの声は特別に音楽的になります。まだとても小さい子どもがこの音楽に深く感動する、と想像できます。そして、生後三か月ごろに、子どもはその音楽が動いている口から出てくると気づいたとき、子どもは非常に幸せになり、同時に真剣になります。真剣になるのは、不思議な感情に感動するからです。子どもは生命の初めから、じっとこの口を、この音楽に満ちた口を見つめます。

私たちはこのことから、生まれつき自分の精神構造を築くことになっている小さい子どもは、人間の声の音に深く感動するので、ほかの音や騒音は子どもにとって存在しないのだ、と結論することができます。机を指で叩いたのでは子どもはまるで注意を払わないでしょうけれど、犬が大きな声で吠えれば跳びあがるでしょう、と心理学者たちは言います。子どもが跳びあがるので、「家の中で犬を飼ってはいけない。子どもは興奮させてはいけない」と、心理学者たちは言います。

赤ちゃんは人間の声という天来の音楽をとても楽しむので、ほかのいろいろな騒音は無視するのでしょう。そのせいで、心理学者たちは赤ちゃんの聴覚が十分に発達していない、と結論づけるのです。私たちは、聴覚は生命の精神建設のために非常に重要だ、と言います。私はこの偉大な現象を見るとき、私の想像力が羽ばたきます。私は新生児を思い浮かべて訊きます。「あなたがこの世界にやってきたときの第一印象は何ですか？」と。赤ちゃんは答えるでしょう。「自分が音楽の世界にいると思えました」と。

子どもは、偉大な仕事をするよう強いられている一人の天才のようです。一つの言語を形成しなければなりません。言語は子どもが建設しなければならない偉大なものです。言語は人工物です。自然の中では見出せません。言語は人間の一つの創造物です。知的に身につけられるものです。人間のそれぞれの集団が自分たちの特別な言語を持っているので、人間の本性にそなわってはいません。言語は非常に古いものです。何千年も前に文明によってつくり出され、徐々にますます複雑になってきました。言語は環境に存在しますが、単純な自然なものではありません。人間の知性の結果です。赤ちゃんはどのようにして、この言語に興味を持つのでしょう?

小さい子どもの内部には言語はありません。しかし感受性があります。私たちはもう一つ別の精神段階にいます。もし私たちが子どもの通訳者になりたければ、自分たちが一つの無意識的な現象を研究しているのだということに気づかなければなりません。意識がやって来る前に、無意識の中で大きな活動と働きがあります。子どもには意識がありませんが、大きな能力と力を持っています。子どもが一つの言語を学べることでさえ奇跡的です。(奇跡的ということばを不可解な何かに対して使うのはたぶん適当ではないでしょう。でも、ほかにどんなことばを使えるでしょうか?)。それは人間の天性の一つの奇跡です。人間の精神的な天性は世界で最も素晴らしいものです。

私たちは今や子どもが身につけるこのことばとその獲得を考えなければなりません。ことばは誕生から二歳までの子どもによって創造されます。子どもはちょうど二歳になる前に、たくさんの単語を知っているかもしれません。でも、二歳になるとすぐ一つの言語を話せます。身の回りの環境のその言語を既に吸収しているのです。遺伝だからではなく、ことばに対する素質とそれを獲得する潜在能力を持っているからです。このことを理解するのを助けるために、一つの星雲を想像してみましょう(星雲はまだ何ものでもありませんが、何かを建設することができます)。この星雲からことばを創造するためには、ことばを構成しているすべての音を身につけることができなくてはなりません。そしてことばの構成と文法を獲得できなくてはなりません。これらの事柄なしには、一つの言語を構成できないからです。音が微妙に違うだけで、単語はまったく別の事柄を意味するようになりえます。一つの文の単語の順番も非常に大切です。そして単語ははっきりと発音されなくてはなりません。

これらすべてがどんなに難しいか想像してください。まだ無意識の段階にいて、意識が少しずつ発達しつつある子どもがこれらをすべて取り入れるのです。

いちばん印象的なことは、環境から吸収された言語は、私たちが大人として完璧に持つことになる唯一の言語だということです。外国語を学ぶのは難しいことです。いろいろな音がとても難しいので、私たちの母語が私たちの完璧にしゃべれる唯一の言語なのです。どんなに懸命に努めても、どんなに多くの時間を別の言語の発音の勉強に割いても、私たちのなまりによって外国人であることが分かってしまいます。ある外国語の文法構造を学ぶ段になると、私たちは長い間にわたってとても懸命に勉強しなければなりません。これらはすべて細かいことです。しかし、もし私たちがこれらの細かいことをすべて学ばないと、私たちの話しことばは明確にはならないでしょう。ことばの明確さはこれらの細かいこと次第です。文法構造、発音などは、私たちの母語においてだけ本当に完璧に身につけられます。たぶん、言語学の教授は自分の母語と同じようにほぼ完全に別の言語を知っているでしょう。でもそうなると、その教授は人生の大部分の時間をその言語を学ぶために割かなければならないでしょう。それに対して、私たちは学校へ行く前に、自分の母語を上手に話します。私たちは勉強し終える前に、母語を理解しています。

ラテン語やサンスクリット語などの古典語の一つを学ぶのが、どんなに難しいか想像してください。どんなに多くの勉強を要求するでしょう――六～七年にわたってラテン語を勉強する学生たちは、その後になってもラテン語を話せません。しかし、古代ローマ時代には通りで遊んでいるどんな子どもでも、名詞の語形変化と動詞の活用を正しく使いながら、ラテン語を話していました。ラテン語は容易です。サンスクリット語に比べれば子どもの遊びです。インドでは、少数の学識ある人々がサンスクリット語を知っています。でも、誰かがサンスクリット語が上手だと、その人は驚くほど頭の良い人だと考えられます。現代の言語の中では、私たちはドイツ語を非常に難しいと思います。語形変化と構造が私たちには難しいのです。でも、ドイツの子どもは誰でもドイツ語を上手にしゃべります。ドイツの子どもたちは、イタリア語がドイツ語よりも易しい言語だからといって、イタリア語をしゃべることから始めはしません。子どもたちにとって、一つの易しい言語から別の難しい言語へと導く段階を追ったステップはありません。どんな難しさがあろうとも、子どもは生まれ落ちた環境の言語を上手に身につけます。子どもはこのことを教師なしで行ないます。イギリスの子どもに形容詞は名詞の前に来なければならないとか、イタリアの子どもに形容詞は名詞の後に来なければならないとかと教える教師はまったくいません。でも、イギリスの子もイタリアの子も正しい構造を理解します。ドイツの子どもについても、動詞は二つの部分に分けられ、一つは文の真ん中に、一つは文の終わりに置かれなければならない、と教える教師はいないでしょう。でも、ドイツの子どもたちは自分のことばを正しく構成できます。

私たちはこれらすべてのことから、子どもはその無意識の中に一つの力を持っている、と結論せざるをえません。その力は、意識を持つ人間としての私たちが持っているどんな力とも違うものです。私たちは子どもを研究するとき、この精神の形式は私たち大人が持っている精神の形式とは異なる、ということに気づかなければなりません。この結論は一般のそれとは違っています。一般の結論は、子どもの精神は私たち自身の精神とたいへん違っているので、子どもは一つの精神を持っていないというものです。その反対に、子どもの力は私たちの力よりも優れているのです。私たちがもはや持っていない可能性を授けられているのです。

頭に留めておくべきもう一つの興味深い事実は、子どもは世界のどのような部分に生まれようと、みんな多かれ少なかれ同じ年齢でことばを学びます。すべての子どもたちは二歳で自分を理解させることができます。どこの子どもたちも生後六か月で音節の爆発――マママ、ババババ――に飛び込みます。世界のどこでも、子どもたちの最初の意図した単語は一歳で話されます。世界中で子どもたちは最初の単語を間接的に形成します。それらの音が何か一つの物あるいは概念を示すことに気づかずにそうします――それから一歳になると突然に、単語を意図的に使い始めます。ことばが誕生から一歳までの間に形成される間には、子どもの意識した意志は関わりませんが、一歳から二歳には自分を表現しようと努力する子どもによって、ことばは意図的に発達させられます。奇妙なことは、すべての子どもたちがこの順番に従うことです。まるで、一つの神秘的な学校があって、世界中のすべての子どもたちが同じ授業概要、授業計画に従っているかのようです。

子どもは、たとえば原始的なアフリカの種族のようなあまり発達していない言語を持つ人々の間に生まれると、二歳でその種族の言語を話します。ところが、もし子どもが中国語のように複雑な言語を持つ国に生まれても、その子はその言語を同じような容易さで取り入れ、二歳でそれを話します。これがもう一つの興味深い事柄です。

このことは、この精神の形式が私たちのとは違っていることのもう一つの証拠です。私たちにとっては、ある言語を学ぼうとするとき、その言語が複雑であるか否かは無関心ではいられない問題です。私はアフリカのいくつかの種族の間で活動することになっていた宣教師団を知っていますが、それらの人たちはそれらの種族の言語を任地への旅の間に勉強し始めます——単語数が少ないので、着いたときには十分に意志が通じるぐらいに話すことができます。しかし、もし私たちがドイツ語やイタリア語や中国語のような複雑な言語を学ぼうとしたら、どんなに違ってくるでしょう。

私たちが子ども時代にある一つの言語を学ぶとき、私たちはその言語を容易にかつ正確に学びます。私たちが完全に持っている唯一の言語は私たちが母語と呼ぶ言語です。そして、その母語を私たちは子どもとして身につけました。私たちはその言語を私たちの母語と呼びますが、ある言語を子どもに教えるのは母親ではありません。母親が死んでも、子どもは依然としてある言語を学ぶでしょう。母親が外国で暮らすために子どもを連れて行けば、子どもはその国の言語を完璧に身につけるでしょう。でも、母親はそうはいかないでしょう。学んでから子どもに教えるのは母親ではありません。私たちはこのように言うことで母親を貶めようとしているのではありません。ただ子どもにそれ相当の価値を与えたいと考えているのです。

これは説明できない現象です。でも観察はできますし、それが存在することに気づくこともできます。私は説明しません。でも、明確するためにほかの当たり前の事柄と比較しようと思います。

カメラと芸術家である画家とを比べましょう。もし誰かがカメラの前に立てば、その人物の写真を撮るためには誰かがカメラのシャッターをカシャッと押せば、それだけですみます。もし二十人の人がカメラの前に立ったとしても、手数は変わりません。カメラのシャッターを押すだけで、あらゆるものに焦点を合わせます。光景がどのように複雑であってもかまいません。

画家にとっては事情がまったく異なります。画家にとっては、一人を描くか二十人を描くか、描くべき物が環境に少数あるだけか非常にたくさんの物があるかは、同じことではありません。画家にとっては大量の仕事を意味する可能性があります。カメラは一枚一枚の写真を同じ容易さで写します。でも、画家にとってはそうではありません。もし私たちがある人物の心理の研究をしたいと考えたら、私たちはその人物の肖像画ではなく写真を欲しいと思います。写真はその人物の表情を正確に示しますが、肖像画は違います。正しく焦点を合わせたカメラは瞬間的で正確な写真を撮ります。

もし私たちが本からたぶん題名の単語が一つだけしか印刷されていないページを写真に撮るとしても、そして芸術的に飾られた大文字のあるゴシック体の文字の書かれた別の一ページを撮るとしても、それぞれの場合で手数は同じで正確さは同じです。でももし皆さんがゴシック体のページを書き写さねばならないとしたら、誰か他の人が皆さんを見守り、進み具合に注意するでしょう。ある芸術家は描いているときには、こう言うでしょう。「まだ見ないでください。まだ実物のようには見えないからもう少し待ってほしい。そうしたら、似通ったものを見られるでしょう」と。

しかし、カメラでは何を見られるでしょう？　何に気づくでしょう？　何もありません。私たちはシャッター音を聞きます。そして、カメラの内部で何かが起こったことを知っています。でも、何が起こったのか私たちは知りません。私たちが知っているのはただ、写真が現像されるべきなら、ある種の化学薬品と一緒にしばらくの間、暗がりの中に定着しなければならないということです。そしてその後は、写っているものが何であれ、永久に固定されます。

私たちは暗室を無意識の状態にたとえることができます。そこで起こる何かは、いろいろなものを定着させ、永遠にさせます。これが、子どもの精神と大人の精神との違いです。子どもは写真のような精神を持っています。大人の精神は絵を描くのに似ています。大人にとっては完全に達するには骨の折れる努力を要求されます。そして、製作中の工程を追うことができます。

私たちの前に子どものこのイメージを止めておきましょう。環境にあるものを何でも吸収する子どものイメージ、そしてその神秘的な潜在意識の中で吸収したものを自分の人格に定着させる子どものイメージです。ある日子どもは、自分が潜在意識に定着してきたものを表現します。まさにカメラマンと同じです。彼は暗室から出てきて、写した写真という証拠を皆さんに示すでしょう。

これら二つのタイプの精神は明確に区別されなければなりません。子どもの精神のタイプは吸収性のある精神です。それは身の回りのものを何でも吸収します。大人の精神は苦心して仕上げます。私たちは子どもの精神を「吸収する精神」と呼びます。それはいろいろな特別な精神的な力を授けられた精神で、私たちは後にはそれを失います。大人が獲得したいと望むものは何でも、努力と疲労とによって獲得しなければならないからです。もう一つのすばらしい事実は、この吸収する精神は決して疲れを感じないということです。まさにカメラのようです。カシャッとシャッターが押されると、すべてのものが突然にカメラに入ります。ところが、画家は「手が疲れた」と言います。

吸収する精神が必要とする唯一のことは、個々の暮らしです。子どもに生活と環境を与えましょう。そうすれば、子どもはそこにあるすべてのものを吸収するでしょう。しかし、皆さんがカメラを引き出しの中にしまっておいたら、もちろん、どのような写真も撮れないでしょう。この吸収する精神にとっては環境の中へ出かけて行くことが必要です。もし皆さんが、この吸収する精神をことばと関係づけて考えるなら、小さい子どもを上手に、正しく、しかもたくさん喋る人々の間に置くことがいかに必要かをがわかるでしょう。

女性たちはおしゃべりしすぎると小言を言われるかもしれませんが、この話し好きはたぶん、自然が子どもたちの利益のために女性たちに授けた特別な贈り物でしょう。子どもがことばを発達させるためには、小さい子どもは大人同士で話している社会に連れていかねばならないのは明らかです。これより論理的なことはありません。というのは、ことばは、花や樹木とは違うからです。ことばは非常に複雑なものです。そして、子どもはそれを使う人々の間に連れて行かれなければ、ことばを獲得するのが不可能だからです。

たぶんこれが、小さい子どもたちが動く能力なしに生命を始める理由でしょう。小さい子どもたちはいつも母親によって連れ歩かれることを、したがって環境に連れて行かれることを必要としています。母親たちは女性であり、女性は話し好きなので、子どもたちはたくさん聞いて、ことばを身につけることができます。いかがですか、子どもが動けないことには自然な利点があるのです。私たちの国ではかつての時代に、インドのような国々では現在もまだ、母親たちは自分の赤ちゃんを市場に連れて行きます。子どもは、母親が値切っている間――長時間のやり取りがあります――、あらゆるものを見ています。友だちが加わって、母親とことばを交わします。子どもはそのせいで、たくさんの会話を聞き、何回も繰り返されることばの抑揚を聞きます。それは鼻にかかる声か、甲高い声か、喉頭音のことばかもしれません。でも、それらが子どもの潜在意識に浸透する音なのです。

子どもがこれらすべてを潜在意識に吸収したとき、話しことばの始まりになるいくつかの音を再生することを試み、成功するでしょう。私たちは鼻声、甲高い声、喉頭音を用いることばを見出します。その子どもが自分の環境からそれらを吸収していて、自分の人格に定着しているからです。もしこの感受性がなかったとしたら、鼻声、甲高い声、喉頭音のことばもないでしょう。

多くの人たちが私に言います。「あなたはどのようにして、子どもがこれらのことすべてを出来るほどに知性的だと主張できるのですか?」と。そう、子どもは知性的ではありません。しかし、外からは見えない潜在意識の中で何かが起こるのです。さもなければ、どのようにして子どもはあのように正確に話せるのでしょう？　外面的には何も示されないという事実は、何か非常に大切なことが起こっていないという証拠では決してありません。このことが、私たちが人間の発達のこの段階を理解しなければならない理由です。もし皆さんが心理学を外部の反応や子どもの様子から研究するとしたら、外面の行動から判断して、内部でも何も起こっていないと考えるなら、深刻な誤りをおかしていることになるでしょう。

これまでになされた最大の誤りは、近代に起こったことですが、子どもを大人の社会から切り離したことです。私たちは子どもを、大人たちと似た精神を持っているときにだけ、大人たちの仲間として認めます。子どもは小さいときに、大人たちと一緒にいる必要があります。この早い時期に子どもの内部で何かが起こっているという新たな信念を私たちに与えたのは、さまざまな結果の事実です。したがって、私たちは子どもをいつも一緒に連れて行かなければなりません。子どもに話かけるべきです――一日じゅうひとりで眠らせて一つの部屋に追放するべきではありません。子どもはひと晩じゅう眠れます。子どもは、人間に授けられたあれらの諸能力を獲得する機会を与えられなければなりません。

この吸収する精神の要求を研究し考慮することは、確かに、私たちが直面している一つの新たな課題です。私たちが「教育は誕生時から始まらなければならない」と言うのは、これらの要求に応えるためです。私たちは、子どもの精神のいろいろな力に、それらが必要とする栄養物を供給しなければなりません。

原注（14）：psyche = soul、mind、mental processes

訳者記：ここでは「psychic development（精神発達）」という語が使われている。その psychic という形容詞のもとの名詞 psyche という語が soul（魂）、mind（心、精神）、mental processes（知的操作）と同じ意味である旨の注記。この語は「psychic life（精神生活）」などとも使われている。

（15）：Carl Gustav Jung（ユング一八七一～一九六五）はスイスの精神病医で、分析心理学の創設者。

（16）：ユングは一九一二年に、「心理学の新しい道」を書いたが、それは後に編集し直されて、一九一七年に『無意識の心理学について』として出版された。

第8講義　一九四六年九月二十日

ことばの発達

先日、私は「吸収する精神」をカメラにたとえたとき、具体的で機械的な例をあげました。でもそれは、単に一つの印象を与えるためにすぎません。たぶん皆さんが理解するのを助けることができそうな印象です。今日は、ことばの発達の詳細を調べましょう。そして、多くの観察者によって気づかれてきたことを見てみましょう。

心理学者たちはことばの発達に特に興味を持っています——それは調べるのに比較的容易ではっきりした事柄だからです。ことばの発達が日々の細部に簡単に分けられるからです。これらの心理学者は、耳で聞くことばと、話すことばは二つの異なる現象であると示唆してきました。つまり、耳で聞く単語と、話す単語の間には直接の関連はなくて、話す単語よりも前に、聞く単語が発達すると言うのです。私はこれらのことを説明する一枚の図表を持ってきました。[17] 私がこの図表を作ったのは、私のいくつかの考えを明確にするのを助けてくれるからです。こちろん、この図表は皆さんの助けにはならないかもしれませんが、なるようにと願っています。

ここに、耳で聞くことばが非常に長い一本の線で表されています。話すことばは一本の短い線で表されています。赤色は話すために使われなくてはならない筋肉群を表しています。この黄色はよく分からない何かを表しています。というのは、私たちは子どもの内部で起こっていることを、あるいはそれがどのように働くかを見ることができないからです。私たちはただ、外面に見える仕事よりも、ずっと多くの内部の仕事がなされているのを知っているだけです。潜在意識は、意識した部分である外面の現れよりももっと大きくて重要です。内部で多くの仕事がなされます——感動的な量、並はずれていて驚くべき量です。二歳のとき、ことばは突然にそして完全にマスターされます。それに対してこの年齢以前は、子どもはただ数語を使うだけです。それも、それらの語を発音するのに苦労します。子どもが二歳のとき、私たちは単語への突然の爆発に気づきます。この爆発は子どもの隠された仕事に由来します。この現れが明らかにされる前に、隠れていた重要なそして複雑な準備があったのです。もう一人の研究者のいくつかの発見がこのことを確証しています。前の世紀（一八六一年）に、ブローカ[18]が脳の中にことばの中枢が二つあることを観察しました――一つは聞くためのもので、もう一つは話すためのものです。これら二つの領野は分かれていて異なります。というのは、この二つは別個のプロセスだからです。二つは独立してはいません。別個であるだけです。

ここに私は一つの耳を描きました――単に実際の耳ではありません――その周りにたくさんの黄色があります。この黄色は精神的な感受性を表しています。小さい子どもの耳は一つの印象だけを受け取るのではありません。話しことばに対する特別な感受性を持っているのです――そしてこの特別な感受性が耳の大きな役目なのです。もし耳が話しことばに反応する一個の単純なメカニズムだとしたら、私たちは動物たちと一緒に暮らしている一人の子どもが、たとえば、一緒にいる動物たちの話しことばを真似すると、予期するでしょう（子どもが犬たちと暮らしていれば吠える、というように）。でも、このことは決して起こりません。これまでに、森の中で動物たちの間で暮らしていた何人かの子どもが見つかっています。でも、これらの子どもたちは動物たちの音を真似するのではなく、口がきけませんでした。

耳は人間の声の音にだけ反応する、と結論づけることができます。耳が取り入れたものは大脳中枢に運ばれて、そこに止どまります。母語は内部で固定された何かで、一人の人の特徴になります。耳で聞いた印象は非常に強力です。精神に大きな感情を引き起こします。というのは、しばらく後に、小さい線維群――舌、頬、声帯にあるほかの筋肉と結合した非常に薄くて非常にデリケートな小さい線維群――が個別に動き始めるからです。ことばを作っているすべての音を発音するためには、多くのほかの筋肉の線維の調整が必要です。線維群が唇を動かすときは生命によるある種の創造です。ここに筋肉群の解放のための一つのしるし[19]があります。この解放はこれらの印象に続く無意識的な発達に由来します。それらの印象とはこの特別な音楽を作るいろいろな振動です。音楽が振動を生みます。私たちは音楽を聞くと、思わず動き始めます。音楽を聞くと、誰でも動いたりダンスをしたりしたくなります。これらの特別な音、人間の声の音楽もまた生き生きした運動を生み出します。人間の声は振動を生み出し、それが少しずつことばの発達に導きます。

ここにもっと複雑なスケッチがあります。[20]

もう一つ全体的な観察によるとことばは徐々にそして規則的に発達するのではなく、とびとびに発達するというものです。内部で既に起こっていた一つの発達が、ときどき外部に現れるのです。これらの外部への現れの一つの後に何かの明らかな進歩がある前に、何か月かがすぎるかもしれません。しかし、突然に大きな進歩が起こっていたことを示す別の外面的な一つの現われが見られます。最後に爆発があります。まるで、とてつもない何かが内部で形成されて、出口を見つけなければならなかったかのようです。

これは、精神的な性質を持つすべての創造的な行為における、一般的な方法あるいは手順です。この手順は、何らかの広範な発達が起こる一つの内面が存在することを示しています。精神の発達は機械的ではありません。このことは学校で考慮されなければなりません。教えた何かが子どもによって直ちに繰り返されるというのは真実ではありません。たぶん、子どもが聞いたことはその内部に止どまります。そして、それがひとたび表出された後では、もっと複雑になります。この外面への現れは、内面の発達、潜在意識から生じます。直接に耳から生じるのではありません。

私が生後三か月目を示すために描いたこの小さい星は、意識の一つの事実を表しています。生後三か月目は、自分にとってとても感動的ないろいろな音は、話をしている人の唇からやって来るということに子どもが気づく時です。この気づきから三か月後――生後六か月に――最初の音節が子どもによって発せられます。別々の音節が続いて、長い間にわたってその他の進歩はまったく気づかれません。この二番目の星は九ないし十か月のしるしです。いろいろな心理学者によれば、意識の別の段階に達した時です。この時点で、子どもはこれらの音が意味を持っていることに気づきます。たとえば、ある人が「あなたはなんて可愛い子なのだろう。なんと素敵な子なのだろう」などと言うとき、その人は子どもに何かを伝えようとしています。そのようなすべての発見をするのは、とても素晴らしいことに違いありません。このことには非常に意義ある出来事が続きます。一年間の勉強と努力の後に、子どもは初めて意図した単語を話すのです。それは一つの偉大な達成、それまでずっと内面でなされてきた一つの達成です。一つの考えを表現する、あるいは一つの物を示すように子どもを導く、意識と知性による達成です。

この生後の一年は自然が、調整された線維群のデリケートな運動によって、ことばを構成するいろいろな音を固定し再生することに捧げたように思えます。この一年の間、子どもたちはいくつかの学校で読むことを教える際に使う、授業計画に従うように見えます。つまり、アルファベットから始めて音節に進みます。心理学者たちはこのことを「喃語」と呼びます。知的な意味を持っていないからです。ことばの音を作るのに必要ないろいろな運動を生み出すのに役立つだけです。興味深い事実は、この最初の一年間の間は、子どもはことばの意味を意識していませんが、この期間はいろいろな運動が定着し、それが全生涯の間、その人の固有の部分として止どまり続けるということです。私たち大人は自分の母語の他は本当に上手には発音できないということを覚えておかなければなりません。内面の発達がこの母語に関係しているのです。

一歳でこの最初の意図した単語を発した後、子どもはもう一つの意識の段階に達します。たいへんに重要な段階です――子どもはそれぞれの物が一つの名前を持っていることに気づきます。このことは異なる種類の単語の理解に導きます。いろいろな単語についてなされるこの区別がいかに重要か、皆さんは理解できるでしょう。いくつかの単語は物を示し、ほかの単語群はそうではない。これは一種の品詞の分離です。文法的な区別です。異なる種類の単語がある、ある単語群は物を示し、ある単語群は違う意味を持っていると気づいたとき、子どもはほかの単語群の役割を発見するための、無意識的な一つの衝動を持つようです。

私はここに何本かの線を引きました。光線を投げかけている一つの彗星を意味しています。生後十五か月から十八か月の間、子どもは人々が単語群を手段として、互いに意思を疎通し合うことに気づくからです。ことばの使用法についての意識的な気づきです。子どもは今や、自分の考えと要求（意見ではありません。子どもが既に意見を持っているかどうか、私たちには確かではないからです）を表現しようとします。子どもは自分の頭の中にあることをことばによって伝えようとします。子どもはまだ単語をとても上手には発音できません。でも、ベストを尽くします。したがって、私たちは不完全な発音を聞くことになりますが、私たちはそれを「赤ちゃんことば」とか「知的バブリング（喃語）」とかと呼びます。これはいろいろな考えを表現しようとする子どもの側の努力です。それに対して、以前の努力は発音にだけ向けられた努力です。子どもは自分の考えを表現したいという欲求を持っていますが、能力を持っていません。そこで自分に出来るベストを尽くします。ときどきは単語を少数の音節に短縮します。あるいは一定の音を省きます。一つの単語をたくさんの違う考えを表すために使います。これは子どもの一生において非常に大切な瞬間なのです。

もしこのことが子どもにとって何を意味するかを知りたかったら、この私について考えてください。私は英語で表現したいいろいろな考えを持っています。でも、私の英語の発音はそれほど上手ではありません。そこで私は自分の内部にある考えを表現するのにひどく苦労します。このことが内面の富と外面の能力との違いです。私は恥ずかしい思いをし、とても悲しくて、とてもいらいらします。私の状態は子どものそれに似ています。しかしながら、私は子どもよりも自制心があります。子どもは、自分の考えを人々に伝えたいと望み、人々が自分の言うことを理解しないと、本当に苦しみます。自分の考えが誤って解釈されると、ときどきは本当に腹を立てます。子どもは自分をコントロールできず、大声で泣いて絶望感を表します。私たちはこれがそんなにドラマチックな瞬間であることに、まるで気づきません。子どもが最初に自分を表現したその瞬間が、あのように長い内面での仕事の結果であるとは、夢にも思いません。大人は子どもをよりよく理解し、助けなければなりません。私の通訳者がここで私を助けてくれているのと同じです。そうすれば、子どもはもっと落ち着くでしょう。まるで、大人は子どもたちを理解するために、子どもたちのことばを学ばなければならないかのようです。でも、誰もそうしません。私たちは子どもの上辺だけを見ています。私たちがするいちばん悪いことの一つは、子どもたちを真似て子どものようなしゃべり方をすることです。たとえば、子どもたちが擬声語を使うとき、犬と言わずに「ワンワン」と言います。子どもたちに「犬」という単語を教える代わりに、大人もまた犬を「ワンワン」と呼びます。もし私たちがこのようなことを続けたら、子どもたちはどのようにして学べばいいのでしょう。このことは、私たちが犯す最大の誤りです。私たちは子どもに明確に話さなければなりません。正しい単語を与え、それをしばしば繰り返さなければなりません。このようにして、私たちは準備されつつある「ことばへの爆発」を刺激できるのです。

子どもは一歳半で、とても知性的な教師のいる学校へ行かなくてはなりません。私が著書の『幼児の秘密』で述べた子どもは、母親から理解されていました。母親は私たちの原理を学びました。来客があるときには、自分の小さい一歳半の子をいつも客間に一緒に連れて行きました。多くの人たちは、子どもたちは話の内容が理解できないと考えています。子どもたちが話せないからです。

さて、ある日のこと、この母親に四人の来客がありました。子どもは客間の隅でひとりで遊んでいました。一人の女性が子どもたちのために書かれた一冊の本について話し始めました（同上書第九章）。この本は黒人の小さい男の子についてのものでした。この男の子は可愛らしい服を与えられていました。男の子はジャングルに散歩に出かけ、トラたちと多くの冒険をしました。そしてその間に、きれいな服をみんな失くしてしまいました。しかしながら、お話の終わりでは、男の子は服を取り返します。そして、テーブルに向かって両親と一緒に特別に美味しい夕食を楽しみます。

その女性が「ハッピーエンド」を描写したとき、その家の小さい男の子が激しい調子で「違う、ローラ、ローラ」と言い始めました。子どもが何を言っているのか、誰にも分かりませんでした。母親は、子どもがたぶんローラという名前の乳母のことを言っているのだ、そして育児室に帰りたがっているのだ、と考えました――でも、男の子は「違う、ローラ、ローラ」と言い張りました。とうとうみんなは本を覗きこみました。裏表紙の内側に泣いている小さい黒人の男の子の絵が一つありました。男の子は物語がこの絵で終わると理解していたのです。子どもは物語について説明した女性たちの会話をすべて理解していました。でも、本というものがどのように出来ているか理解していなかったので、女性たちが物語はハッピーエンドで終わると言ったとき、訂正したいと思いました（ローラは「泣いている」というスペイン語の短縮形で、この出来事はスペインで起こったことです）。

さて、この話、素晴らしくはないでしょうか。一歳半の子どもが会話についていくことができ、自分の解釈を持っていたのです。この年齢では、子どもは考え全体を表現するために、二つか三つの単語だけを使います。もし皆さんがこの年齢に興味を引かれるなら、子どもたちの誕生時からの教師になるでしょう。

私はまた、二人の子どもが自宅に滞在していた別の機会を思い出します。一人は三歳で、もう一人は一歳半でした。私はふだん、朝早く起きます。ほかの人はみんな眠っている時刻です。私の家では、子どもたちは自由に起きたいときに起きていました。ある朝、一歳半の子どもが起きてきて、私のところに来ました。とても真剣に「卵、卵」と言い続けていました。子どもが朝食を欲しがっているのだ、と私は考えました。でも、そのとき子どもは「いもむし、いもむし」と言い始めました。いやはや、おかしな種類の朝食だこと！　そこで私は忍耐心を発揮しました。子どもは、私が理解さえできれば助けたいと望んでいることに気づきました。今度は姉の名前を言い始めました。そのとき私は思い出しました。その前日に、この子の姉が私たちのある教具を使って、卵形を描いていたのでした。そして、輪郭線を描くと、その卵形を直線で埋めました。弟が自分もやりたいと言ったとき、姉はしきりに自分でやりたがって、弟にやらせようとしませんでした。そこで、他の人がみんな眠っているときに、私のところにやって来て頼む機会を掴んだのです（『子どもの精神』第十二章参照）。

私は子どもに教具を与え、卵形を描くのを手伝いました。子どもはとても喜んで、その図形を彼の波のある直線で埋め始めました。その波線を「いもむし」と呼んでいたのです。私たちが子どもの努力を理解しようとするのは、子どもにとってはたいへん助けになります。子どもは自分を理解させられないと、本当に苦しみます。そしてこの苦しみは大きな結果をもたらします。子どもたちを自由にしておくと、子どもたちが食べて遊ぶだけでなく、自分を向上させる何かに対するこの大きな欲求をどれほど持っているかを、私たちは見ることができます。まさに初めから、子どもたちはこの素晴らしい欲求を持っているのです。子どもたちは多くの異なる目的のために同じ単語を使います。たとえば、一人の子どもにとっては「白」は一つの色を表しますが、その子は特別な日には白い服を着たので、「白」はまたお祭りや休日や何か美しいものをも表します。

もし私たちがある子どもの誤りを訂正するのなら、とても優しくしなければなりません。私たちは子どもの「通訳者」にならなければなりません。このことは人類に対する私たちが最初にできる思いやりです。それはこの子どもに対する精神的な気高い援助です。その子どもとは、一種の爆発としてすべてのことばがやって来る勝利の瞬間を前にした子どもです。この爆発は突然に起こります。心理学者たちは一週間に百から三百の新しい単語を数えました。子どもは瞬間ごとに豊かになり、自分を理解させるのにあのように苦労した惨めな時点を通過しました。苦労したその時点は子どもの勝利の直前だったのです。

この爆発は長期にわたる準備の結果です。さもなければ、子どもは一週間のうちに数百もの新しい単語を突然に使えるようにはならなかったでしょう。音への爆発が最初に来ます。それから少し後に、名前への爆発が来て、複雑な文法――接頭辞、動詞、接続詞などのすべてが正しい場所に――をともなうことば全体の爆発が来ます。

そのようにして、ことばは完成します。言語は人が知性の仕事を表現できるよう発明されました。子どもは一つの言語を持ちます。それは完全に、子どもの内部で形成しつつある何かから成長したものです。ことばはこの段階で完成されて生まれるように見えます。それは子どもが、あんなにも長い時間をかけて胎芽から形成されて、爪や髪の毛や脚などをそなえて完全な姿で突然に生まれ出たのと同じです。同じように、ことばは子どもの内部で創造されます。それは創造の奇跡です。内部の建設です。この理由のせいで、ことばは個々の人間の精神器官の一部なのです。ことばは生後二年間の子どもの努力に由来します。その二年の間、子どもは完全に無意識で、その後部分的に意識を持ち、それからだんだんと意識的になり、ついには、ことばというこの大きな贈り物を手に入れるのです。

もし私たち大人がことばを持っていなかったら、互いに意思を伝達する力がありません。世界は非常に違った場所になるでしょう。生まれた人は誰でも、自然からこの贈り物を授けられます。ことばを発達させる力をです。私たちはみな、同じやり方でことばを身につけます。それは一種の、胎芽による建設のようです。生きている胎芽が建設しているのです。私たちはひとたびことばを持てば、それを使ってたくさんのことができます。ことばは、あたかも生きている贈り物のように、自然から私たちのところにやって来ます。

子どもなぜ、既に発達したことばを持って生まれて来ないのでしょう？　なぜ、生後すぐに「おはようママ、おはようパパ。一緒になれて嬉しいよ」と言えないのでしょう？　なぜならば、ことばは自然には存在しないからです。人間がつくったものだからです。人間が地球上に現れた初めのころは、人間はことばを持っていませんでした――ことばは文明の長い期間を通じて人類によって創造されなければなりませんでした。子どもが生まれ出てくる環境のことばは、たとえばロンドンのことばは、非常に複雑です。爆弾や再建や都市計画などということばを含んでいます。それらのすべてはたいへんに新しい考えで、その子ども独特の環境に特別なことばです。

子どもはまったくことばを持たずに生まれて来なくてはなりません。自分の環境の言語を取り入れられるようにです。一つの完全な言語を取り入れるのは、生後の二年間の仕事です。子どもはロンドン、北京、パリのどこで生まれようと、自分の周りの言語を身につけなければなりません。天性そのものの努力によって取り入れなくてはなりません。したがって、子どもは話す力を持たずに生まれて来るのです。しかし、潜在能力は持っています。一つの複雑な言語をそのすべての文法、表現法、統辞法などとともに身につける可能性を持っています。子どもはすべてを取り入れます。ある言語のすべての複雑さを取り入れます。文法規則はことばの不可欠の部分です。ことばは新しい単語群によって絶えず豊かになっていますが、その文法は定着されていなければなりません。

私たちは自分の母語を上手に話します。私たちがその語順と音を身につけているからです。このことは私たちの一生の最初の年に達成されます。子どもが無意識のとき、そしてその後、やや意識を持ち始めたときに、すべてが起こります。この時期には何も起こっていないと考える人たちもいます。けれども、このことのすべて――私たち一人一人の生活にとって欠くことのできないもの――がいつも起こっているのです。この無意識的な発達の時期のおかげで、私たちは明確に文法的に話す能力を持っているのです。

原注(17)：この図表はなくなっている。たぶん、いつか誰かが見つけるか作りなおすであろう。モンテッソーリはここである程度詳しく述べている。『子どもの精神』（第十一章）に掲載された図表と似ているように思える。でも、だいぶ違っていて、同一ではない。たぶん、ここで述べられている図表は最初のもので、後に改善されて前記の著書に掲載されたのであろう。

(18)：一八六一年、Paul Broca（ブローカ一八二四～一八八〇）は前頭葉の左第三脳回（下前頭回腹側部）に発話のための運動領野（ブローカ野）を仮定した。しかし、ブローカは話しことばの理解のための別個の中枢は示唆しなかった。それはドイツの神経学者のCarl Wernicke（ウェルニッケ一八四八～一九〇五）の十年後の発見を待たなければならない。話しことばの理解のための聴覚領野はウェルニッケ野と呼ばれている。脳神経科学者たちは現在、一種の神経ループがあって、左脳の外側溝（シルヴィウス溝）の周りを走っていて、それが話しことばの理解と産出の両方にかかわっていることに同意している。このループの前方の端はブローカ野に届いていて、ブローカ野は通常はことばの産出あるいはアウトプットに結びついている。もう一方の端は（明確に言えば側頭葉上部の）ウェルニッケ野で終わっている。ウェルニッケ野は、私たちが話されるのを聞いたことば、あるいはインプットされた単語を処理することに関係している。ブローカ野とウェルニッケ野は、弓状束と呼ばれる、神経線維の太い束によって結ばれている。モンテッソーリの洞察力は、脳とその働きに関する今日の理解を先取りしていた。

（19）：モンテッソーリが言っている「しるし（sign）」は失われた「ことばの図表」にある。私たちは彼女が「筋肉群の解放」に対してどんなシンボルを使ったのか、もはや分からない。

（20）：これも失われたスケッチ。これも『子どもの精神』の「ことばの発達」の図表（第十二章）にとても似ているように思われる。しかしこの講義では、モンテッソーリは諸特徴を、「この何本かの線は何本もの光線を投げかけている彗星を意味している。……生後十五か月と十八か月との間に」とか三か月目と六か月目に「小さい星（たち）」とかと述べている。これらは、公刊されている図表には同じ特徴の多くが異なる形で現れてはいるが、私たちが知っている現存の図表にはない。

第9講義　一九四六年九月二十四日

自然との調和

二歳以後の子どもは一つの言語を正確に話すと言うとき、私は子どもが日々、二百から三百の単語を自分の語彙に加えると示唆しているのではありません。子どものことばは前の時期（二歳以前）に変わり始めます。その時期には、知的な喃語、分節法の模倣、あるいは子ども自身によって発明された音の繰り返しはもはやありません。その代わりに、子どもは大量の単語を持ち始めます。まずは名詞です。そして、子どものことばがますます正確になっていくにつれて、接頭辞、接尾辞、いくつかの形容詞が使われますが、動詞はあまり使われません。子どもが二歳近くになると、動詞がすべての語形変化をともなって現れ、それらはますます正確に使われます。二歳を過ぎたばかりのころ、子どもの話しことばは正しく構成された語句を含みます。仮定法の動詞句さえ使われます。統辞法が現れると、今や子どもは純粋に文法的なことばを話します。

これらのことすべては素晴らしいことです。子どもをどのように援助するべきでしょう？　子どもはそんなにも多くのことを三か月で達成しました。今やそれ以上の何をするのでしょうか？　ことばが完全に形成されると、小康状態が来ます。それは休息の時期、息継ぎの時期で、もはや熱狂はありません。発達は継続的でも、画一的でもありません。突然に起こります。一種の爆発のようです。このことは子どもの発達が止まることを意味しません。興味の中心が変わるのです。何か別のものが中心になります。人間の声にあれほど注意深かった子どもは、もはや明らかにそうではありません。その代わりに、子どもは遊びます。子どもは触るための物を探します――もう一つ別の興味の中心があるからです。

私たちがことばの発達は終わったというとき、子どもの内面の一つの興味が満足させられて、生命のすべての力が今や別の興味に集中させられることを意味します。当然ながら、子どものことばは、たった二歳だったときのそれよりももっと複雑になっていきますが、生命から生じる興味はもはやことばには集中しません。いろいろなものが、身体の生活におけるのとちょうど同じように、精神生活においても別個に発達します。最初は、ことばが唯一の興味です。それはまさに、胎芽期の段階では、肺、心臓、肝臓などが別個に発達し、誕生時に全体が一つの有機体、統一体になったのと同じです。したがって精神生活では、別個の発達が必要なのです。いろいろな発達が生じるいくつかの特別な時期があります――そして、ある特定の発達に対して適切な時がやって来たとき、健全な発達のための適切な諸条件が存在します。この特定の発達が完了すると、その諸条件は変わり、何かほかの活動が興味の中心になるでしょう。別の力が獲得される時だからです。後の一つの段階では、その新たな力を完全に獲得するためには何かが欠けることになるでしょう。このことが、この第一の時期が非常に大切である理由です。

ことばの発達は自動的にはやって来ません。環境にことばがなければなりません。多くの母親が言います。「私には二歳の子どもがいますが、しゃべりません。身体に、耳か舌に欠陥があるかどうか、医者に連れて行かなければなりません」と。医者は悪いところを何も見つけられません。では、なぜその子はしゃべらないのでしょう?　たぶん、周りの人たちがあまり低い声で話すので、子どもが十分に音を聞き取れないのです。あるいは、人々が話すのを聞く十分な機会を持てなかったのです。たぶん、運動の機会を持てなかったのでしょう。後に良い発音を可能にするあれらの最初の運動の機会をです。その子どもには何かが欠けています。その子の天性にではなく、その子が受けてきた扱いに何かが欠けています。家族のいちばん上の子どもは、多くの場合にしゃべるのが下手です。でも、二番目の子どもは最初の子よりも上手にしゃべります。最初の子には母親しかいませんでしたが、二番目の子は自分を理解してくれて発達を助けてくれる兄あるいは姉がいたからです。大家族では、いちばん年下の子どもがことばを完璧にする最良のチャンスを持っています。その子自身により高い能力があるからではなく、あるいは母親が慣れているのでよりよい子どもたちを育てるからではなく、その子が自分の周りで多くの子どもが話すのを聞くからです。

この期間の間、ほかの時期にはないいくつかの条件があります。自然はそれらの完全な諸条件をつくり出します。ここでもう一度、カメラ（原文は「星雲」）のイメージを使いたいと思います。それは、少しずつほどける一巻のフィルムのようです。カメラは写真を撮ってくれます。カメラは完全な状態です。フィルムは正常に巻かれて、環境中に撮影するべき何かがあれば、一枚の写真が撮られます。しかし、景色が魅力的でないと、撮られた写真は美しくはないでしょう。写すべきものがないと、あるいは光がないと、フィルムは空白のまま残ります。私たちは、写真撮影のメカニズムが完璧であっても、魅力的ではない景色からは美しい写真は得られません。諸条件が適切ならば美しい写真が得られます。このことは自然についても同じです。諸条件がよければ、この素晴らしい発達が起こります。私たちは天性に、これらのイメージを取り入れて定着する可能性をそなえています。もし私たちが何も持たなければ、写真は魅力的にはならないでしょう。

ことばについても同じです。ことばは私たちが子どものメンタリティーと発達を理解するのを助けてくれます。小さい子どもの奇跡を、ことばをしゃべる小さい子どもの奇跡を私たちに与えるのは、天性だけではなく、天性と環境との協働です。子どもの内部で何か神秘的なことが起こります。そして、ことばの完成が定着されて、個人の性格の中に残ります。このことは少しずつ起こります――この内面の発達に一つの計画がともないます――意識が出現すると、無意識は潜在意識になります。そして、意識が始まると、子どもはいくつかの小さい発見をします。それらの発見は、子どもの進歩を促すようなやり方で子どもを活気づけます。意識は初めから少しずつ発達します。意識は、時間の経過にともなって成長する小さい薄膜組織のように始まります。それと同じように意識した認識が発達し、子どもはいろいろな物事をだんだんとよりよく理解します。しかし、これらすべてのプロセスを指導する生命の力は、発達しつつある意識ある精神の力の下にますます埋め込まれます。皆さんはこのことを覚えておかなければなりません。というのは、人々が教育について語るときは、個人の意識ある部分について話すからです。人々は、子どもたちが理解できるようになると、教育し始めます。意識ある精神だけを教育するのです。人々は、五歳以下の子どもたちは十分に理解しないので、教育から利益を得ることができない、と言います。

運動と身体を使う活動があれば、もっと大切な種類の教育が見られます。生命の力を考慮した教育の一種です。この教育はその教育自体の知恵によってではなく、法則を定めるもう一つ別の優れた知恵によって行なわれます。それは、もし私たちが生命に発する力を考慮に入れなければ、教育の最良の部分を見逃すことになるという法則です。そうなると、私たちは一つの人工的な行為をつくり出す危険に瀕します。そしてその間に、生命に発する力は弱くなり、活力を失います。その後では、教師が与えられる唯一の援助は子どもの欠陥を直したり、正しい発音を教えること、その他です。これが、今日理解されている教育なのです。

現在の教育方法は危険です。メカニズムだけに関係しているからです。自然は、もちろん、メカニズムを準備します。でも、最大の部分は内面の創造です。大きな内面の発達があって、それが外面の表現を持たなければなりません。これは、私たちが与えることのできない、驚異的で奇跡的で有力な部分です。私たちは、この力が弱くならないよう、初めからこの力を培わなければなりません。私たちは活気づけることはできません。活気がなければ、自発的なあるいは容易な進歩はありえません。機械的な努力があるだけです。機械的な努力は疲れるし、退屈です。このことが、生命の初めからの教育が非常に大切な理由です。

この生命の力を、この生きている部分を覚えておいてください。私たちは助けることができます。でも私たちが与えられる援助は限られていて、間接的です。たとえば、私たちは使うことのできる適切な環境をつくることができます。子どもは、人々が話すのを聞くことのできる場所へ行かねばなりませんが、もし自分の周りに話をする小さい子どもたちがいたら、子どもはもっと幸運です。子どもたちが休みなく話し、その子はもっとたくさん聞くことになるからです。私たちは、喃語を話す時期の子どもに、正確な発音を聞かせることによって、子どもを助けることができます。私たちは子どもの努力を励ますことで、子どもを勇気づけることができます――あらゆる努力は励ましを必要とします。私たちが子どもを無視すると、子どもは勇気を失います――熱狂を失ってただ眠っています。そのような子どものことばはその子個人の持ち物にはならないで、他人たちに頼る何かになります。内気さはこの時期に始まります。私たちは常に励ましを与えなければなりません。それが生命の力への直接の援助だからです。

次のことが私たちに出来ることです。

一．私たちは環境の中で援助を与えられる。

二．私たちは子どもの感情に影響を与えられる。勇気を与えられる。私たちは子どもの努力を削減しないよう、熱狂を減少させないよう気をつけなければならない。

大人は多くの場合に、小さい子どもを年長の子どもと同じようには助けようとしません。たぶん、四歳ぐらいの子どもは小さい子どもにとって、愛と援助と称賛に満ちています。この称賛と賛同が小さい子どもの魂を計り知れないぐらいに助けます。一方、大人は、辛抱強く援助する代わりに、多くの場合に、早口で不注意なしゃべり方をするので、子どもは一つの明確な印象をえられず、ことばを完全にすることができません。このことは、私たちが考慮しなければならない何かです。というのは、ことばは三歳半でもう一度、活発に発達するからです。もし子どもが既に完璧なことばを話していたら、この三歳半という次の段階は容易なものになるでしょう。しかし、ことばが貧弱だと、まったく別のことになるでしょう。現代の教師たちは子どもの発音を矯正するために直接的な援助を与えるでしょう。そして、子どもは内気になるでしょう。自分のいろいろな欠点にいつも気づかされるからです。

この時期の自発的なことばの発達はとても神秘的で驚異的です。自然にはたくさんの神秘があります。花々はひとりでに育ちます。しかし、科学は助けることができ、人間は自然に協力できます。自然は私たちに一つの単純な花を与えます。そして人間はそれを育て、その花から素晴らしい花々をつくり出します。人間の助力は偉大であり、自然に対してますます多くの可能性を提供することができます。自然は人間の助力を得て、さらに生産性が高まります。人間が何らかの助力を自然に提供すると、この助力が自然の力の一種のルネサンスを生み出します。これが人間の与えられる協力です。知性的で教養ある大人たちの科学的な助力と自然とのあいだの協力があるはずです。この意味では、大人たちは栽培者でなければなりません。しかし、皆さんは知識なしには援助を与えられません――自然の中にあるものはすべて奇跡的です。私たちは何かが起ころうとしているのを目にします。しかし、私たちにはなぜだか分かりません。私たちはただ事実を見るだけです。

たとえば、一匹の美しいチョウが突然に蛹から現れるのは驚くべきことです。ちょっとその羽を見てみましょう――正確な色とデザインをしています。素晴らしい羽です――何と素晴らしいものが繭から出てくるのでしょう。ことばは繭に似ています。さまざまな単語のすべての特徴が、文構成のあらゆる正確さが、発音の違いが、そしてその他がその内部にありました。チョウが繭の中にいたのとまさに同じです。しかしこの美しいチョウは、もしイモムシがその一生を生きなければ、隠れなければ、食べなければ、そして何になるべきかを意識しないでこのすべての仕事をしなければ、現れ出ることはないでしょう。チョウはこれらすべてを遺伝によって行ないます。それ自体では何もしません。このことは、子どもの隠された生活に似ています。子どももなるべき人間については意識しないで、ただあらゆる細部にわたって自分自身を建設しなければなりません。私たちは、もし美しい絹を手に入れたいと思うなら、イモムシの世話をし、餌をやらなければなりません。イモムシに餌をやらないと、私たちは後に美しい絹を手に入れられないでしょう。人工の絹があるだけでしょう。したがって皆さんは、人類の驚異を達成するために、子どもの神秘的な建設を調べなければなりません。

自然界にはいろいろな印象的な事実があります。意見や哲学や解釈や結論などよりも大きな重みをもつ諸事実です。木の葉にそっくりの羽を持つ昆虫の一種がいます。枯れ枝にそっくりの身体をしている昆虫の一種がいます。あまりにも似ているので、私たちはそれを自然の驚異の一つと呼んでいます。完全な模倣です。自然の偉大な一つの現象です。それは、環境から何かを写し取って、その正確な外観を自分の身体に与えることのできる、生命の力の一つの表現です。

北極——あの大きくて、広くて、白い土地、とても美しくて汚れがなくて白い土地——にすむホッキョクグマたちもまた白色です。そして、その外観はやはり神秘的な方法で環境から写し取られ、動物としての一つの特徴になりました。

私たちは、子どもが環境からことばを取り入れるとき、この、自然の同じ力を子どもに見ることができます。それは、子どもが大人たちの雄弁さに、あるいはことばの進化の歴史に感心することではありません。子どもが自分自身の中に、ことばをそのすべての規則ごと取り入れるための生命の力を持っているということです。コノハムシはあらゆる特性をそなえていますが、知性は持っていません。コノハムシが環境から何かをとても完全に写し取ることができるのは一つの生命現象です。しかし、子どもの内部では本当に何かが起こります。あらゆるものを自分自身の中に吸収します。ことばは、子どもが吸収するもののうちで最も著しいものの一つです——人間の諸特徴の一つです——でも、後にはあらゆるものを吸収します。子どもは、生きている人類の生きている代表者になります。

自分自身の中で一つの言語を建設できるためには、模倣以上の力が要求されます。人間は誰でも母語を持っています。すべての言語の中で、人間は母語だけを頭が疲れることなく十分に学ぶことができます。知性を持つ前にこの言語を身につけたからです。幼児期初期に、模倣によって身につけました。それは自然からの贈り物です。

生命の力を助けることは非常に大切です。しかし、通常の教育方法によってではいけません。私たちが生命の発達全体は理解できないと言うとき、それは正しいのです。私たちはそれを、一つの神秘として見ることができるだけです。私たちは無意識を理解できません。私たちにはメカニズムの外面の部分を理解できるだけです。

第10講義　知性の鍵をあける　一九四六年九月二十四日

私は前回の講義で、子どもたちが環境から明確な諸印象を獲得するのを助けることができる手段のうちのいくつかを説明しました。心理学的な観察法について話しました。人間にとっては、いろいろな同一性が相違点よりも著しく目につきます。たとえば、人の注意は双子には簡単に引きつけられます。さまざまな対照的な差異もまた注意を引きます。このことが、私たちが教具群を提供するときに、コントラストのあるものから始める理由です。ひとたび注意の焦点が絞られ、経験によって興味が引き起こされた後、私たちは観察力と知性が洗練に達するように、グラデーション（漸次性）よって子どもを助けることができます。このグラデーションは個人にいろいろな小さい違いを識別するようにさせます。

もしグラデーションが正確に測られていて、もしそれぞれの異なっている物の間の相違の程度が同じなら、観察は精神にとって系統的で、科学的で、明確で、建設的になり、知覚の明確さはより大きくなります。

もう一つ大切な要素は感覚の孤立化です。私たちは前に特性の孤立化について話しました。感覚の孤立化はもう一つ別の問題です。もし一つの感覚が孤立化されると、その感覚の知覚する力が高められるように見えます。知覚の可能性がもっと深くなります。意識ある精神がその感覚に集中するからです。意識ある精神は五感のすべてのドアを通じてさまざまな印象を絶えず受け取っています。もし皆さんが、誰かの話を聴いているときに、突然に何か面白そうな物を見たら、皆さんの注意はさまよいます。耳はたぶん聞くことができるでしょう、でも、意識ある精神は印象を受け取らないでしょう。コンサートの会場で照明が暗くされると、人々は静かにするように言われ、誰もホールには入れません。注意を妨げるのを恐れてのことです。皆さんは、両目を閉じると、はっきりしない声をもっと容易に聞くことができるのに気づくでしょう。

私たちは、子どもたちが明確な印象を受け取るのを助けるために、これらすべてのことに注意します。もし一つの感覚が弱ると、ほかの四つの感覚が鋭くなります。目の見えない人たちは触覚と立体識別感覚を通じて教育されます。自然は大きな潜在能力を私たちに授けました。この潜在能力はまだ完全には発達していません。私たちが生きるのに、身の回りの世界を理解するのにちょうど十分な程度にだけ発達しています。

もし一つの感覚が欠けると、その人の興味は残っている感覚に集中します。そして、それらの感覚を使うことによって、その人はほぼ同じぐらいの程度の知覚に達することができます。時によってはこちらのほうが優れることもありえます。私の友人の一人は耳が聞こえません。その友人と二人で私たちの家の上の方にある丘を散歩したときのことです。私たちの家は未完成で、大工さんたちが働いていました。その家を見下ろせるように、私たちは強力な双眼鏡を持って行きました。友人は双眼鏡で見て、とても腹を立てました。理由を尋ねると、大工が彼の母親を怒らせている、と答えました。彼には分かったのでした。というのは、その距離から大工の唇を読むことができ、母親との会話を理解できたからです。

ですから私たちは、五感の孤立化はいろいろな印象を明確に受け取ることに対して大きな助けになる、ということに同意できます。もし私たちが子どもたちの助けになりたいのなら、子どもたちが自分たちだけでは達成できない何かを成し遂げるのを助けなければなりません。たとえば、色の理論や熱の相対性の三つの次元などです。これらの事実のすべてをことばで説明することはできません。しかしながら、潜在意識の段階の精神にこれらの事実を吹き込むような経験のための道を舗装することはできます。子どもたちはそれらの事実を意識して認識するようになるでしょう。そしてそれゆえに、自分自身のいろいろな経験との比較を通じて、いろいろな違いなどを識別するでしょう。子どもたちは、私たちがことばを使うことだけでは伝えることのできなかった何かを、自分たちだけで学ぶことができるでしょう。私たちは一つの抽象概念を与えます。子どもたちはその教具を使うことによってこの抽象概念を理解することを学ぶでしょう。私たちはこのメカニズムを「具体化された抽象概念（materialized abstraction）」と呼びます。

では、私たちが与えることのできる実際的な援助に移りましょう。私たちが色、大きさ、形の印象を受け取るのは目を通じてです。

はめ込み円柱（円柱さし）

〈はめこみ円柱〉のいろいろな円柱は形についての一つの印象を与えます。円柱本体は三つの次元で異なっています。もし一連の円柱で二つの次元が等しいなら、違っている次元が目立ちます。それは孤立化されています。

〈はめこみ円柱〉には、

一つの次元だけが違っているセット、

二つの次元が違っているセット、

三つの次元が違っているセット

があります。

あるセットは三つの次元が違っているかもしれません。しかし、それらの違いは調和していません。あるいは、違いが互いに増大しています。この場合には、それは調和した違いです。

私が、皆さんに言ったとおりに、違いについて子どもに話したら、子どもに理解させるのは難しいでしょう。子どもはそのような説明に興味を持たないでしょう。しかし、子どもたちは二歳半でいくつかの線にそって動く経験を身につけたいと切望しています。一歳半あるいは二歳でも切望しています。グラデーションを紹介する必要があります。同一性を認識するのを学ぶことは容易で魅力的な課題です。同一性はブロックの空洞とそこに入る円柱の大きさとの間の一致によって示されます。両端の二つの同一性はいちばん容易に見つけられます。二つの対照的な差異について同一性を知覚するのはいちばん簡単です。ほぼ同じような物たちの間の同一性を知覚することは目のさらなる洗練を要求します。それぞれの円柱では、違いが正確に測られています。第一と第二の円柱の違いは第二と第三の円柱の違いと同じです。円柱の直径は、一cm、一・五cm、二cmというようになっています。したがって、グラデーションの寸法の単位は〇・五cmです。これは一つの系統だったグラデーションです。秩序ある整然とした測定されているグラデーションです。

もし皆さんが、一つの次元、二つの次元、三つの次元が異なっている三セットの物を持っていたら、三次元が違っているものがいちばん大きい違いを持っていて、それゆえに違いを知覚するのが容易だということに気づくでしょう。

論理的な視点から言えば、皆さんは三つの次元が違っている円柱を持つセットを最初に提示するべきです。しかしながら、私たちは心理的な理由でそうはしません。もし三つの次元で違っているセットを子どもに与えるべきだとすると、子どもが一本の円柱を誤った空洞に入れることができ、結果として再び取り出すことができなくなることに気づくでしょう。これは扱い難い出来事なので、円柱を取り出すためにブロックをひっくり返したり、叩いたりなどするようになります。そのような行動は建設的な興味を失わせるでしょう。

したがって、子どもに二つの次元で違いのあるセットを与えることによって始めるのがベストです。このセットのすべての円柱は同じ高さなので、円柱が誤った場所に入れられたとしても、小さいつまみを持つのはいつも容易です。そのせいで子どもは自分で訂正することができるでしょう。

注意力は、違いを取り入れる目によって維持されます。あまり注意していない動きもありえるでしょう。でも、これらの正確な道具によって、子どもの精神は注意深いままに止どまるよう強いられます。教具で作業をするときに、間違いの自己訂正（control of error）の練習をすることによって、子どもの精神は教具によって捉えられます。もし子どもが何本かの円柱を誤って入れると、入れるべき空洞のない一本の円柱が残ります。子どもは、なぜまだ一本の円柱が残っているのか不思議に思うでしょう。なぜ？　子どもは、私たちがするようには正確に推理しないでしょうが、潜在意識的に自分の行動を通じて気づきます。そのときに、子どもは目だけではなく知性でも気づき始めます。

提供（提示）

教師は説明をするべきではありません。

教師は、違いが二次元のブロックからすべての円柱を取り出します。教師は、教具のどれかを提示する前に、その他のものはすべてテーブルから除くべきです。このことは秩序につながり、注意を手元の活動に定着させます。

円柱を一本一本取り出します。人差し指と中指、そして親指を使います。円柱は取り出しながら混ぜます。置き場所を元の位置と変えるか――あるいは全部を取り出した後で混ぜ合わせます。円柱をブロックの空洞に戻し始めます。いちばん大きい円柱を取ります。二番目に大きい円柱を探します。両者の大きさを比べます。あなたの目から見て、空洞に一致する一本を取ります。

子どもはたぶん多くの場合に手伝いたがるでしょう――でも、いけません。教師が終わりまでやります――それが興味を高めます。その後に、子どもにやらせます。子どもがつまみを正しく持たなかったら、訂正します。

その後は、子どもが二十回でも三十回でも練習を繰り返すままにさせます。ある時、子どもたちが二百回も繰り返した、と聞いたことがあります。そういうことが今日、来週、あるいは来月に起こるでしょう。子どもはまだ二歳です。時間を与えましょう。

子どもは見ることによって観察を繰り返すでしょう。そして、自分が見たのと同じやり方で円柱を持つことによって練習を繰り返すでしょう。何本もの円柱の違いが子どもの潜在意識に吸収されます。

子どもがひとたび観察と識別の力を身につけたら、ほかのセットを与えることができます。どちらのセットでも提供できます。でも、それを同じ日にやってはいけません。とてもありそうなことですが、子どもに何も教える必要はないでしょう。子どもは既にほかの子がその教具を使うのを見ていたでしょう。いずれにしても、するべきことは子どもにそのブロックを与えることです。子どもは既につまみの持ち方を知っていますし、取り出して混ぜて戻すという手順にも親しんでいます。どの順に作業を始めるかは問題ではありません。

その次に、二つのセットを一緒に、三つのセットを一緒に、すべてのセットを一緒に与えます。

この教具はいくつかの個人的な違いのための心理テストとして大人たちにも使われます。この教具を使えと言われると、慌てる人もいますし、几帳面にやる人もいます。最大の円柱を選んでそれらを最初に戻し、その後に最小の円柱を続ける人もいますし、当てずっぽうに作業をする人もいます。しかし、子どもたちにとっては、これは知能テストではありません。

直接目的：視覚による大きさの識別

間接目的：書くことのための準備、鉛筆を持つことのための準備

間違いの自己訂正：教具そのものにある（一つの誤りをすれば、ブロックによって自動的に指摘される）。

年齢：二歳半から三歳。もちろん、五歳の子でも六歳の子でもできる。しかし、この練習の建設的な価値は年長児では失われるのは事実である。

ピンクタワー（桃色の塔）、茶色の階段、赤い棒（長さの棒）

これらの教具の目的は同じです。視覚による大きさ、あるいは寸法の識別を助けます。教具のセットは異なる魅力的な色で塗られています。しかし、それらの間の違いは目立つ部分です。

赤い棒――一つの次元が異なる
茶色の階段――二つの次元が異なる
ピンクタワー――三つの次元が異なる

右記の教具のどれを最初に提示してもかまいません。しかし、子どもたちは作業を始める前に、精確さの意識を身につけていなければなりません。

もし子どもたちが円柱相互の〇・五㎝というような違いを識別できるなら、〈赤い棒〉の一〇㎝の違いは見たらすぐに分かるはずです。子どもがすべての〈はめこみ円柱〉を終わらせるまで、〈赤い棒〉の提示を遅らせる必要はありません。子どもは、ほかの子どもたちがこれらを使うのを既に見ているので、自発的に始めることができます。しかし、子どもたちが自分たちどうしで直接に教具をやり取りしないよう、教師は強調しなければなりません。教具は常に、それを使った子どもによって元に戻され、その後に次の子どもによって再び取り出されなければなりません。

子どもたちが「正常化」した後では、子どもたちは従順になり、教師の言うことを受け入れるでしょう。もし子どもたちが受け入れるというこの自然な性向を持っていなかったら、成長することはできないでしょう。子どもたちは受け入れます。子どもたちはそれらを〈赤い棒〉と呼びます。単に私たちがそう呼ぶからです――それらはほかの呼び方をされても本当はかまわないのです。もし子どもたちが教師の言うことを受け入れないのなら、反抗するのなら、それはその子どもたちが大人という人間と戦っているからです。したがって私たちは、子どもたちが「日常生活の練習」によって正常化する前には、厳格な精確さがともなうこの練習をさせるなと言います。正常化が最初に来なければなりません。日常生活の練習は精神を正常な状態に連れ戻します。

赤い棒

〈赤い棒〉を子どもに与えます。子どもはこの練習を床の上でするでしょう――テーブルは小さすぎます。棒と対照的な色の一枚のカーペットの上に、棒を置きます（じゅうたん／又はカーペットの色と色を芸術的に調和させようとしてはいけません。棒が目立たなければなりません）。すべての棒を混ぜ合わせます。

さて、三十歳ぐらいの人が、棒の両端をそれぞれの手で持って運ぶことができるのを、私に見せてくれました。これをしてはいけません。この教具の扱いには注意しましょう。というのも、皆さんは、子どもたちがただ皆さんを称賛するという理由で、皆さんのいろいろな癖を真似するのを知るでしょう。真似するのは称賛のしるしです。自然体でいましょう。わざとらしくてはいけません。最長あるいは最短の棒のどちらかから始めます。もし子どもに障がいがあったり、知能が非常に低かったりしたら、三本あるいは四本の棒を与えましょう。たとえば、最長と最短とその中間の二本というように、差異が大きいものです。その子がこれらをマスターしたら、棒の数を増やしましょう。

もし皆さんが最初に最短の棒を取ってしまうと、子どもたちにとっては扱うのがより難しくなります――ですから最長棒を取りましょう。その棒をカーペットの片側に置きます。次に長い棒を選んで、最長棒の隣に置きます。二本の棒の片方の端が直線になっているよう気をつけましょう。片端をそろえることによって棒の違いが明確に目立ちます。そのために、二本の棒を互いにぴったりくっ付けて並べましょう。二本の棒を互いに押しつけながら、二番目の棒にそって指を走らせましょう。それから、その次に長い棒を取ります。という具合に続けます。上から下まで指を走らせるこの運動を毎回行なえば、一本一本の棒の長さの筋肉による一つの印象をえられるでしょう。この筋肉感覚は子どもたちにおいては非常に大切です。子どもが並べる順を間違っても、それについては何もできません。というのは、子どもは確実に違いを見ることができなくてはならないからです。もし子どもが障がいを持っていたら、運動感覚を通じて誤りに注意を引き寄せることができます。それぞれの棒の端に順に触らせましょう。確実に誤りに気づくでしょう。

この教具は、障がいのある子どもに限定された何かを教えるのに用いることができます。健常な子どもに与えれば、知性的な観察がともなう運動の機会を提供できるでしょう。

（＊訳注：『子どもの発見』第八章では「パイプオルガンのパイプの配列のように」と表現しているので、縦に並べたようである。なお茶色の階段は Broad Stair で「幅広い階段」の意味）

茶色の階段

すべての直方体を混ぜます。〈茶色の階段〉はきわめて正確に置かれなければなりません。明確さのせいもありますが、私が後に説明する理由のせいでもあります。

片手で最大の直方体を取り上げます。それから、次に大きいものを。二つの直方体が互いに横づけに置かれるよう確かめましょう。直方体が同じ水平線上に置かれなければならないという事実を強調し、そうなるように注意しましょう。皆さんの関心、真剣さ、そして注意が、子どもにこのことが大切であることに気づかせます。直方体相互の違いは二つの次元にわたります。だから、直方体の太さにそって持ちましょう。そうすれば、手全体が太さの印象を受け取るでしょう。

直接目的：視覚による寸法の識別
間接目的：握ることの筋肉教育。数学的頭脳の準備
子どもが片手では握れない直方体があるかもしれないが、握り方を見せる。子どもは両手を使ってもよい。
間違いの自己訂正：直方体の並び方が調和を欠いている。もし誤りがあったら、どうしたらよいか？　もし子どもがやるべきことを理解しているなら、誤りは違いがまだ見えないことを意味する。子どもたちはしばしばいちばん大きい二つの直方体で誤りをする。いちばん小さい二つの直方体の差異は大きい方のそれよりも大きい。たとえば、四：一と一〇：八一である。子どもたちに再度やらせよう。子どもたちは経験によって知覚の微妙さを身につける。「あなたは間違った」などと言ってはならない。そのように言うと、子どもたちは自分の能力に自信を感じないようになってしまう。障がいのある子どもたちには、指で階段を「登る」ことによって誤りを示す。この指の動きは常に上に向かう。

ピンクタワー

この小さい立方体が見える――見ててね――というのは、子どもたちにとっては大いなる誘惑で、事実、無くなることがあります。大きい立方体を片手で取りましょう。立方体相互の違いは三つの次元に及びます。次の立方体を取るときには、立方体を置くときに要求される正確さの程度を強調しましょう。さもないと、子どもたちはこの練習を、本来やらなければならない回数ほど繰り返さないでしょう。立方体は上から持ちましょう――肘を身体から離します――そして、持っている立方体をその前の立方体の中央に正確に置きます。一度置いたら、位置を直してはいけません。子どもは間違うかもしれません。子どもたちが一日にして、完璧になるのを期待で

きないことは確かです。

皆さんは立方体を正確に置こうとすると、手が震え始めるのに気づくでしょう。特に最小の立方体を置くときにそうなります。最小のものには導いてくれる重さがほとんどありません。皆さんの助けになるのは、意志と筋肉のコントロールです。

直接目的：視覚による識別

間接目的：随意筋肉の教育。両手の準備と数学的頭脳の準備

年齢：二歳半から三歳

間違いの自己訂正：出来上がった塔に調和を見る子どもの目

子どもは塔を築いた後、普通はそれを持って下ろし、再び始めます。

間接準備

「間接準備」という用語で、私たちは正確には何を意味しているのでしょう？　それについて、私は別の機会に話しました。自然と成長とが、知性の器官と知性そのものの両方を次のステップのために準備する、その仕方だと言いました。このことは間接的な手段でなされます。あらゆる行為には興味という一つの動機があります。将来の発達のために知性と器官を準備する興味を通じて、いろいろな器官は将来起こる何かのために準備されます。将来の発達のために知性と器官を準備するのは、その時の意識した興味です。でも、本人はこのことに気づいていません。

一歳半の一人の子どもが、水の入ったボウルを一つの部屋から別の部屋へ運ぶことに興味を持ったとしましょ

う。その子どもにこの運動に必要な筋肉群の調整を獲得させるのは、当面の興味（非常に難しい何かを運び通す）です。この同じ調整は、もっと後の年齢になって、知性がこの子どもに要求するかもしれないほかの運動のために使われるでしょう。

ボウルを運びたいという意識した興味が、知性が後にその子に要求するものに対する諸器官を準備するのです。この間接準備は、この幼い年齢での興味を利用するのです。

間接準備は運動の調整を準備します。その調整は、より大きい発達に特有の一つの興味を満足させるために、後の時期に意識して準備されなくてはならなかったとしたら、一つの退屈な課題であると判明するでしょう。円柱のつまみを人差し指と中指と親指の三本の指で持つことは、書くことのための手の調整の準備です。後の年齢になれば、子どもの知性は書くようにと刺激します。もし諸器官が準備できていないと、妨げられるでしょう。準備不足は知性に対する一つの障害物になるでしょう。それは子どもをはねつけると同時に、知的な表現への興味を殺すでしょう。自然は知性と諸器官を準備します。それらの器官は潜在意識の中でその運動を実行します。

「数学的頭脳」とは特に数学に興味を持つ精神です。数学を馬鹿げていてくだらないと思う代わりに、数学を興味深くて夢中にさせると思う精神です。私たちのモンテッソーリ・スクールの子どもたちの大部分は本当に、数学を学ぶことで大きな熱狂に達します。子どもたちがこの楽しみを得られるのは、子どもたちの精神の準備のおかげです。

従来の学校では、もし選択肢を与えられれば、九九％の学生たちが文科系の科目を選ぶのが分かるでしょう。そのせいで、人は一種の文学的精神を持っていると言われます。でも本当は、どんな人の精神の基礎も、一種の数学的頭脳なのです。

潜在意識はこの数学的頭脳の中に入り込みます。というのは、皆さんは自分にとって絶対的に新しい何かには興味を持てないからです。既に潜在意識的に知っている何かにだけ興味を持てます。もし皆さんがあらかじめ何かを経験していて、その次に一つの手引きを与えられれば、潜在意識の中にあったものを意識して認識します。もし私が、皆さんがこれまでに決して聞いたことも見たこともない何かについて説明をしたら、皆さんはその説明が非常に理解しがたいと思うでしょう。私が説明していることに関係するいろいろな単語や物が潜在意識には欠けているからです。私たちは日々の生活において、数学については話しません――数学的な経験が欠けています。数学的頭脳を身につけるためには、まずはその前に正確な経験がなければなりません。正確な数学的諸関係の観察が潜在意識の中に蓄えられていなくてはなりません。意識を持った精神がそれらの事柄に持ち込まれたとき、一つの興味が生じるようにです。

〈赤い棒〉は一mから一〇cmに及び、一次元的に進みます。

〈茶色の階段〉は、最初の直方体が四つで二番目の直方体を作ります。すなわち二の二乗です。

〈ピンクタワー〉は、最初の立方体八つで二番目の立方体を作ります。すなわち二の三乗です。

皆さんはこのようなことを子どもには伝えません。しかし子どもは、視覚、運動、筋肉感覚でそれを経験します。

潜在意識はこれらの違いの観察を蓄えます。

後になって子どもたちは聞くでしょう。

四℃の水一グラム＝一ccの水

四℃の水一リットル＝一デシ立方メートルの水

四℃の水一リットル＝一〇〇〇グラム

子どもたちは既にこれらの大きさを見ています。必要なのはただ、子どもたちの意識ある精神を、子どもたちが既に持っているいろいろな事実に結びつけることです。

知性の秘密は、情報を直接には意識に伝えられないことです。情報はまず潜在意識に伝えなくてはなりません。潜在意識がひとたび経験を獲得していたら、知性はそれを受け入れます。もし自動車のエンジン（新たに発明されたものと仮定しましょう）について説明されたら、人々は直ちにそれを理解する用意ができるでしょう。応用法が新しくても、どれがシリンダーで、どれがピストンで、どれがスパークと爆発で、回転運動がどうなっているかを誰もが知っているからです。しかし、この同じ事実についてジャングルから来た人々――これらのことのどれについても予め経験をまったくしていない人々――に説明するとしたら、私たちが話すいろいろな事実をそれらの人々に暗記するよう強いることになるかもしれません。でも、それらの人たちはほとんど興味を示さないし、いろいろな事実を覚えることさえできないでしょう。

意識には押しつけることができますが、潜在意識は押しつけられるのを拒否します。そして、意識は潜在意識に埋め込まれたものを忘れないでいるだけです。もし意識を通じて潜在意識に押しつけようとすれば、一種の精神的障壁を立ち上がらせる可能性があります。もしそれが起こると、どんなに論理的にあるいは雄弁に説明しても、まったく役に立たないでしょう。潜在意識は言うでしょう。「私は押しつけられません。」と。

あらゆる人間の内部には生命に発する力があって、それが個々の潜在力を実現するために、更に努力するように導きます。私たちの性向は潜在力を実現させることです。私たちの内部にある潜在力を実現できるとき、喜びと興味がやって来ます。もし自分たちの可能性を実現しようとするこの衝動がなければ、私たちは停滞してしまうでしょう。「エラン・ヴィタル（生命の躍動）」が妨げられると、反抗と退屈を取り入れることになります。

例として、ねじを締める仕事をしている人の場合を取り上げましょう。その人はその仕事を骨が折れて退屈だと思っています。自分の可能性に与えられた制限だからです。彼は仕事の削減とより多くの収入のために戦うでしょう。自分の幸福と向上心の高さを示すためにです。しかしながら、もし彼が突然に、仕事をもっと簡単にやれる機械に気づいたら、もっと金持ちになれるよう、その機械を完成させるために夜も昼も働くでしょう。皆さんは、建物の守衛の生活ほどよいものはありえないだろう、と考えるかもしれません。守衛は一日じゅう、そこに腰かけていいます。暖かくて雨にも濡れません――彼は大切です。しかし、彼はその生活を大変で退屈だと思っているかもしれません。そこで彼は、自分には何の役にも立たない何かを想像するかもしれません。彼はその妙案を完成させるために金を使い、余暇と睡眠を割いて長時間働くかもしれません。彼は、自分自身の内部の何かに気づいたのでした。

いろいろな可能性は物質的あるいは精神的な幸せと見なすことができるのです。同じように、子どもたちも最大限の努力をして何か難しい作業をします。論理的には、私たちはそのような人たちに対して気の毒に思うことができるだけです。人々は働きます。持てる時間と金が使われます。でも、その本人にとっては正しいのです。その人の生活の一部だからです。もし子どもがこれらの可能性を実現できないとすると、それは生命に対する一つの障害物になります。そして、この巨大な力の代わりに、内気で抑圧された動物が生み出されることになるでしょう。

第11講義　一九四六年九月二十五日

社会的な発達と適応

子どもの教育については、ことばの発達とは別に、もう一つの大切で興味深い側面があります。それは道徳教育と社会教育で、環境における子どもの生活に関係しています。子どもは環境の中で暮らして、環境を吸収しなければならない、と前に言いました。この吸収したものは、環境における子どものいろいろな行動と態度を含むのですが、永続します。ことばは知性の発達に関係していますが、道徳の発達もまた非常に重要です。知的な教育と道徳、社会教育は発達の二つの側面です。前者は知的な発達に関係し、後者は社会における個人の能動的な生活に関係します。

子どもは誕生時から社会生活のために準備されなければなりません。私たちにはとても奇妙な考えに思えます。今日では、社会的な発達は心理学者たちによって真剣に研究されています。心理学者たちは二つの異なる事柄について語ります。適応と行動です。基本的なのは環境への適応です。誰もが出来るだけ適切に環境に適応することが大切です。環境に適応していない人々の行動は欠陥を表すでしょう。それらの人が社会に適応していないとすれば、環境を乱すでしょう。したがって、これは社会的な問題です――社会における人々の行動と態度は本当にとても大切です。これらのすべてはその根源のいくらかが自然にあるに違いありません。この研究の科学的な部分は自然と関係する問題を調べることとです。

環境への適応はすべての生物、特に動物にとって必要です。人間と動物たちとの間には大きな違いがあります。動物たちは、既に自然によって準備された一定の力をそなえて生まれて来るからです。それが遺伝的な力です。どんな動物でも、環境に特別に適応する能力とそれに加えて行動の一つの形式を持っています。あらゆる種が、ほかの種が持っていない、その種独自の種類の適応方法を持っています。あらゆる種が形態学的遺伝と精神的遺伝（本能）をそなえて生まれて来ます。あらゆる種が、予めするように定められたことだけをします。

皆さんは、ここイギリスで子どもたちに話す物語を一つご存知ですね。私は皆さんほどには知りませんが、こんな話です。すべての動物が会議を開いて、互いに友だちになることに決めました。動物たちは一日じゅう楽しく一緒に遊びました。夕方になると、自分の家で夜を過ごすよう互いに招きました。ビーバーが言いました。「残念だけど行けないの。でも、私と一緒にいらっしゃい。私は水辺のすてきな場所に住んでいるの」と。リスが言いました。「ぼくは木のてっぺんに住んでいる――一緒においでよ」と。ウサギは「私は地面の下に安全な穴を持っているわ」と言いました。シカは「ぼくは走り回ることのできる空き地にいるよ」と言いました。そこで、すべての動物たちは、同じようには暮らすことができないことに気づきました。それぞれが自分自身の特別な場所で暮らさなければならず、生まれつきするべきことをしなければならないのです。それぞれの動物は自分の仲間がいるところに止まらなければなりませんでした。これが遺伝の変えられない部分です。人間だけがこの厳密な遺伝を持っていません。

地理的な面から見れば、寒い氷の場所にだけ住んでいる動物たちがいます。ホッキョクグマがそうです。そのほかには、熱帯の森にだけ住める動物たちもいます。魚は水の中に住めます。砂漠での生活を楽しむ動物たちもいます。それらの動物はそのような生活をするように出来ているのです。ジャングルに、平原に、高山に住まなければならない動物たちもいます。動物たちにはこのような分布があります。

動物たちは特に異なる環境での生活に適応しています。ホッキョクグマは暖かい国に連れて来られたら、ありがたいとは思わないでしょう。氷を必要とするので苦しむでしょう。ベンガルトラはロンドン動物園に直接に連れて来られるのを好まないでしょう。トラの国はいつも暑いので、冬には苦しむでしょう。トラは暑さを好みます。温暖な気候のところに連れて来られてもありがたがらないでしょう。

幸せであるためには、それぞれの動物は、生まれついた気候、食物、植生などを持たなければなりません。それぞれが自分特有の食物を好みます。ほかのものではなく、一定の食物を食べるよう生まれついているのです。多くの動物は獰猛で、生きている肉しか食べません。あるいは、何週間も前に死んだ、腐っている身体を食べる動物たちもいます。ある種の動物たちはそれらを美味しいと思うのです。腸を特に美味しいと思う動物たちもいます。腸には毒がいっぱいで、ほかの動物たちなら死んでしまうでしょう。いくつかの鳥は死肉食で、衛生は不要です。それぞれの種にとっての衛生は、自然がそうなるように予定したものです。それに反して幸せは、皆さんが生まれ落ちたような適切な場所、美しい場所にいることから生じます。

多くの動物は獰猛で、ほかの動物を滅ぼします。昆虫はほかの昆虫を殺します。あれらの愛らしい鳥たちは昆虫を食べます。なぜ、動物たちは不道徳なのでしょう？　私たちは動物たちにもっと優しくて穏やかになるよう、あるいは衛生的な生活をするよう教えることはできません。動物たちは、自分たちがするようにと与えられたことだけをしなければなりません。人間は違います。人間は衛生学を持つよう学ぶことができます。人間は、何種類かの動物が食べるものを食べたら、死ぬでしょう。人間はどこででも生きることができます。今日では、地理的に異なる国々の人間の状況が研究されてきました。人間ほどに適応力を持った動物はいません。人間は高山にも住めます。南アメリカには、一二〇〇〇フィート（三六〇〇ｍ）の高地で暮らしている人々がいます。熱帯の国々三〇〇〇メートルでも、人々はとても幸せに暮らしています。砂漠にも住んでいます。北極地方の生活にたいへん適応しているので、その他のどこへ行っても幸せでない人々もいます。したがって人間は、動物とは違って、特別な習慣や暮らし方に天性によって適応するのではありません。

人間と動物の類似性に気づくことには、誰もが興味を持ってきました。類似性は明らかです――身体は同じように働きます。人間も動物も骨、脊柱などを持っています。これらのことはみんな、よく知られています。今や私たちは新たな時代を始めなければなりません。そして、人間と獣のいろいろな違いを研究しなければなりません。人類はこの何にもまして大切な事実で異なっています——適応です。人間はどのような環境にも適応できます。すべての人間が同一の習慣や行動に従う必要はありません。すべての人間が攻撃的である必要はありません。自然はすべての人間が獰猛であるのを必要としてきませんでした。地面の下で暮らすのを好む人々もいくらかはいます。いくつかの民族は洞窟で暮らしています。地理的に言えば、人類はきわめて多様です。したがって、人間の行動は遺伝によっては決定されていません。今日生まれた誰かが将来何をするか、私たちには言えません。その人は天性によって、何か特定のことをするよう義務づけられてはいません。何でもできますが、何かをするようには義務づけられていません。世界における自分自身の適応と行動を築かなければなりません。それは、ことばの建設と同様に、一つの個人的な建設です。新しく生まれた人間はことばを持っていません。環境からことばを取り入れる必要があります。同じように、その人間は自分を自分の環境に適応させる必要があり、自分の行動を環境から取り入れる必要があります。あわれな私たち人間たちは、これらのことを自然からの贈り物としては手に入れません。自分で築かなければなりません。私たちの生活のあらゆる詳細が誕生時に決まっていたら、どんなにか楽でしょう。

しかし、人間は何も持っていません。あらゆるものを建設しなければなりません。誕生によっては何も生じませんでした。でも、生来の活動力によって生じます。この活動力は一つの星雲のように存在します。新生児は環境への一つの適応を築く可能性を持っています。その可能性は遺伝です。でも、あらゆる仕事をしなければならないということは、既に準備されているあらゆるものを持っているのとは違います。あわれな人間は、生まれたばかりでは何かをし始めることができません。何かができるようになる前に、運動の可能性を、ことばを、行動を創造しなければなりません。子どもの天性は自然の道に従いながら発達し始めます。

もし私たちが大人として、自分の生命の中に何か一定の能力を持っているとしたら、それは私たちが生後の最初の一年の間に自分で建設したからです。新生児は、動く力も知性もありませんが、大切です。新生児はこれらすべてをその生命の神秘の中で創造しなければなりません。何かが起こらなければなりません。私たちにはこの神秘を覗くことはできません。私たちはただ外面に現れたいろいろな結果を見られるだけです――子どもが話したり、走ったり、遊んだり、前にはできなかったことをしたりするときに見られるだけです。

子どもは人間の創造者です。確かに、環境への適応に関してはそうです。

この適応が有機体そのものの建設と結びついているのを見るのは興味深いものです。すべての動物は精神的な諸機能と関係している身体のつくりをしています。身体は、特殊化するというもう一つの現存する衝動エネルギーのための道具です。身体は、内面の創造的な精神的エネルギーの目的のために建設されます。もし生物がこの地球上でするべき特別な一つの仕事を持っているなら、その身体はその仕事が出来るような仕方で適応していなければなりません。身体はその道具でなければなりません。働きが最初に創造されます。そして、身体はその働きに仕えなければなりません。したがって、あらゆる動物は、ただ適応のためだけではなく、一定の目的のために使われる身体を持っているのです。それぞれの動物は、その動物の特定の働きを実行するために必要な身体を持っています。これが動物たちの一つの特徴です。そのことは、昆虫のことを考えれば、簡単に理解できます。

昆虫たちは自由ですが、一定の花々に行くだけです――それらの花は、昆虫の食物摂取器官のつくりに一致する形をしています。昆虫の身体はこの特別な仕方でつくられていなければなりません。さもないと、花から蜜を与えられません。昆虫が蜜を取るときには、自分自身が餌を摂取するだけではありません。自然にも仕えます。花粉を運んで、花々を受粉させます。昆虫がいなければ受粉が起こらず、花々は消えてしまうでしょう。

私たちは鳥たちが地面をほじるのを見ます。イモムシを取っているのです。もし鳥たちがイモムシをいくらか取らないと、虫が多くなりすぎるでしょう。これが鳥たちの仕事で、そのために嘴を、遺伝的な身体の形を持っているのです。ここに道具と目的があります。もしイモムシが多すぎると、地面は酸性になり、何も生きられなくなります。鳥たちの使命は浄化し、自然との一種の調和を保つことです。環境は動物たちの行動によって助けられています。

ある種の動物たち、鳥類や昆虫類が死んだ身体を食べるとき、それらの動物たちは土地を浄化しているのです。ある種の生物たち、たとえばフンコロガシが動物たちの糞を食べるとき、土地を清潔に保っているのです。死肉を埋め、大地を清潔に保つこれらの動物たちを私たちは持っています。これが自然の素晴らしくて美しいやり方です。

あらゆる生物が一つの務めを持っています。自分自身の利益のための務めではありません。環境の利益のための務めでもあります。それぞれの種の環境への適応は、それぞれの種の目的と有用な仕事が何であるかを、私たちに見せてくれます。それは、宇宙の調和に向けてそれぞれが寄与する仕事です。それぞれの動物が環境に適応しているので、環境は美しく保たれているのです。あらゆる動物が自然の諸法則に従順で、自分の出来ることをします。ほかの動物たちがしていることについて考える動物はまったくいません。しかし、動物たちは力を合わせて環境を美しくて清潔で衛生的に保っているのです。

したがって、この、環境への適応は多くの面を持っています。それぞれの種は自分の生命の維持のためにいろいろなことをします。それから、それぞれの種が個々にすべての調和のためにする大切な仕事もあります。私たちはそれらの事柄を調べる必要があります。上のことは人間にとってもまた真実です。動物たちは働かなければならず、人間も働かなければなりません。すべての存在が順序正しい発達のために調和して働かなければなりません。でも、このことはもう一つの別の問題です。第一に、私たちはこのことを理解しなければなりません。人間は、あらゆることが神秘的な調和を保って働いているとき、自然を享受しています。人間は確かに生物の一種で、自然の中に自分の場所を持っていますが、人間だけが固定された遺伝を持っていません。人間は知性を発達させます。子どもはことばと運動を発達させます。最初は精神面で、次に精神に仕える運動です。このことは、私が皆さんに明らかにしようとする一つの複雑さです。

生後第一年の間は、子どもは麻痺患者のようです。運動は精神的な一つの指令を通じてやって来なければならないからです。運動は精神的エネルギーによって構成され指示されます。

人間の活動は遺伝からは生じません。知性の発達と必要な適応から生じます。子どもは環境へのこの適応を建設しなければなりません。すべての人には幼児期に、生命全体に非常に重要な何かが起こる、一つの時期がありますそのときにはある特別な仕事がなされます。たとえばことばの発達がそうです。新生児はひとりでは何もできません。環境へ運んでもらわなければなりません。ひとりにされると、発達できません。でも、外部の環境へ連れて行かれると、あらゆることに興味を持ちます。そしてそのとき、子どもの内部で何かが起こります。環境への適応に関係する何かです。それは心理学的な問題です。子どもは生命の初めのときから自分の環境への適応を築かなければなりません。この適応は、子どもが環境に存在するあらゆるものを吸収によって取り入れることで発達します。子どもがことばを取り入れるのとまさに同じです。赤ちゃんは何も持っていません。遺伝はありません。この適応は子どもの「吸収する精神」によって無意識のうちになされます。

そこで私たちは一点を決めましょう。子どもたちの行動についてのこれらすべての疑問は、環境への適応がその出発点となるはずである、ということです。適応が第一の事柄です。私たちはこのことについて長い時間にわたって話さなければなりません。適応は無意識です。小さい子どもの内部で何かが起こります。小さい子どもたちは、動物たちの遺伝に相当するある力を持っています。この建設する力は成人には欠けています。とても小さい子どもの無意識の精神の中には確かに、その子どもに世界における行動方法を決めさせる何かが存在します。ことばについてと同じように、一定の可能性が存在します。何かを身につける可能性です。生命の第一期におけるこの可能性に気づくことが非常に大切です。

たとえば、高等動物では誕生直後には遺伝がまだ準備できていない時期があるのを、私たちは目にします。遺伝の目覚めはあります。しかし、ごく初めのころは遺伝はまだ出現していません。母ネコは子ネコを連れて行って、隠します。母ネコは誰にも子ネコに触らせたり、見せたりしません。それから、数日後には自分の後に従えて歩き回ります。最初の瞬間には何が起こったのでしょう？　隠れていた遺伝が働き始めました。子ネコたちは自分の種に特有の行動を身につける可能性を持ちました。雌ウマは、子ウマが生まれた最初の日には、子ウマと一緒に身を隠します。その後に、子ウマを群れのところへ連れて行きます。そのときには、子ウマは既にほかのウマたちと同じように振る舞えます。

もしこれらの最初の日々が哺乳類の場合にはとても大切ならば、人間の子どもにとってどんなにかもっと大切に違いないか、ちょっと考えてみてください。人間の子どもは、環境から取り入れ始められるようになっていて、自分自身の適応を建設し始めているのです。子どもは生まれたばかりの動物のようです。自分の周囲の人たちと同じようには振る舞えないからです。生後二年間の子どもの行動は、生後数日間の子ネコの行動と似ています。子どもが自分の人格の中に何かを築くには二年間を必要とします。子どもは、ヒトという種に一致するよう自分自身を発達させる可能性を持っています。子どもは二歳で走れます。母親の後についていくことができ、正しい方向に向かうことができます。子どもは生まれたばかりの動物の段階に達したのです。初めは何もありませんでした。そこから成長の時期が来ます。私たちは、この理由のせいで、外面の生活には何も示されていない、この早い時期に大きな注意を払わなければなりません。この最初の二年間に何かが欠けたら、その結果として、子どもは環境に適応できないかもしれません。動物たちの遺伝に当たる手引きを見いだせないかもしれません。この時期の間に、自分の集団の社会的な諸条件に対する感受性が建設されます。

もしこの感受性が建設されないと、子どもは自分の集団に適応できないでしょう。反社会的になり、問題児になるでしょう。自分の集団の道徳と習慣に対する感受性をまったく持っていないからです。子どもは自分の集団を好まないようになり、集団を顧みないようになるでしょう。しかしながら、もし子どもが自分の適応を築いたら、自分の集団の独特な心理をその細部に至るまで吸収し興味を持ち、自分の心理の中に再生するでしょう。ことばを細部に至るまで再生したのと同じです。

このことが、人類にはこれらの集団がある理由です。それらの集団では、一人一人がその心理においてとても似ているので、この人はインド人、この人はアラブ人、この人は中国人などと、ただちに言うことができます。

このことが、心理的な意味で、集団の再生が継続する理由です。それは子どもによって永遠に伝継されます。

第12講義　人間ならびに自然を超えるもの

一九四六年九月二十七日

自分の環境に適応していない人々は、優れた人々ではありません。説明しましょう。環境への適応は能動的な何かです。一人の人間が、そこから遠くまで行かれる出発点です。環境への適応は第一に必要なものです。もし人々が環境に適応していないと、環境の外にいることになります。それらは社会の外にいる――欠陥のある――人々です。犯罪者たちは自分の環境に対して敵意を持つか反対する人々です。

もし私たちが歩くべきだとすれば、その上を歩くための地面を持たなければなりません。私たちは歩くことを学んだ後、ジャンプすること、ダンスすることなどを学ぶかもしれません。しかし、私たちは依然として地面を必要とします。歩くことは個人と環境との間の一つの関係です。適応が最初に来なければなりません。この最初の適応がなされた後にだけ、柔軟性とさまざまな創造的反応の可能性がありえるのです。

私たちは適応を基礎として受け入れなければなりません。その基礎の上に、教育についての一つの概念を築くことができるのです。その概念が、教育を科学的な基礎の上に据えることを可能にするのです。適応の問題を研究するためには、環境を研究することが必要です。普通、私たちは環境をまったく研究しません。そのせいで私たちは、教育の基礎に対する精確な考え、科学的な計画を手に入れていません。あるのはただ曖昧ではっきりしない何かだけです。

したがって、私たちは何か精確なもの、観察できる何かから始めなければなりません。大部分の教育理論は曖昧な哲学的な諸計画に基づいています。それらに代わって、何か具体的なもの、本当に研究できて観察できる何かから始めることを、私は提案したいと思います。環境への適応はすべての生き物にとって基礎です。

すべての動物、昆虫、植物、すべての生き物は環境に適応しています。あらゆる生き物の本質的な現実は、生き残るためには環境に適応しなくてはならないということです。そして、私たちの学校はこの事実にある程度の注意を払っています。それぞれの動物は、変わることのない遺伝的な仕事を持っています。あらゆる動物は環境において、環境に役立つ何らかの仕事をします。古い考えは、私たちは環境の中で暮らしていて、環境から自分たちのために出来るだけたくさん吸収するというものでした。でも今日では、私たちのさまざまな考えは、それとはたいへんに違っています。今、私たちは、それぞれの動物は独特の行動を持っていて、それは自分の繁栄と幸福のためだけでなく、その動物が環境における一個の働き手であるからでもあるということに、気づいています。

それぞれの動物は、環境にあるすべてのものの調和ある相互作用のために働く一個の行為者なのです。この理由のために、あらゆる動物は自分の仕事をしなければならないのです。種が異なれば目的も異なります。一つの種は殺し屋です。あれこれの種類の動物を食わなければなりません。ベジタリアンにはなれません。それぞれの動物の生活と幸福は、その動物がそれに合わせてつくられたような生活を生きることにかかっています。ほかの動物は動物の死肉を食うかもしれません。それだけをせざるをえないのです。それがその動物の生活で幸福なのです。ある動物にとっての幸福とは、自分自身の運命、遺伝に従うことです。

もしそれぞれの生き物が出来るだけ最善の諸条件で暮らそうとしたら（生き物が最善の諸条件とはどのようなものかを知っているとして）、もし誰もが木々と水があって温暖な気候の土地を探すべきだとしたら、人口過剰になるでしょう。しかし、いろいろな生き物は最善の諸条件を探そうとはしません。そうではなく、自分にいちばん適した諸条件、自然がそれらの生き物のためにつくった諸条件を探します。魚は水の中で幸せです。もし私たちが「かわいそうな魚、空中に出てきて、少しは生活と日光を楽しみなさい」と言うとしたら、魚は死んでしまうでしょう。魚は日光のもとでは生きられません。魚にとっての最善の諸条件はその生活にとって必要な諸条件なのです。私たちはすべての生命に対してこのことを繰り返し言えます。一本の樹木は地中に固定された根を持っていなければなりません。私たちがその根を取り去ったら、木は死んでしまうでしょう。そのように、それぞれの生き物はその目的に適した諸条件を必要とするのです。それぞれの生き物は自分に出来ることをするのが幸せなのです。あらゆる生き物は、その生き物を環境と一定の関係を持たせる一つの遺伝を持っています。

最も興味深い事実は、私たちがすべての生き物の行動を調べるとき、一つ一つの生き物が自分自身の利益のためにだけ働くのではないということです。自然には一つの秩序があります。この秩序が生じるのは、それぞれの生き物が自分自身の場所で自分自身の仕事をするからです。そうではないと、秩序はまったくありえないでしょう。一群の人々がサーカスへ行って、誰もが自分にいちばん良い場所のために争い始めたとしましょう。これが自然についての古い考えです。遺伝による環境への適応に基づく考えは、誰もがチケットを買う現代のサーカスのようです。チケットは左側あるいは右側のいちばん良い席あるいは悪い席を指定しているかもしれません。しかし、誰もが自分のチケットを持っていて、それに相当する場所を探します。助けるために世話係がいます。世話係が提供する援助はそれぞれの人が自分の席を見つけるのを助けることです。これが秩序です。

私たちが自然におけるこの秩序を理解したとき、私たちは奇妙な事実を見ることができます。すべての生物は自分たちの利益のためだけにいろいろなことをするのではなく、環境のためにもいろいろなことをするという事実です。フンコロガシとその他の腐肉食昆虫を例に取りましょう。それらの昆虫は地球の掃除屋です。地球を清潔に保ちます。それらの昆虫がいなければ、地球は恐ろしく汚くなるでしょう。同じことが、死肉を食う生物や動物についても言えます。木々は大気から、動物たちには毒である二酸化炭素を取り入れます。そして、酸素を排出します。酸素はすべての動物たちにとって必要です。そのようにして、木々は空気をきれいに保ちます。もし木々がこれをしないと、私たちはみんな死ぬことになるでしょう。木々はこの二酸化炭素を自分のために必要とします。しかし、それと同時に、木々はこの仕事を他者のためにもやっているのです。自然はこの美しい取り決めを持っています。その際に、誰もが環境の改善と保存のために何かをしているのです。

もし植物食の動物が自由に増えるのを許されるとすると、多すぎることになるでしょう。全員に行き渡るに十分な食物がありません。そのせいで、ほかの動物たちを食べて生きる動物たちがいます。肉食獣は余剰の動物を殺します。そのために、バランスが保たれます。もしこれらの自然の行為者たちの一つがこの仕事をやめたとすれば、一つの惨事が起こるでしょう。たとえば、イナゴの大群が襲ってくるかもしれません。イナゴがもともとすんでいた場所で増殖を抑えていた何かが欠けたので、異常に大きい数のイナゴが繁殖したからです。

私たちは生命と環境との相互関係を研究しなければなりません。自然においてはすべてが相互に関係しています。それが自然の目的なのです。自然は、個々の生命の保存、あるいは自然自身の改善だけにかかわっているのではありません。自然は一つの調和、建設計画です。あらゆるものがこの計画に当てはまります。岩、土地、水、植物、人間など。これは一つの哲学ではありません。私たちみんなが観察できる一つの事実の現れです。それは簡単に理解できる一つの事実です。見ることができるからです。私たちのいくつもの学校で、七歳から八歳の子どもたちはこれらの事実を観察します。子どもたちはこの自然の計画を早い時期に勉強します。それが子どもたちにいろいろな具体的な考えを提供するからです。いろいろな実験あるいは理論に基づく考えではなく、さまざまな事実に基づく考えです。

すべての動物と植物、高等動物、下等な動物、昆虫などは宇宙的務めを持っています。すべてが行為者で、環境のこの秩序の維持者であり、保護者です。すべてのものはこのことに気づいていません。もちろん、自分の仕事において利他主義的でも知性的でもないからです。木々は「われわれは地球上に住むすべての人々に恩恵を施すものである。人々はわれわれに感謝するべきである。われわれが空気から毒を取り去り、人々にとって生命そのものであるものを提供するからである」などとは言いません。死肉を食うあれらの動物たちも、「私が払う犠牲を見てほしい。ただ人間のために、ひどい臭いのする、このおぞましい物を食うのだ。人々の道から取り除けてやるのだ。何という恩人だろう！」と言いはしません。

それぞれの動物は、その行動と環境への適応を導く何かを持っています。この導きが本能です。動物たちは自分の本能を意識してはいません。でも、自分の本能を満足させようと望みます。獰猛な動物たちの本能はほかの動物たちを食うことです。いくつかの動物たちの本能は木々の中にすむことです。果物を食うことを本能とする動物もいます。いくつかの昆虫の本能は花々に引きつけられることです。それらの昆虫はどんなにか幸せに違いない、と私たちは考えます。それらの昆虫たちは花々の香りと色を好みます。そして、花の内部に餌とするべき蜜の甘い滴を見つけます。しかし、その蜜はそれらの特定の昆虫たちにとってだけ素晴らしいのです。

昆虫たちは必ずしもより洗練されていたり、品がよかったりする必要はありません。大事なことは、それぞれの昆虫が、自分たちがするべきだとされていることを何でも、適切に果たさなければならない、ということです。チョウは、自分の食物を花の中に見つけることが環境にたいへん役立っているということを知りません。チョウは一つの植物から別の植物へと花粉を運びます。地球上にもっと植物や花があるようにするためです。これはチョウの偉大な仕事、宇宙的な務めです。ミツバチもまた蜜を集めます。私たちに蜂蜜を提供してくれます。ミツバチは植物の生命の継続を保証します。でも、自分ではそのことを知りません。これらのことをするとき、ミツバチはただ自分の本能に従っているだけです。

すべての動物たちは、自分の生活を楽しんでいるだけの利己主義者だと考えられています。しかし、動物たちはいつでも自然の調和の従順な実行者なのです。生活のこれら二つの面を見るのは美しいものです。一つは意識した面で、もう一つは無意識の面です。人間もまた二つの面を持っています。人間は動物たちが持っているものを何でも持っています。ただ、人間の持っているあらゆるものは増強されています。人間は恐ろしく獰猛になれます。どんな動物よりも獰猛になれます。人々がこの世界でするべき一つの並はずれた務め、人々が未だ理解していない務めを持っている、と考えることは慰めになります。このことは教育にとって非常に大切な問題です。

このことを皆さんに明らかにするのを助けるために、私はこれらの絵を持ってきました（原注21：これらも失われた）。私も絵の描けない人間の一人です。私の絵はちぐはぐな子どもたちの絵をもっとひどくしたようなものです。この一つの絵を説明しましょう。

下の方の絵は自然の世界を表しています。それぞれの種の動物が一匹ずついます。動物たちは自分の環境に適応していて、自分の遺伝に従います。これらの動物たち、鳥類、爬虫類、魚類、両生類と樹木などはそれぞれ一つの遺伝を持っていて、その遺伝がそれぞれの生物に一つのこと（上部の円内に表されています）をするように強います。遺伝された行動をするために、身体は一定の仕方で作用するよう発達しています。身体のあらゆるものがその特別な働きに適応しています。たとえば、二酸化炭素を取り入れて酸素を吐きだす木々のようにです。

さて、人類のことを考えましょう。人間は一つの特別なことをするための、この厳密な遺伝を持っていません。人間は、遺伝によって地理上の一つの特別な地方に適応しているのではありません。人間はいつでもただ一つのことだけをするようには強いられていません。たとえば、人間はいつでも獰猛なわけではありません。いつでも互いに殺し合うわけではありません。人間は何でもできます。どこへでも行けます。私たちは人間の自由について話すことができます。自由は服従とはとても異なるものです。服従とは一つの仕事、一つの場所に限られるからです。人間はあらゆる場所、あらゆる種類の仕事に適応しています。

もう一つの大切なことを考えましょう。人間は発展する過程で絶えず変わってきました。もし人間がある国の美しくて穏やかな生活にだけ適応していたとしたら、現代のニューヨークには住めないでしょう。人間は自分の環境を変えることができ、しばしば変えます。これまで、文明にはさまざまな大きい変化がありました。人間は何でもできますが、何かに対する遺伝は持っていません。このことは奇妙な事実だと聞こえるでしょう。しかしこのことから、人間は誰でも自分の内部に遺伝ではない適応を準備しなければならないという明らかな事実が生じます。人間は自分自身の適応を準備しなければなりません。このことは人間と動物たちとの大きい違いです。

人間は自分のために働いて、自分自身の環境への適応を準備します。

第一の円の上方にあるこの二番目の円を見てください。人間の世界を表しています。黄色です。精神と知性の色です。この円は一つだけの像を含んでいます。人類の衝動のようです。それは人間に与えられた一つの大きい務めです。そしてその務めは、それぞれの個人が自分自身の適応を成し遂げることを必要とします。ほかのすべての生物は既に誕生時に準備ができています。人間はそうではなく、幼児期に、自分で自分の適応を準備しなければなりません。すべての動物たちは一つの務めを持っています。しかし人間にとっては、たくさんの種類の仕事があります。したがって、人間は一つの特別な適応を持たなければなりません。これが、このコースの間に私が説明しようと提案することです。

ここ、人類を見てください。私が描いた図のいちばん上です。人類は環境において宇宙的な務めを持っているでしょうか？　この偉大な人間、偉大な知性と、自分の特別な適応をそなえた人間は、この地球上で一つの目的を持っているでしょうか？　あるいはただ楽しむためだけにここにいるのでしょうか？　人間が地球の表面全体にどんなに広がっているか見てください。氷の地方に、砂漠に、平原に、山地に、海上に、あらゆるところに広がっています。今や大気中に道を見つけつつあります。これらすべては人間の楽しみのためなのでしょうか？あるいは、人間もまた地球の表面に関係する務めを持っているのでしょうか？

今日の地質学と生態学についての本は、人間が修正する力を持っているという事実に取り組み始めています。ほかの生物は環境を保存しますが、人間の務めは明らかにもっと複雑で、地球の修正です。ある科学者が言いました。「地球上の人類の通り道では地球は姿を変えられる。植物たちはより美しくなり、大地はより多く生産する。人間が通り過ぎたところはどこにでも、より多くの美がある」と。人間のこの目的は、自分の花嫁のために一軒の家を準備する人のそれに似ています。その人はその家を美しくするために出来る限りのことをします。家具類、カーテンなどは、手に入るうちで最善のものにします。ある都市の市長は、自分の街をよりよくしようと計画します。家を建てさせ、より広い道路をつくり、全市を清潔にします。

これが、人間が実行する環境の修正です。そして、人間はこのような仕方において考えられなくてはなりません。人間は木々、植物、動物を修正します。人間の力は神の力ではありません――人間の力には限度があります――でも、人間が成し遂げたことを見てください。動物たちを家畜化し、そうする過程で、動物たちを修正しました。人間は動物たちに異なる生活条件を与え、動物たちの遺伝を少しだけ修正しました。人間はあらゆる動物を家畜化しようとしましたが、少数についてだけ成功しました。人間は土壌を修正しました。森を植えました。人間は自分の両手で多くのことをしてきました。

環境を修正するためには、人間は働かなければなりません。そしてこの働きは必然的に手を使う労働です。地球上における人間の知性的な仕事は特に、手によって働くことによって生じました。人間はあらゆる物を修正しなければなりません。すべてを同時にではなく、少しずつです。何千年もかけて、人間は自分の仕事を完成させてきて、文明の進歩を広めてきました。人間は自然の中に存在するものすべてを取り上げ、それをより高い水準に高めました。「自然を超える」水準にです。

これは一個の偉大な務めです。遺伝では不可能な務めです。なぜなら、いつでもなすべき新鮮な務めがあるからです。

人間の偉大な力は、人間が環境に適応し、環境を修正することです。この理由のために、この世界に生まれた人間は誰でも、自分の人格を改めて準備しなければなりません。個々の人間には遺伝はありません。しかし一人一人が遺伝に相当する何かを準備しなければなりません。それと同じように、ある一定の場所に生まれたそれぞれの子どもは、誕生時には自分が生まれた集団の特徴を持っていません。それを創造して準備しなければなりません。自分自身のことばをつくり、環境に適応する必要があります。

私たちは人間のこの姿を、環境との相互作用および子どもの環境への適応において見なければなりません。

第13講義　人間の研究

一九四六年十月一日

　たぶん、皆さんは私がなぜ動物たちや人間や地球について話していて、もっと直接的に子どもたちについて話さないのか、と尋ねるでしょう。私は繰り返すことしかできません。今日、私たちは教育を、ただ学校で使われる教育のいろいろな方法の狭い一セットとして考えてはならない、と。より幸せな学校、子どもたちが自由で自分の好きなようにする学校、あるいは子どもたちが一定の教具を使う学校に対する要望があるだけではありません。今日の教育は改革を必要としています。もし教育が人間を現在と、ごく近い将来のために準備させるべきだとするなら、人間は環境に対する新たな一つの方針を必要とするでしょう。教育の真の目的は、新たな一つの段階へと前進する、未来の諸世代のための方針を準備することです。人類はこのことに気づいていません。私たちは依然として過去の感情と方針を持っています。現在について明確な意識がありません。現在は未来の始まりなのです。子どもが未来の文明によりよく適応するのを私たちが援助するならば、私たちはやっと人間を助けられるのです。

　環境への適応は一般的なテーマです。私が動物や植物や人間について話す事柄は、未来の学校の子どもたちにとって必修であるべき一つの学科を形成します。七歳以後の子どもたちはこの方針のために準備させられなければなりません。子どもたちが人間についてのこの学科を理解するべきだとしたら、子どもたちは準備させられなければなりません。

　もし皆さんが社会生活について、あるいは社会の始まりについて何の知識も持っていなかったら、社会生活に対してどのようにして準備できるでしょう？　私はあえて人類の発達に関する科学について説明しませんが、人間についてのこの研究は今日では最も重要です。七歳以上から大学時代を通じて、子どもたち向けのどのシラバスにも載っているべきです。人間は成長しなければなりません。そして、事実を知るために意識して努力しなければなりません。それが子どもの道徳的発達です。環境への適応は教育の基本的な部分です。それが私のこれらの講義の根拠です。

私はもう一つの絵を持っています（原注22：これも失われた）。丸い部分の中にあるすべての絵は人々の集団です。人類の集団を表しています。集まって一つの単位を形成する人々の集団です。これらの集団が地球の全表面を覆っています。どこにでも存在します。これらの集団は、それぞれの集団の国境あるいは境界を示す黒い線で分けられています。それぞれの集団は国境を持っています。赤い線は異なるいくつかの場所の間のコミュニケーションの手段を表しています。ご覧のように、集団間には動きがあります。これが人類の歴史の基礎です。それは一種の歴史です。私は人間とその自然な性格に基づく真の歴史を信じています。

人間それ自体は以前には考えられてきませんでした。十九世紀の最後の十年間に人間を研究し始めたのはドイツの科学者でした[23]。その科学者は、人間のいろいろな動きにおいて常に本能が一つの役割を演じることに気づきました。人間は本当のあらかじめ決められた一つの遺伝を持ってはいません。しかし、自然から完全に見捨てられて何もなしで放置されたわけでもありません。社会の発展のための諸本能は持っています。社会組織のためのこれらの本能はどの集団においても同じです――そして私たちはこれらの自然な本能を人間の行動のすべての面において見ることができます。

第一に、一つの場所から別の場所へ行く本能があります。この本能はただより良い場所へ行くだけではありません――単に移動するという原始的な本能です。これとは対照的な、もう一つの本能があります。一つの場所に止どまるという性向です。この本能の最初の現れは仕事でした。人間の手の仕事です。地球上に人間が存在した最初のしるしは手による仕事である、ということはよく知られています。ことばもまたどの集団にも共通する持ち物です。ことばと手による仕事はともに進みます。手による仕事は多くの場合に共同作業なので、もし人々が互いに理解できなければ、一緒に働くことはできないからです。「バベルの塔」の物語では、石材や建築資材は十分にありましたが、人々は塔を建てることはできませんでした。共通のことばがなかったからです。

それから、私たちには美術と音楽があります。この両者はどの集団のためにも一つの直接の目的には役立たないように思えますが、それでも、どの集団にもこれらの賜物の何らかの証拠があります。芸術家たちがいます――芸術的な表現は人類の一つの特徴です。どの集団にも自分たちの音楽があります。といっても、それは多かれ少なかれ異なる文化において発達したのですが。人間がこの本能、音楽に対するこの喜びと感情を持っているのは、なんと感動的なのでしょう。小さい子どもたちを通じて、これらの事柄、美術と音楽は永久に人類とともにあるでしょう――時間の経過にともなって、音楽は人類じゅうで結合し直され発達させられてきました。

宗教を持っていない人間集団はありません。宗教は社会構造の多くの面で一つの重要な役割を演じることができます。愛国心はもう一つの特別な感情です。人間はなぜ、この特別な愛を発達させてきたのでしょう？　宗教は、現存している原始的な人々について研究されてきました。アフリカの原始的な部族についての研究によれば、多くの物が神聖だと考えられているとのことです。たとえば、木々、大きくて有用な物、小さい昆虫、植物、太陽、星などです。これらの人々がこれらの物を見るとき、人々はある種の特別な感情、特別な愛着を感じるのだ、と私たちは想像します。これらの物を表す一つのシンボルを礼拝するすべての人々は結束します。このことは人類に特有の何かです――人間だけが一つの特別な場所を愛し礼拝します。

人々は、幸福になる本能、養われる本能、性的に自由であったり、富を持ったりする本能だけでなく――自制するという一つの本能も持っています。自分の力、自分の生活や愛を抑制するという一つの本能です。人々は自分自身を抑えます。食物がたっぷりあっても、人々はさまざまな禁止をつくり出します。ある種の食物は神聖で、人々はそれを食べようとしません。あるいは、ある特別な動物は禁じられているかもしれません。人々は獣のようにではなく、人間らしく食べます。人々は環境中の何かに対して独特の敬意を持っています。結論は次のとおりです。つまり、人々は環境の単純ないろいろな要請を超えて進んできて、動物の本能よりも強い、食物に対する何らかの感情を持っている、ということです。種の保存がすべてではありません。物質的な生活にいくつかの制限を課す一つの抑制の本能があります。

フランスの科学者たちはいくつかの部族を研究しました[24]。それらの人々は小屋を作るために木材を使い、野外で暮らしていましたが――神聖な木々には決して触れないのです。また神聖な動物を食べるくらいなら、死を選ぶ部族もいます。この抑制の感覚は多かれ少なかれあらゆる人で発達しています。断食はどの文明においても一般に行なわれています――週に一度――何週間にもわたって――また一年のいくつかの時期に。ある地域では男が子どもたちを殴ります。やめようとはしません。女性たちは、その男がやめるまで断食すると言います。それは一つの武器です。食べることを制限する一つの本能があります。単に出来るだけたくさん食べる場合ではありません。またクマを除いては食べる物のない人々がいます。そこでその人々はクマを食べます。必要だからです。でも、まずはクマに対する礼拝と憐れみがあります。人々が動物たちの許しを乞う宗教的な儀式があります。そして、人々は狩りに出かける前に覚悟を決めます。女性たちは祈るために小屋に止どまります。クマが捕えられました。殺した後に儀式があります。頭部が取り去られ、礼拝しますが、それはすべて人間の本能になっている一つの感情です。

自己犠牲はもう一つの本能です。美術や装飾に見られます。人々は苦しむ用意があります。なぜでしょう？人々は生きるために環境に適応しました。でも、それがすべてではありません。苦しむという一つの本能を持っているからです。苦しむことを愛するのです。それは美術にも見られます。中国の女性たちは自分の両足を縛らせます。ほかの人たちは、耳や鼻、唇に穴をあけます。男たちも女たちも苦しむのが嬉しいのです。一つの修練みたいなものです。人間は苦しむのを避けるためなら何でもする、というのは真実ではありません――ある男は自分の息子を何らかのやり方で傷つけたり痛めつけられたりさせるために差し出します。あるいは、自分の娘を耳に穴を開けさせるために差し出します。さもないと娘は美しくなくなるでしょう。人は、この苦しみを被ってきたという理由だけで、一つの集団に属します。

行動の仕方と同じように、一つの言語も集団には必要です。一つの集団は境界で限られているだけでなく、その集団のいろいろな特徴によっても限定されています。これらの特徴は自然には存在しません。その集団によってつくり出されたものです。それらは、一つの集団に属す人たちに統一をもたらすいろいろな適応です。したがって、一つの文化はただ単に知性的な機構ではなく、その集団がつくり出したいくつかの特徴を持っています。さまざまな言語がいろいろと異なる仕方で発達しました。それと同じ仕方で、いろいろと異なる社会が人々の集団によって、その人々の人間性に基づいて形成されます。それぞれの社会は異なる習慣、犠牲と礼拝の形式などを持っています。そして、それらが集団をつくり出します。少しずつそれぞれの集団は変化します――一種の発展があります。

私たちはなぜ、結婚について特別な考えを持っているのでしょう？　動物たちは一年の一定の時期に繁殖できるだけなのに、人間には、自然のせいで、そのような制限がありません。そこで人間は何らかの儀礼を欲します。権利と宗教を持ちこみます。人間は法律の範囲外のことは何でも禁じられます。当然ながら、これらの法律は場所によって異なります。

人間の適応は一つの固定した本能によってなされるのではありません。適応を導く多くの本能があります。これらの本能の発達に関しては、それぞれの集団によって違っています。人々は、自分たちの特別な習慣によって、地球の一定の場所に愛着し続けます。それぞれの集団がほとんど、動物たちで言えば違う種のようです。違う集団は互いに理解できませんし、一緒には暮らせません。やむをえず、別の集団は分離します。礼拝の形式も言語も異なっているからです。木々を拝む人たちもいますし、太陽を拝む人たちもいます。別の人たちは牝牛を拝みます。これらの適応は一つの集団の人々を別の集団の人々から互いに分離し隔てます。地理的条件と環境が異なれば要求も異なるからです。もしある物が役立つなら、人間はそれを崇め始めます。しばらく後には、人間は自分の崇敬を行動の一つの形式として固定します。その形式は個人の人格の非常に大きな部分を占めるようになるので、人々はその物なしでは生きられなくなります。あるいは、この同じ特徴を共有しない人々のいる場所には暮らせなくなります。

適応は地理的な面だけではなく、精神的な面にもあります。この精神的な適応はほかのどの適応よりも重要です。もし、何かの偶然によって、人々が外国へ行ってほかの集団の行動に適応しなければならないとすると、人々は困難を押してそうするか、あるいは失敗するでしょう。たとえば、人々は自分の習慣や宗教あるいは言語を捨てることはできません。自分のホストたちの行動をまったく理解しません。創造的な適応は、ひとたび固定すると、ほかの人間の集団の理解を許しません。ほかの集団の人間はまったく違う何かに適応しているので、別の感情を持っています。

すべての人間に共通のいくつかの基本的な道徳本能があります。そして、それらの道徳本能を違う集団が表現するのを観察すると、これらの感情の一つについての適応がどんなに深くまで入り込んでいるかが分かります。たとえば、すべての人間は死後の自分の身体について気にしています。あらゆる集団は何か特別な手配をします。そのことが人々の心を非常に深く感動させます。自分の身体が塵になるようにと埋葬される人たちもいるでしょう。死体はハゲタカに食われるべきだと感じる人々もいるでしょう。私たちにとっては、愛する人の死体が猛禽によってばらばらにされると考えるのは恐ろしく思われます。でも、それはある人々にとっては神聖で美しい考えなのです。

多くの人は、ほかの考えを排除するまさに儀礼と儀式というそれらの理由のせいで、集団を変化させることができません。たとえば、もしある人が自分の集団を去らなくてはならないとすると、自分のやり方で埋葬されることはないでしょう。したがって、集団を去らないでしょう。私は古代エジプトの王子について読んだことがあります。その王子は自分の文明の行動や儀式にうんざりしていました。単純な生活を望んで、アラビアに行き、何人かのベドウィン族の人間に加わって、幸せに暮らしました。それから、王子は年を取って、死ぬのが怖くなりました。どのようにしたら、自分の贈り物をオシリスの神に持って行けるだろうか？　もし贈り物を携えて行かなかったら、どうなるだろう？　王子はその事実に向き合えませんでした。そこで、三十年ぶりにエジプトに帰りました。習慣になっている儀式によって死ぬためにです。

本能は固定されます。創造的な適応です。本能は本当に自然にはありません。文明とともに生じます。文明は手の仕事によって築かれます。本能は残り、人々を結びつけます。人々は別の文明の言語を理解できません。

残酷さは一つの興味ある現象です。人間の文明には何らかの生得の残酷さがあるように見えます。それが宗教にまで広がることがありえます。礼拝はただ木々や植物を崇めるという形を取るだけではありません。人間の犠牲という形も取ってきました。これは将来に研究するに値するものです。私たちには、文明が成長してきたのにつれて、少しずつ儀式の残酷さが消えたのが分かります。過去においては、フェニキア人たちの間では、女性たちは一年の一定の時期に自分の新生児を犠牲のために連れて来るよう求められました。多くの母親たちが自分の新生児を犠牲にするために列をなしてやって来ました。メキシコでは、アステカ人たちが人間を犠牲にしました。過去の歴史は、そうしなければ平穏に暮らせなかった人々に満ちています。でも、これらの習慣は少しずつ消えてきました。人間の人間に対する残酷さはしばしば動物たちに対する残酷さよりもひどいものでした（たとえば奴隷制度）。

今回の戦争（第二次世界大戦）は一つの集団をほかの集団に敵対させました。しかし不思議なことに、いろいろな集団に統合をもたらしました。より小さいいくつかの集団がより大きいいくつかの集団をつくるために結合する傾向がありました。これらの集団はコミュニケーションの原始的で簡単な形を持っていました。そして、それぞれが自分たちの偏見を持っていました。それぞれの集団に属す個人たちは、自分たちはほかの集団の生活を生きることはできない、と感じていました。精神的な境界はあまりにも大きかったのです。それらの人々がともに戦ったとき、たくさんの人が死にましたが、一種の融合と新たな適応がありました。残酷さがなかったとしたら、融合の可能性も非常に遠いものだったでしょう。愛と説得を通じて協調することは、不可能とは言わないまでも、難しかったでしょう。しかし、暴力の進行が素早く人々を結びつけたのでした。

暴力には、打ち負かされた者たちに対しては憐れみも同情もありえないという事実が加わります。このことは、人類の初期の日々にあっては必要だったのかもしれません。しかし、今日では有用でも必要でもありません。キリスト教的な感情が所属感を提供します。その哲学は同情と調和を教えます。この感情は少しずつ生じます。私たちは今日、この感情が勝利するのを見なければなりません。ほかの人々の富と偉大な考えを共有するために、ほかの人々を殺す必要がなくなったからです。私たちはあらゆるものが相互に依存していることを知っていますが、私たちは依然としてこの感情を持っていて、とても不思議なことに、この感情は現実にではなく過去に属しているのです。

人類の発展の学習は、学校で三年ないし四年間で進めることができます。何らかの心理学にともなわれた先史時代と歴史時代です。この学習は——単にいろいろな事実だけでなく——いっそう完全でなくてはなりません。そして、人間の心理学を目指していなければなりません。この心理－歴史（psycho-history）は人間とその心理を基礎にしていなければなりません。私たちは、別のやり方で歴史を教えられないかどうかを調べなければなりません。これらの感情と習慣は自然にはなくて、人間によって建設されたということを理解しなければなりません。もし人間が一つの性質を建設できるなら、同じように別の性質も建設できるでしょう。

さて私は、人類の魂に非常に深く根づいているいくつかの感情がある、と言いたいと思います。それらは私たちの性質の中にあり、私たちの集団への適応の性質の中にあります。礼拝、死への恐れ、故意の奇形、断食、すべてが個人のうちにあります。個人の内部に深く隠されているこれらの本能は理性にも意識にも結びついていません。人々はそれらを放棄することはできません。人々はある動物は神聖ではないことが分かります。理解できます。しかし、自分たちの本能を克服できません。理性と意識では十分ではありません。人類の無意識の中に根づいている事柄があるのだ、と私たちは結論せざるをえません。無意識の中に浸透したこれらの事柄は根絶することができません。その代わりに、私たちは意識して判断して理解することができ、自分たちの誤りを訂正することができます。私たちの行動は無意識に強要されます。このことは根絶できません。私たちはこのことを認めなければなりません。無意識の中にあるものは残り続けます。ある人の母語のように、人格の一部として残り続けます。私たちの人格には、そのほかに多くの事柄が無意識のうちに残り続けます。私たちはこのことを偉大な人々に見ることができます。それらの人たちは外国に行き、外国の大学を卒業し、その人道主義的理解、論理と推論のせいで有名になります。あらゆることをしますが、無意識中にある事柄は放棄できません。自分の行動や習慣を変えられません。それらは、無意識の精神によって取り込まれ、人格に刷り込まれているからです。

この事実は小さい事柄においても気づくことができます。カトリックの大聖堂では、非常に長時間にわたる礼拝式があるにもかかわらず、椅子がありません。そのために、人々は立っています。礼拝に参加する人々は腰かけるための小さい物を持ってこられるかもしれません。でも、地面に座わるぐらいなら、死んでしまうでしょう。インドでは、もし人々に椅子を与えると、彼らの足はだんだんと座面に引き上げられます。そのせいで、まるで地面に座るように座席の上に座るのです。西洋の文化はこの習慣を失っています。私たちはもはや床の上には座りません。

いくつかの国々では、女性たちは外出するときにはヴェールをかぶらなければなりません。ヴェールで顔を覆います。女性たちの家族はこの習慣を克服しようとするかもしれません。夫たちもそうするかもしれません。しかし、女性たちはヴェールがないと裸でいるかのように感じます。この習慣は女性たちの生活に確固として固定されています。女性たちは、ヴェールがなければ自分たちがもっと魅力的で、あるいは衛生的であると判断することができます。女性たちの連れ合いや息子たちもヴェールを取るよう頼むかもしれません。でも女性たちにはできません。

結論は次のとおりです。私たちは人間の魂の中にいくつかの強い特徴を見出します。それらは遺伝されたかのようですが、遺伝されたものではありません。それらの特徴は遺伝のように強くて固定されています――そして、それらの人々の諸集団が分離したままであり続けるなら、それらの特徴は固定されなければなりません。たぶん、固定されているはずです。というのは、一つのあり方で完全な何かはこのやり方でだけ発達させることができるからです。人々は環境の利益のために一つのタイプの仕事を成し遂げます。それはやがて、すべての文明が利用できるものになります。それは、私たちには説明できない、発展の一つの記述のようです。私たちはただそれに触れただけでした。

私たちは進歩した子どもたちにこれらすべての発展を提供します。子どもたちにこれらすべての教えを与えます。子どもたちは、普通の歴史以上に、たいへん興味を持ちました。それ（普通の歴史）には、世界における自分の適応に有益なものはほとんどありません。しかし、さまざまな集団の心理－歴史は、子どもたちにとって非常に興味深くてわくわくするものです。これらすべての事柄が一つの集団の人格の中に深く刷り込まれているからです。その集団のこれらの特別な特徴は子どもたちによって吸収されます。たとえば、子どもの「吸収する精神」はことばを取り入れます。ことばは人格の一つの特徴、その集団の一つの特徴となります。同じような仕方で、子どもは環境を吸収します。子どもはそれを、自分の意識した精神よりも深いどこかに蓄えます。子どもはそれを神秘的な無意識に引き渡します。つまり、ことばの文法が正確に書かれている場所、子どもの精神が何かを吸収したとき人格に埋め込まれて――肉体化されて――止どまる場所です。皆さんは肉体、ことば、性格を持っています――それは知性のどのような努力よりも深いものです。意識した精神は無意識を無効にすることはできません。

　ここにもう一枚のイラストレーションがあります（原注25：これも失われた）。この動物は二つの部分からなっています。大人は身体で、頭は子どもです。子どもは自分の集団の適応のあり様を取り入れます。集団の諸特徴を自分の人格に取り入れます。集団の諸特徴は一つの世代から次の世代へと残り続けます。それらを吸収する子どもたちのせいです。それらがひとたび存在すれば、それらを変えるのは不可能です。意識した精神は変化させることができますが、潜在意識はできません。個人が妨げることのできない何かが残ります。子どもの仕事は遺伝に似ています。自分の属す集団の一人の人間を建設する一人一人の子どもによって創造される一種の遺伝です。その結果として、もし皆さんがほかの集団と対立する、これらの深い沈殿物を変えたいと思ったら、大人たちの方を向くことはできないことになります。大人たちは理解できますが、何もできません。その代わりに、成長する年齢の間にいる人類を捉えなければなりません。成長期には、知性への直接の教えではなく、環境でただ何かをすることによって潜在意識が建設されつつあるからです。子どもが、永久に自分の一部になる何かを環境から吸収できるような場所に子どもを置きましょう――そうすれば子どもは、後になって理解する機会を持てます――そうすれば潜在意識と意識があまりにも激しく争うことがありません――そうすれば子どもは自分の深い沈殿物の発育を妨げられません――そうすれば子どもは自分の集団の狭い束縛の中ではなく、もっと広い環境で生きるでしょう。もし人間が互いに常によりよく理解するべきだとするなら、私たちは子ども時代のためにある種のより広い環境を用意しなければなりません。ただ単に理性のレベルで互いに理解するのではなく、互いに自分たちの深い諸特徴に従いつつともに行動できるようにです。

　これが、心理学的な面から見た子ども時代の最も重要な側面です。私たちは子どもたちを調べなければなりません。人類に変化をもたらす一個の媒介者としての子どもをです。その変化は今、根絶することのできないいろいろな偏見や習慣によって閉じ込められています。皆さんは説得はできます。でも、いろいろな事実は変えられません。それらの事実はより深い源から生じます。理解するだけでは不十分です。私たちは人類を初めからこの目的のために教育しなければなりません。そして、子どもたちをいろいろな偏見の餌食にならない環境に置かなければなりません。

原注(23)。たぶんモンテッソーリはFranz Boas（ボアズ一八五八～一九四二）のことを言っているのであろう。ボアズは現代人類学のパイオニアの一人である。ボアズの「自然人類学」と「社会人類学」の研究は、変化の原因としての移住に対する興味とともにダーウィンの進化論への興味を起こさせた。（ドイツに生まれ、アメリカに渡って、アメリカ先住民を研究）

(24)。たぶんClaude Lévi-Straus（レヴィーストロース一九〇八～二〇〇九）のこと。レヴィーストロースはフランスの人類学者で、一九三五年から三九年までブラジルに住んだ。彼はこの期間に民族誌的なフィールドワークを行い、マットグロッソとアマゾンの雨林への調査旅行を行なった。彼は実際にグアイクルとボロロのインディアン部族と一緒に暮らした。そして数年後に、ナンビクワラ族とトゥピーカワイブ族の社会を研究するための一年間にわたる学術旅行のためにブラジルに戻った。

第14講義　一九四六年十月二日

新生児の心理学

小さい子どもは単なる一つの身体ではありません。可能性を持っています。動物とは違って遺伝はまったく持っていませんが、可能性を、人間の可能性を持っています。その可能性は環境において発達させられて、特定の民族の一人の人間を建設するために使われなければなりません。子どもは人間の建設者です。子どもは生後の第一年には、人間としての身体も知性も性格も持っていません。一人の人間は一つの集団の一人のメンバーです。自分が属す集団のさまざまな特徴をそなえています。これらの特徴は生まれついてのものではないので、子ども自身によって身につけられなければなりません。環境との触れ合いを通じて、繰り返される経験を通じて、そして活動を通じて獲得されなければなりません。したがって私たちは子どもを――この力を持っている人間、この活動力を持っている人間、人間の建設者、「精神的胎芽（spiritual embryo 精神的な胚）」であると考えなければなりません。

身体のすべての器官が胎芽期に建設されるのですが、誕生後の時期にももう一つの胎芽の時期があります。人間の人格が建設されるのはこの時期においてです。それは偉大な達成です。人間の人格が建設されるのは環境における活動を通じてだからです。私たちはパラダイスにいるわけではありません。現実世界にいます。したがって私たちはこの世界に適応しなければなりません。このことが基本点です。

今日では、人間の生命の始まりおよび環境とそれとの関係について大きな関心があります。生命の始まりの年齢の神秘的で効率的ないろいろな可能性はたいへんに興味深いものです。それが、この時期がこれまでにも多くの注意を集めてきた理由です。この点に科学的な調査や観察が集中しています。そして私は、この社会的な原因を通じて人間の意識の一種のリバイバルを見ることができます。

子どもは誕生時に、適応するために並はずれた努力をする必要があります。それは神秘的な可能性をそなえた一つの精神の誕生です。環境に自分を適応させなくてはならない存在の誕生です。このことは以前には考えられてきませんでした。今や多くの人がそれに興味を持っています。多くの心理学者がこの最初の偉大な適応を研究してきました。この研究は精神分析と呼ばれます。ほかの人たちは意識ある精神の心理学を研究します。人間の無意識あるいは潜在意識を研究する心理学者たちはびっくりします。生後第一年の研究は主としてフロイト派によります。私たちは子どもについての考えをフロイトとその娘（アンナ・フロイト）とは同じくしていません。しかし私たちは潜在意識に関する二人の考えの多くには同意します。多くの人が人生で経験するトラブルや困難の原因はこの時期にまでさかのぼってたどれる、と二人は信じています。人生から逃避する人々がいます。困難を避ける人々、自分では選択できない人々、優柔不断な人々、眠りすぎる人々がいます。無意識の内部に人生から逃避する傾向があるとき、さまざまな困難が打ち勝ちがたくなったとき、精神分析家たちは誕生時を、つまり新生児の心理を調べるのです。

新生児は外部の環境に適応するために大きな努力をしなければなりません。環境のこの突然の変化をちょっと考えてみてください。新生児の目はそれまでに決して光を見たことがありませんでした。耳はどんな騒音も聞いたことがありませんでした。その肌に触った人や物は決してありませんでした。一定の温度の中で暮らしてきました。冬も夏もありませんでした。場所も変わりませんでしたし、空気や酸素に触れることもありませんでした。そして、誕生はほとんど窒息するような一つの経験でした。誕生は一つの完全に新しくて異なる環境への一種の移住です。もしこの小さい子どもが一種の精神生活を持っているとしたら、その誕生は非常に印象的で、非常に困難な一つの経験に違いありません。子どもはとてつもない努力を必要とします。子どもは一つの生活に加わりました。その生活は、子どもがそれまでに送ってきた容易な生活とはあらゆる面で対照的です。

新生児が配慮をたくさん必要とすることが、私たちには分かります。私たちはよく気配りをするとともに、知恵もいっぱい持っていなければなりません。私たちは単純に「これは新生児だ」と言ってはなりません。「これは、その人生で最も困難な瞬間を通り抜けてきたばかりの人間だ」と言いましょう。

さて、私たちは新生児の世話の仕方を学ばなければなりません。私たちは、愛と敬意とを持って新生児を歓迎しなくてはなりません。今日、しばしばそうされるように冷淡に受け入れてはいけません。また今日、私たちはこの新生児を肉屋の肉のひと切れであるかのように受け取って、その子が標準の体重があるかどうか、あるいは何か欠けていないかを見るために秤の上に乗せます。それから、私たちは子どもを取り上げ、水の中につけます。まるで、茹でられる肉切れのようです。私たちは新生児をあまり注意しないで扱います。急に風呂の中に落とします。子どもがびくっとして息を詰めるのが見られます。この最初の経験が恐怖を、落下の恐怖を子どもに浸み込ませます。私たちはこの新たに生まれた人間の扱い方を変えなければなりません。私たちは大きな配慮を持って、一つの世界から別の世界への子どもの通路を舗装しなければなりません。

一つの新しい精神がこの世界にやって来ました。私たちは子どもが新しい環境に適応するのを助けなければなりません。私たちは新生児の扱いの専門家たちを持たなければなりません。この最初の適応を助けるためには、新しい看護師たちを訓練する必要があります――病人のための看護師ではなく、新しい人間の可能性が発達するのを助ける看護師です。この訓練は精神的なものであるはずです。この神秘的な精神の世話をするからです。今日は、この精神生活の世話をする専門家がまったくいません。私たちは専門家たちを訓練し、看護師たちを訓練しなければなりません。私たちはそれらの人たちに、誕生は人間の一生において最高度の重要性を持つ瞬間であると考えられなければならない、と教えなければなりません。

この誕生からの教育は最大の注意を要求します。私は、母子のいる家庭あるいは病院の病室は誤解されていると思います。現在に至るまで、偉人の誕生地は国の記念物にされてきました。それらのしるしとして一枚の銘板が壁に取りつけられてきました。もし現在、あの偉人、この偉人の誕生地を尋ねたら、どこかの病院かどこかをを告げられるでしょう。その病院で生まれた偉人たちを示すために、病院の壁に銘板の列をつけましょうか？ここに品位はまったく見らません。私は病院で赤ちゃんが生まれることに反対です。

今日、衛生学は世界の女王です。世界はいかに美しいことでしょう。でも、身体は生命のいちばん大切な部分ではありません。衛生学は女王ではなく、家来でなくてはなりません。

生まれる子どものための準備をしている家はありません。新婚のカップルは子どものための場所を準備しますが子どもが生まれるとなると、病院で生まれます。母親は自分の家から病院に連れて行かれます。子どもはそこで生まれます。病院は病人たちのためにあります。そして、生まれたこの子どもは一つの病気のように扱われます。出産とは自然な行為ですが、子どもは病気の手当てがなされる場所に行きます。しかし、出産は手術ではありません。一人の女性が腫瘍を取り去ってもらい、ほかの女性は一人の赤ちゃんを世界にもたらします。腫瘍は保存液に、赤ちゃんはバスケットに入れられます。これは人間性への敬意を欠いています。

病院では何が起こるでしょう？　子どもたちは皆一緒に一つの部屋に入れられます。母親は体調がよくありません。静粛が必要です。しかし、私たちは子どもたちの部屋では大声で話すことができます。さて、母親は具合がよくないかもしれませんが、いろいろな音や声に慣れています。ところが、子どもたちは以前にはどのような音も聞いたことがありませんでした。私たちは母親の部屋には暗くした柔らかな光源を置きます。しかし、それまで光を見たことのなかった子どもたちのいるところには明るい光源を置きます。私たちは子どもたちを意識がないかのように扱います。しかし、本当に意識のない唯一の人たちは死者だけです。まさに死に瀕している人が無意識だとしても、私たちは大いに気配りをします。ただ見捨てるわけではありません。私たちが大いに気配りをするのは、その人が人間だからです。人間は理解され尊敬されます。しかし、子どもは違います。私たちは子どももまた尊敬しなければなりません。私たちは子どもの身体を大いに注意して扱わなければなりません。子どもは可能性を秘めた人間だからです。

アメリカの一人の医者が発表した統計があります。産科病院での死亡率が家庭でのそれよりも高いということです。私はインドで、あの国はまだ衛生があまり完全ではないのですが、伝染病のために死亡率が非常に高いのを見ました。もし一人の母親が何かの伝染病にかかっていたら、ほかの母親たちにも広がる可能性があります。家庭なら広がることがありえません。

私たちはこの問題を解決しなければなりません。私たちは衛生学の諸規則を尊重しなければなりません。もし私たちが生命を救おうとするなら、それが必要だからです。しかし、私たちは精神の衛生学も同じように尊重しなければなりません。私たちは今日、身体の衛生学は持っていますが、精神の衛生学の知識を欠いています。これもまた教えなければなりません。

自然な状態では、母親たちは新生児を腕に抱きます。赤ちゃんの首は弱いので、その頭はお祈りをしている人のように前方に垂れます。それが自然な姿勢なのです。子どもは生後の最初の日々に、母親との接触を必要とします。母親はただ清潔な肉片ではありません。彼女は母親で、彼女だけが子どもに与えられる何かを持っています。私たちはそれを振動と呼んでもよいでしょう。それが何であれ、子どもはこの援助を必要とします。これらの振動が子どもの新しい生活を助けます。すべての哺乳類は、最初の時期の間は新生児を自分の身体にぴったりくっ付けておきます。

私はこの図では、黒い線で生命を表しています（原注26：今日のモンテッソーリ〇～三歳乳児教師養成コースで使われているのと似ている図と思われる）。始まりのところに、メインの線から切り離して、黒い点を書きました。この始まりのところにいる子どもは、子どもに対して特別な愛を持っている母親の身体との密接なコミュニケーションを必要とします。哺乳類を見てごらんなさい。哺乳類は自分の子どもを生後の最初の日々には隠します。暗がりに子どもとともに止まります。ネコのように家庭で飼われている動物は、子ネコたちを暗い押入れに隠します。そこは静かで光がありません。母ネコは、子ネコたちを見ようとする人には誰にでも、激しく抵抗します。数日間は誰も子ネコたちに近づかせないでしょう。生まれて何日間かは、自然の本能が子ネコたちを環境から守るようになっています。そしてこの間は、子ネコたちは出来るだけショックから守られる必要があります。子ネコたちがひとたび新しい生活に慣れると、母ネコは子ネコたちに自由を与えるでしょう。小さいネコたちは初めて家の中に入ってきます。哺乳類が自分の子どもたちに対してする母親としての世話を見るために、幼い哺乳類の発達史、それらの心理学と生理学を調べるのは、非常に興味深いことです。これらの知的な動物たちは、自分たちの群れのほかの動物たちが自分のところにやって来て子どもたちを見るのは許されるべきではないということを理解しています。したがって、最初に母親が自分から群れを離れます。哺乳類はこれらの美しい本能を持っているのです。

人間は動物たちより優れているはずです。自然の中にあるあらゆるものをもっと高く高めなければなりません。自然の教えを忘れてはなりません。人間は自然を超えるべきで、自然そのままであってはなりません。

精神分析家たちは、自分たちが「誕生の恐怖」と呼ぶ何かに気を取られています。精神分析家たちは、子どもは誕生を何か恐ろしいものとして経験する、と想像しています。この恐怖のいろいろな結果を研究することによって、誕生時の子どもたちを大いに特別な優しいやり方で受け入れる必要があることを、精神分析家たちも理解し始めています。そして言います。多くの人が後の人生で苦しむ異常さは誕生という恐ろしい経験のせいなのだ、と。精神分析家たちはこれらの恐怖から生じるいろいろな異常さを研究します。

しかし、私は自分自身のちょっとした推論を持っています。もしこれらすべての異常さが「誕生の恐怖」に由来するなら、すべての人が異常さを持っているはずです。すべての人が同じような仕方で生まれて来るからです。そうではなく、異常さは何か別のもののせいに違いありません。もっと深い何かに違いありません――たぶん、可能性の遺伝です。それらは治療されなければなりません。

子どもたちはこの時期の間、守られ続けなければなりません。この時期には特別の配慮が必要です。これらの可能性は大いなる静穏のうちに止どまっていなければなりません。それらの可能性が発展するための自然な最善の諸条件を与えられなければなりません。後になって、この可能性は環境に結びつくようになるでしょう。後になると、精神が発達し始めることができます。可能性が隠れているこの時期には多くの障害物があるでしょう。そして、生命のすべての異常さが源を発するのはこれらの障害物においてなのです。その後、いろいろな可能性が確かで安全なら、発達は非常にデリケートで、援助を必要とします。しかし、これは別の事柄です。そのためには、私たちは一つの精神的な援助法を持っています。

心理学者たちは、とても幼い子どもたちが誕生の恐怖が原因だと彼らの言ういろいろな異常さを持っているのを観察します。心理学者たちはこれらの異常さを「抑圧の徴候」と呼びます。そしてそれらを非常に注意深く調べ、それらを現実の健常な精神生活の諸特徴と比べます。健常な精神生活は、いろいろな徴候ではなく、自立によって特徴づけられます。自立は健常で、抑圧は異常です。

抑圧の徴候とはどんなものでしょう？　それは、フロイト派の精神分析家たちが一つのエスケープ・メカニズム（逃避機制）について語るものです。その病状は明確です。でも、心理学者たちの説明は私たちに子どもの精神について本当には何も語ってくれません。抑圧されている子どもは言います。「ぼくはこのような生活はできない。長い絶え間のない眠りに戻る。ぼくはこの環境が嫌いだ。だから、眠りの世界に行く」と。これが起こることです。幼い子どもは当然ながらたくさん眠ります。とはいっても、私たちは子どもをもっと眠らせようとします。それは私たちの側の誤りです。この絶え間のない眠りは抑圧の一つの徴候だからです。子どもがもっと年長になると、もっと明らかに現れるほかの徴候群があります。恐れ、環境への恐れ、夜の恐怖です。子どもは眠りを破られ、泣きます。子どもが環境を意識し始めると、その眠りはもはや静穏ではありません。私たちは子どものように眠ると言いますが、この、子どもの眠りはかき乱された眠りなのです。

もう一つの徴候は、子どもが環境に反抗することです。子どもが好まない物がたくさんあります。食べ物を好まないので、食べようとしません。あらゆるものが気に食いません。笑いません。顔に触って刺激することはできます。でも、それは筋肉の反応で、本当の笑いではありません。そのような子どもは愛想のよさや、人なつっこさを示しません。ほかの優しい子どもたちのいろいろな誘いにも反応しません。何事も好きではないのです。その動きはゆっくりで、手間取ります。何事をするにも努力が要ります。生後六か月になるまでは、何もしません。それに対して生後三か月の健常な子どもは、いろいろと大きな努力をし、世界に入っていくことを愛し、環境と接触しているでしょう。

受動的であることが、これらの遅れのある子どもたちの精神的な特徴です。身体的な諸特徴も似たようなものです。ゆっくり浅く呼吸します。消化にも問題があります。生命力も低下しています。これらの子どもたちは大きくなって、一歳半あるいは二歳になっても、まだ泣きます。保護を求めます。いつでも母親のそばにいたがって、その手を握ります。

たぶん皆さんは、子どもたちがそのようにするのは自然だ、とお考えでしょう。子どもたちが眠り、泣き、恥ずかしがり、恐れを抱くのは自然だし、子ども時代の自然の特質だ、とお考えでしょう。確かにそうです。もし子どもたちを人工的な状況に置けば、このようになるでしょう。その状況が子どもたちに自分を抑圧するように強制し、発達が妨げられるからです。上に述べた状態は異常だということに気づかなければなりません。これらの抑圧が起こるのは、成長の度合いが基本的に遅れているのを私たちが見る際です。健常な子どもたちは一歳で歩き始めます。二歳ちょっと前にしゃべります。それに対して、遅れのある子どもは数語しか話せません。その子が話さないのは小さいからではなく、十分に教育されていないからです。適切な気配りを受けて来なかったからです。

健常な子どもはいつでも動こうとします。笑いますし、人々が好きで、人々を見分けます。機敏で環境を愛しています。あらゆることに興味を持ちます。生きる喜びを持っていることが見て取れます。眠る時刻が来れば、小さい子のように眠ります。あるいは、天使のように眠ると言った方がよいでしょうか。しかし、眠る時刻ではないときには、非常に活動的で、あらゆることにとても興味を持ちます。食欲旺盛で、消化もよく、呼吸も深く、身体的に健康です。精神の健康が身体の健康を助けます。

これらの健常な子どもたちは自立しています。一つの事柄に自立を獲得すると別の自立へと進みます。自立とは成長の現象です。子どもは最初の歯が生えると、食物に関しては自立し始めます。もはや母親の乳に頼っていません。今日では私たちはこのことをあまりはっきりとは見られません。私たちが哺乳瓶で人工的に子どもに授乳しているからです。しかし、子どもは自分がひとりで食物を食べられるようになるまで、食べ物を一人の人、母親に頼っています。

自立におけるもう一つの大きな一歩は歩くことを学ぶときです。それ以前には、抱いて運ばれることか、乳母車に入れられて押されて行くことに頼っていました。これらすべての獲得によって、子どもはより大きい程度の自立を永久に達成することができます。

子どもは、ことばの獲得によって、新たな自立のレベルに達します。子どもは今や自分の感情や望みや要求を伝えることができます。自立の達成においては前方への大きな一歩です。

成長するとは、一連の自立の獲得です。最初は身体的な獲得です――歯、歩行、ことば――これらのそれぞれは、もし子どもが自然に生きるのを許されていたら、適切な時期に生じます。自然はこれらの獲得に対して一つの決まった順番を指定してあるからです。これらの獲得は、遅れのある子どもたちの場合には、適切な時期に生じません。それらの子どもたちは一生を通じて、疲れたままに止どまります。それらの子どもたちは自立していません。創造的なエネルギーも持っていません。嗜眠症の人間たちを、自分の意志のまるでない人間たちを、困難に直面できない人間たちを準備します。この自然の順番に従う別の子どもたちは意志のある人間たちを準備します。これが違いです。今日、私たちは人工的に意志のない人間たち、生きる喜びのない人間たちを準備しています。

第15講義　一九四六年十月十四日

子どもに触れること

私たちは子どもたちをそもそもの初めから助けなければなりません。適切な環境を与えなければなりません。子どもたちは奇妙な新しい世界に自分を適応させる必要があるからです。

小さい子どもの身体は完全には発達していません。骨格は特に未発達です。子どものことを、歩けるようになる前に自分の身体をつくり出さなければならない人間として想像してください。その人間は小さくて柔らかい両足――いじらしいほど小さい足――をしていて、その足には骨がありません。軟骨組織がありますが、骨化していません。子どもの骨格は完全には骨化していません。柔らかです。子どもの動きはまだ十分には調整されていません。神経がまだ完全には発達していないからです。神経が働くためには、神経線維（軸索）がその周囲にミエリン（髄鞘）で包まれなければなりません。このミエリンという物質は誕生後の最初の日々には存在しません。したがって、神経はメッセージを伝達できません。いろいろな筋肉も準備ができていません。筋肉群は血液の循環を必要とします。血液の循環は運動によって助けられますが、子どもは動くことができません。誕生前の胎児は母親の血液に頼っていました。

大戦争（一九一四～一九一八年　第一次世界大戦）の後、ウィーンの三人の若い医師が子どもの生命のこの最初の時期に興味を持ちました。ウィーンは自由都市でした。何年間かは「赤いウィーン」と呼ばれました[27]。これら三人の若い医師は小さい子どもたちに大きな同情を感じ、子どもたちを助けるために何ができるか試してみました。麻痺のある人たちは一種の受け身の運動を与えられます。そして、赤ちゃんたちはその身体の状態においては麻痺のある人たちと似ているので、三人の医師は赤ちゃんたちに同じような手当てをするよう看護師たちを訓練し始めました。それは、新生児たち向きの穏やかなマッサージの一つの形式でした。看護師たちは子どもの両脚を動かしました。両足に触れました。筋肉群をマッサージしました。命令が脳から筋肉群に来るときにそなえて、筋肉群を準備させるためでした。看護師たちは一定のやり方でマッサージしました。摩擦するというよりも圧迫しました。とても軽く触れました。子どもの小さい足には非常に注意深く触れなければならなかったからです。看護師たちは軽く触れるよう、そしてこの特別なやり方でマッサージするよう特に訓練されていました。一年後に、この手当てについて説明しているパンフレット類が出版されました。これらのパンフレット類の言うところでは、この手当てを受けた子どもたちは、受けなかった子どもたちに比べると、動く時期が来たときに、より容易に動き、よりよく発達していたとのことでした。「赤いウィーン」が消えると、これらの三人の医師も同じように消えました。訓練を受けた女性マッサージ師とパンフレットだけが残されました。

さて、母親たちは自分の小さい人たちについてどうするでしょう？　自然な状況で暮らしてきた母親たちはいつもどうしていたのでしょう？　赤ちゃんの両足を愛撫しました。小さい両脚を「なんて美しいのでしょう、可愛い子」と言いながら、優しく動かしました。子どもの全身に触れ、愛撫しました。赤ちゃんの身体が母親たちにはとてもいとおしかったからです。母親たちは触れることで、赤ちゃんにこのマッサージをしています。母性本能は赤ちゃんの運動の発達に必要な援助であり、赤ちゃんの身体が発達するのを助けるために必要な援助です。

私たちは現在、赤ちゃんを揺りかごに入れて、ひとりにしておきます。そして、愛撫は不道徳で非衛生的だと考えています。私たちの看護師たちは子どものそばに行くときはいつも顔をマスクで覆っています——看護師たちは子どもたちに何も言いません。あるいは、何か励ますようなことを言うとしても、依然として顔をマスクで覆ったままで話します。そのせいで、これらの子どもたちは看護師の唇が動くのを見られません。このマスクで覆われた顔が、発達しつつある意識に私たちが提供する最初の光景なのです。

インドでは、私たちの国でよりも、マッサージがもっと優しく行われます。私たちのところにはないマッサージの一種があるのです。これは興味深い事実です。インドの人たちはいろいろな病気にもマッサージをします――メランコリーや心のトラブルに対して、身体の運動のためと同様に内部の機能のためにもマッサージをします。インドの人々はこのマッサージを、私たちならやりかねませんが、肉体を訓練することだけを考えて冷淡に適用するのではありません。マッサージには何か重要な精神的影響がある、と考えています。したがって、それを行うマッサージ師は僧侶に似た男たちでなくてはなりません。マッサージ師たちは患者を一定のやり方、精神的なやり方で用意させます。

私たちは子どもたちに身体的手当てだけでなく、精神的手当ても提供しなければなりません。私たちは、子どもたちにそのようなやり方で触れるときには、子どもたちを励まさなければなりません。子どもたちに喜びを与え、成長を助けるのは、私たちの愛情です。自然は、人間に一つの正確に決められた遺伝的活動を与えるのに失敗したとき、人間を見捨てはしませんでした。代わりに何かを与えてくれました。自然はあらゆるものを目的つきで与えます。この自発的な愛情豊かな手当てはすべての母親にとって自然であり、子どもの発達を助けます。

私たちの文化はこの自然な扱い方を恐れます。子どもに触れるのを恐れます。私たちの文化は言います。「子どもにキスしてはいけない。顔にマスクをかけないで子どもに話しかけてはいけない。子どもを穏やかで静かなところに置いておきなさい」と。身体だけを考えたいろいろな規則を決めます。このことについては、たとえば伝染の危険などという、何か理由があるのでしょう。しかし、もしそうだとしたら、私たちは事実そのものにではなく、欠陥に立ち向かわなければなりません。頭痛がするからといって、頭を切り落としはしないでしょう。自然の何かに欠陥があるなら、私たちはその欠陥を治さなければなりません。その事柄そのものを嫌ってはなりません。私たちは罪を根絶しなければなりませんが、罪人を殺してはなりません。もし私たちに欠陥が分かるなら、その欠陥を取り除かなければなりません。しかし、自然の賜物は保持しなければなりません。私は衛生学に反対するのではありません。しかし、私は繰り返します。「衛生学は召使でなければならず、女王であってはならない」と。私には、病気をこんなにも恐れる社会が理解できません。新生児はすべて一緒に一列に寝かされます。あるいは、何人かは一つの乳母車に入れられます。そのようにするということは、衛生学をあまり信頼しているようには見えません。

私は、一人の偉大な内科の専門医である医師の仕事を見てきました。その医師は、子どもたちに誕生時から完璧な医学的手当てを提供する実験を始めました。医師は孤児たちを集め、完璧な保育施設を準備しました。赤ちゃんたちが完璧な手当と世話を受けられるよう、数人の赤ちゃんだけを収容する小さい保育施設です。

その医師は、子どもたちがどのように感情に反応するかという一つの特別な研究をしました。非常に厳密な人で、細かい点まですべて調べました。そして、次のような結論に達しました。つまり、それぞれの子どもは異なる要求を持っていて、子どもたちに人為的に食べ物を与えるのは難しい。それぞれの子どもを個々に調べる必要があり、わずかに違う量と食物の種類を与える必要があるからである、という結論です。そこでその医師は、たくさんの違う種類の食べ物を用意しました。一つの特定の食物がすべての赤ちゃんたちにとって完璧であると主張する新聞の広告によって宣伝されるものの代わりに、そうしたのでした。専門家の医師の結論は、一つの食物は、健康的ではあっても、すべての赤ちゃんたちに適してはいない、というものでした。

この専門家は、自分の保育施設にきわめて完璧な衛生条件を適用しました。あらゆるものが几帳面に清潔にされました。看護師たちは全員がマスクをかけました。部屋は裸で清潔でした。子どもたちの健康にとっては一つの勝利でした。

この専門家はまた、貧しい母親たちのための診療所を一つ持っていました。母親たちは自分の子どもたちをここに連れてきました。専門家は母親たちに無料で助言を与えました。それは、自分の完璧な手当の結果と貧しい子どもたちが家庭で受ける手当ての結果とを比べられるようにと考えてのことでした。その結果は予期しなかったものでした。貧しい子どもたちの多くは美しいほどに健康でしたが、保育施設の子どもたちはそれと同じようには丈夫に育っていなかったのです。貧しい子どもたちは、保育施設の子どもたちよりも病気をしていませんでした。

保育施設の子どもたちは生後ほぼ六か月になると、多くが病気に倒れ、死亡率が高まりました。これは謎で、問題でした。その専門家は生命に必須の何かを忘れていたのでした。愛と援助への子どもの要求を忘れていたのでした。その専門家は貧しい母親とその子どもたちに注目しました。これらの母親はどんな天候でも子どもたちを診療所に連れてきました。これはオランダでのことで、冬には雪がたくさん降り、風が吹きました。母親たちは子どもを抱き、触れ、話しかけました。その専門家は、これらの子どもたちは母親と精神的なコミュニケーションを持っているが、自分の完璧な保育施設の子どもたちはいつも同じ魅力のない環境に止どまっている、ということに気づきました。施設の子どもたちにはただこの一つの白い世界しかありませんでした。来る日も来る日も同じでした。この環境には、子どもたちに興味を持たせたり、子どもたちを引きつけたりするものが何もありませんでした。ただ、堅苦しくマスクをした看護師たちが身体の世話をするだけでした。

その専門家は、子どもたちにとって一つの魅力的な環境を持つことが不可欠なのだ、と気づきました。そこで、子どもたちの扱い方を急いで変えました。もはや口の衛生学はありませんでした。花々やいろいろな色彩が取り入れられました。看護師たちは子どもたちに触れ、楽しませるよう教えられました。子どもたちに話しかけ、愛撫し、部屋での居場所を変えたり、庭に連れ出したりすることなどを教えられました。それ以後、子どもたちは活気づき、身体の健康もとても良くなりました。この変化の前は、子どもたちは単調な生活に退屈していたのです。それは誰をも殺すような生活です。特に子どもをです。

私たちは、特別な病気があることを知っています。子どもたちもそれにかかります。精神的神経病です。ただ退屈している人たち、まるで興味のない人たちは、この病気にかかります。

環境の魅力を見出すほどにはまだ成長していない子どもたちは何か別のものを必要とします。このことは、たとえばアメリカでは理解されていました。アメリカでは看護師たちは、初めから子どもたちを楽しませること、戸外に連れ出すこと、一緒に遊ぶことを、訓練中に教えられます。

子どもたちのベッドに単にベルを結びつけるだけでは十分ではありません。私はあらゆる国でこのベルがジャラジャラと鳴るのを見てきました。皆さんが監獄にいると想像してください。いつも同じ部屋にいるのです。そしてこのベルが絶え間なくジャラジャラと鳴ります。子どもはベルを必要としません。自分に対する愛と思いやりがたくさんある人を必要とするのです。生きる喜びは庭からではなく、一人の人からやって来ます。私たちを活気づけるのは、私たちと親交のある人物の感情です。赤ちゃんは自分では動けませんし、友だちを訪ねることもできません。楽しむために読書をしたり、映画に行ったりもできません。もし私たちが愛情もなく子どもを放っておいたら、子どもは何ができるでしょう？　この恐ろしい抑圧に耐えて、言うでしょう。「最初の環境がいい。少なくとも、自分の命の源と何らかの関係を持っていた」と。というわけで、アメリカの看護師たちは子どもたちに個人的な影響を及ぼすよう訓練されるのです。重要なのは、私たちが子どもたちに与える物質でも、ベルでも、ガラガラでもありません。一個の魂、一人の人物が必要なのです。子どもたちにとっては、誰かに活気づけてもらうことが必要なのです。

子どもたちが生後第一年の間に違い始め、第二年の間に更にもっと違ってくるのは、奇妙なことです。人々は今日、生まれて間のない年齢の子どもたちに何をしたらよいか分かっていません。しかし、間違っているのは子どもたちが受ける扱い方ではありません。その扱い方の結果は、あれらすべての難しい子どもたちです。病気をもたらすのは衛生的な扱い方ではありません。先に触れたオランダの専門家は、自分の保育施設の子どもたちは「精神的な飢え」に悩んでいたのだ、という結論に達しました。子どもたちは身体的には飢えていませんでした。しかし、精神的な食物をも必要としたのでした。知性は環境での経験を通じて発達しなければなりません。無意識の状態にある小さい子どもたちは意識を発達させる用意があります。そして、そのようにできるためには、精神的な食物を持たなければなりません。この年齢で環境を吸収しなければなりません。このことは個人の発達のために不可欠です。

子どもたちはこの年齢でことばを学びます。ことばは偉大なものです。一個の抽象であり、人間の知性の偉大な一つの達成です。ことばは遺伝ではありません。子どもたちは必ずしも両親のことばを学ぶわけではありません。自分の環境からことばを取り入れます。それは、精神生活のためにあらゆるものを環境から取り入れるのと同じやり方によります。環境が空っぽだと、子どもは精神的に飢えます。それは、一つに部屋に止どまるのを強いられた囚人たちの精神的な飢えと似ています。それは、子どもたちがただ疲れて退屈しているだけではありません。しばらく後には、子どもたちは決定的な欠陥を持つに至ります。その生活の仕方の結果です。このことは寒かったり暑かったりする気候にたとえることができます。子どもは、もしが愛情をまったく与えられないと、寒く感じます。子どもは精神の世界で同情と励ましを必要とするのです。もし子どもが精神的に空腹で、精神的に苦しいと、健常ではいられません。麻痺します。大人たちは一つの性格を発達させました。意志、希望、そして幸福を手に入れました。小さい子どもはこれらの何も持っていません。子どもは、幸せになり良い性格を持つためには、自分を受け入れてくれて、自分が必要とするものを与えてくれる世界に依存しています。

子どもたちは生まれながらに性悪なわけではありません。性悪にするのは、子どもたちが受ける扱い方です。多くの知性的な看護師は、子どもの性悪さのほとんどすべての例は精神的な飢え、活動の不足にその原因が求められる、という結論に達しています。健常な子どもは一つの自立を獲得すると、次の自立へと向かいます。子どもも期のすべての現象、歩く、話すなどは自立の獲得です。このことは問題の具体的な面です。子どもたちは動き、行動しなければなりません。そのせいで、活動の不足は結果として性悪な行動になるのです。私たちが十分に早い時期に適切な環境を子どもたちに与えれば、性悪さは消えるでしょう。この環境は、大量の精神的食物と温かさ、愛情のこもった扱いを提供しなければなりません。私たちはマリオネットのような教師たちを雇うことはできません。教師たちは温かくて、気配りができて、分別がなければなりません。

もし私たちが子どもたちに適切な環境とこのような温かな世話を提供するなら、子どもたちの性悪さのすべてが、どのような助言にもあるいはどのような手本にも従う必要もなく、消えるのを見ることでしょう。もしある教師が、自分の受け持ちの子どもたちは自分を一つの手本として仰ぎ見るべきだと確信し、子どもたちが自分の命令したように、自分のようになるのを、自分に従うのを期待したら、子どもたちの性悪の傾向は強められるでしょう。子どもたちはひどく冷淡になり、ますます性悪になるでしょう。

したがって、小さい子どもたちの教育のための私たちの計画では、私たちは一つの魅力的な環境をつくり出さなければなりません。私たちはこの環境の中に、精神のために適切なあらゆるものを置かなければなりません。それと並んで、分別があって愛情深い一人の人物を置かねばなりません。小さい子どもたちは、学校に上がるはるか以前に自分の教育を始めます。多くの場合には既に精神的な苦しみと知的な欠乏を経験しています。子どもたちが私たちの学校に来るときには、子どもたちは既に冷淡で、愛情に渇いているというのが現実です。これが科学的な偏見の結果、実際の結果です。私たちが提唱するのは単に一つの理想ではありません。私たちが提唱するのは、適切な環境と適切な精神の扱い方です。これを子どもたちに提供してごらんなさい。人間の魂が初めから繰り広げるドラマを見ることになるでしょう。

子どもにとっての大きな悲劇は、子どもは環境のために生まれるのに、環境が子どもを受け入れないことです。子どもは環境の主人になる可能性を持っているのに、環境が子どもに対して閉ざされていることです。

原注(27)：一九一八〜二四年、ウィーンは初めて社会民主主義者によって治められていた。

第16講義　自発的な活動　＊一九四六年十月八日

子どもは生後一年と三か月で、助けなしでしっかりと歩き始めます。これは子どもの一生では偉大な一つの瞬間です。自立の獲得だからです。母親にとってもやはり一つの重要な瞬間です。母親にとっては生活がもっと難しくなります。本当に問題です。子どもが家じゅうを動き回れるからです。以前は置かれた場所に止どまっていました。

子どもは自分の手を使えます。いろいろな物を手に取ったり、動かしたりできます。私はある一歳にならない子どもを知っていました。その子はダスターで塵を払うのと、瓶の栓を取るのが好きでした。かわいそうな母親が、子どもの手の届くところにかわいらしい香水の瓶を置いておいた、と想像してください。子どもは、栓をはめたり外したりするうちに、香水をこぼしたことでしょう。私は一歳の子どもたちがいろいろな物を使い終わると、それらを片づけるのを見てきました。ささいな仕事として気づかれません。とても小さい子でも使うことが出来て、子どもが好きなその種の活動はだいたいは気づかれません。なぜなら子どもたちはふつう、玩具類だけを与えられるからです。

子どもは自分の脚を使い始める前に、手を使う練習することを、私たちは覚えておくべきです。子どもは自分の手を、歩けるようになる何か月も前に使います。したがって、もし適切な機会さえ与えれば、この時期に手を教育することができます。女性たちは、よくやるように子どもを膝に座らせるとき、子どもに自分の髪の毛で遊ばせます。もしある乳母が子どもたちを本当に精神的に世話するよう教育されるとしたら、子どもたちが十分に発達するためには、このようなやり方で手を使う必要があると知ることでしょう。その乳母はこの生理的な事実を考慮することでしょう――生後四か月と五か月の子どもたちは自分の手を使うという事実をです。

私はこの問題を長いこと研究してきましたが、絶えず驚きます。私には、小さい子どもたちがどんなに進んでいて有能でありえるかが、ますます分かってきました。私はいろいろな経験によってがっかりはしません。毎日の経験は私に、子どもたちが出来ることについてますます大きな希望と信念を与えてくれるからです。私は、水に浮く何かの材料でできた子どものお風呂用のアルファベットの文字を手に入れたいと思っています。子どもはそれらの文字を掴みます。文字は見やすいでしょう。子ども部屋の壁に美しい文字で書いた単語を貼っておくのも興味深いでしょう。私たちは、いくつかの寺院やモスクでは花の絵の代わりにことばが装飾として使われているのを見出します。私たちは、この年齢の子どもの環境にアルファベットを置くべきでしょう。

生後十三か月のこれらの子どもたちは何ができるでしょう？　この子どもたちの手は多かれ少なかれ教育されています。子どもたちは一つの大きなものを身につけました。身体的な自立を獲得し、歩くことができます。食べること、歩くことができます。素早くしっかりと歩きます。子どもたちはちょっと前までは、最初のおぼつかない歩みをするのに助けを必要としました。今や、そのころとは非常に違っています。助けを必要とするのは自立ではありません。ほかの人たちの援助に頼っているからです。そのころは戦う人でしたが、今は勝利者です。本当に自立しています。

この大きな征服を成し遂げたこれらの子どもたちに、私たちは何をするでしょう？　ちかごろは、私たちは一つの四角い箱つまりベビーサークルを作り、その中に子どもたちを入れます。この箱にはふつうは子どもをひとりだけで入れます。もしほかに子どもたちがいても、それらの子は大きいので、もはやベビーサークルに入れる必要はありません。これが今は子どもが獲得した自立への褒美です。これが、私たちが子どもに与える自由の総計です。子どもたちは、ベビーサークルに入れられたとき、何を欲しがるか私たちは発見できません。これらの条件下では子どもたちの心理を研究できません。ベビーサークルは母親か乳母のための一つの助けです。子どもを見守ることから解放します。子どもが新鮮な空気を必要とするとき、あるいは散歩に連れて行かれるとき、子どもは乳母車に入れられます。ここでもまた、自立を獲得したこの子どもに自然な諸条件のもとでは何が起こるかを、私たちは見ることができません。

私の友人の一人には小さい女の子がいて、友人はその子に自由を与えたいと望んでいます。ある日、その子が視界から消えました。母親はこのことが心配になりました。たいへんに悩んで、私のところにやって来て、どうするべきか尋ねました。私は言いました。「子どもをひとりにして、子どものやることを見守りなさい。目を離してはいけないけれど、遠くから見守りなさい。子どもが助けを必要としたら、行ってもかまいません」と。その後、母親が話してくれました。子どもは足のせ台を持って、あちこちに運んだとのことでした。子どもはたくさんの玩具を持っていました（この家族は金持ちでした）。けれども、子どもに本当の幸せを与えたのはこの足のせ台を運び回ることだったのです。

このような種類の活動は、この年齢のすべての子どもたちに見られます。この現象はどこででも、しばしば観察されます。心理学に関するアメリカのいくつかの本では成長の一つの段階の様子であると記述されてきました。この年齢の子どもたちは重い物を運ぶ必要があります。発達のために必要なのです。子どもたちは運び屋で、運ぶのを非常に好みます。一歳半かそれ以上の子どもたちは重い物を運ぶからです。たぶん、この地球上で人間が最初にやった仕事は、いろいろな物を一つの場所から別の場所へ運ぶことだったのでしょう。

子どもはこのような形の自立を獲得するや否や、重い物を運び始めたり、難しいことをやり始めたりします。私たちはそれを「最大の努力」と呼びます。子どもは椅子の上によじ登ります。階段を上ります。子どもは大きな努力を要求する、あらゆる種類のことをします。子どもはただ自分の新たな能力を試しているのではありません——新たに身につけたことが大きな努力をすることを可能にするのです。これが「ホルメ」です。ホルメは子どもに最大の努力をするよう求めます。世界へ出て行ってこれらの難しいいろいろな動きをするよう求めます。

子どもたちは明らかに一つの自然な衝動、決まった衝動を持っています。世界中のすべての子どもたちがこの年齢で一種の最大の努力をするというこの同じ要求を持っているからです。

私はかつて、一歳半の可愛い男の子のいる婦人を知っていました。その婦人は私の考えに興味を持っていましたが、子どもにあまりにも大きい自由を与えていました。子どもを見守りませんでした。自由という考えを誇張していました。私たちは子どもを見守らなくてはなりません。そして、必要なら助けなくてはなりません。私たちは子どもを家の中でただ放っておいてはなりません。ある日、その婦人は子どもが「気をつけて、気をつけて」とうめくように言うのを聞きました。子どもは水のいっぱい入った水差しをとてつもない努力をして別の部屋から運んでいました。母親であるその婦人がいいました。「なんという無駄な努力をしているの。代わりに運んであげるわよ」と。婦人は子どもに代わって運ぶために水差しを取り上げました。子どもは泣きわめきました。子どもにとっては、自分の努力が邪魔されたときに、何かがだいなしにされたのでした。努力が大きければ大きいほど、それだけ子どもの喜びも大きくなります。そして、邪魔立てはそれだけ悪いことになります。

私たちは、ただの玩具類、特に軽い玩具類は子どもたちを満足させないことに気づかなければなりません。子どもたちは玩具類では何もできません。子どもたちは大きな努力を要求する事柄ができなくてはなりません。大きい、重い物を必要とします。

子どもたちは屑籠を空にするのを好みます。紙屑をすべて拾い上げ、それらをもう一度屑籠に戻します。私はある母親のことを覚えています。彼女は自分の小さい子が屑籠の中身を床の上に空け、幸せそうに紙屑を拾い上げて元に戻し始めるのを見ました。その男の子の鼻はきれいではありませんでしたが、幸せそうでした。母親はぞっとして、鼻を拭くために子守りを呼び、屑籠やその他の物を子どもから取り上げさせました。

子どもたちは環境を征服するために大きな努力をします。出来るようになるとすぐに、出来る限りのことをします。最大限の努力を適用します。私は一枚の写真を持っています。かつて私が見守った子どもの写真です――その女の子は二歳の小さい子で、大きなお腹をしていました――そして、ほとんど自分と同じぐらいの大きさのひとかたまりのパンを運んでいました。女の子は自分のお腹の上でパンのバランスを取りながら、たいへんに苦労して運んでいました。子どもの周りの大人たちは心配して助けようとしましたが、その子は歩き続け、最大の努力を払って、パンをディナーテーブルに置きました。子どもというものは、世界にとっては重要ではないかもしれない仕事をします。でもその仕事は、子どもにとっては重要なのです。それは、子どもたちが役立ちたいと思っているからではありません。でも、自分自身の発達のためにそれらのことをしなければならないのです。自然は子どもたちを練習するよう駆り立てます。練習を通じて、子どもたちの発達は完成するのです。

子どもたちがするいろいろな練習は、子どもたちが環境に適応するのを助けます。最初の環境への適応は環境を意識することです。意識するためには、子どもたちは知識を身につける必要があります。子どもたちは環境での経験を通じて知識を身につけます。私たちは看護師たちを、このことを理解するよう訓練しなければなりません。

今日の看護師は病人の看護師です。赤十字の看護師のようです。看護師にとって、病人の世話をするのは一つの仕事で、病気ではない子どもの世話をするのはまったく別の仕事です。子どもたちは、麻痺患者とは違って、弱くもなく、無力でもありません。子どもたちは強健です。病気の人たちのようにではなく、征服者のように動きます。子ども期から大人期に成長するためには、大量の経験を必要とします。子どもたちが自発的にしたことは、人間の形成のためにしたのだ、と私たちは理解しなければなりません。看護師は子どもたちの近くにいて見守らなければなりません。必要ならば助けるよう用意していなければなりません。しかし、子どもたちを弱い人や病気の人の立場に置いてはいけません。看護師は忙しいでしょう。

子どもたちがたくさん眠って、子ども用のベッドやベビーサークルの中にいるのを期待されていた時代の子どもたちの古い扱い方は大人にとっては簡単でした。子どもたちに自由を与えて、同時に油断せずにいて助ける用意をしている、これはあまり簡単ではありません。しかし、子どもたちの看護師はこのすべてをするように用意していなければなりません。このような種類の看護師には新しい名前があるべきです。私が年老いたら、看護師を必要とするでしょう。そのころには、私の生命は終わりに近づき、もっと弱くなり、強くはなっていないからです。しかし、生命の始まりのときにはその反対です。子どもたちの力はだんだんと強くなり、看護師が年老いた女性になったときには、子どもたちは強い男と女になっているでしょう。

看護師の子どもたちに対する興味は知識から生じなければなりません。子どもの世話を学ばなければなりません。学ぶまでは、看護師は身体の生活の世話だけができて、精神の生活の世話はできません。一つの魂に対する責任を負うこと、そして子どもが人間を建設するのを助けること、それは一つの大きな仕事であり、大きな使命です。

アメリカでは、子どもたちが発達するのを助けるために多くの物が作られました。よじ登るための物も作られました。以前は主として、子どもたちがその中で眠る物が作られましたが、今は同じようにいろいろなほかの物も作られています。そのことは、子どもたちはいろいろな難しい動きを練習できなければならないという考えが受け入れられつつあることを説明しています。

子どもたちは家の中にあるあらゆる物に触ります。子どもが、たとえばインク瓶を欲しがったとき、母親は「いたずらで悪い子」と言うでしょう。母親は子どもに玩具類を与え、自分の物に触るのを禁じるでしょう。でも、子どもは言うでしょう。「ぼくは玩具のためにここにいるのではない。ぼくの使命は強い人間になることだ」と。したがって、子どもは初めから迫害されているのです。

子どもたちは模倣する一つの傾向を持っています。子どもたちはこの世界に適応し、環境でなされているすべてのことができるようにならなければなりません。この理由のために模倣するのです。人々は子どもたちが模倣するのを見ると、「サルは見よう見まねをする」と言います。私たちは、私たちが直ちにするいろいろなことが子どもにはできないということを理解しなければなりません。準備の段階がなければなりません。たとえば、模倣によってピアノを弾くことを学べる人はいません――練習して弾くのを学ばなければなりません。同じように、子どもたちも模倣によっては何かをすることはできません。そのせいで子どもたちは、それ自体で完結していて、直接の目的には役立たないいろいろな活動をすることを好むのです。そのような活動は一つの準備で、模倣に導きます。もし子どもたちが環境でなされるのを見たことをするのを許されれば、外面的な目的のない一連の練習をするでしょう。しかしそれは、それに続く活動のための一つの練習です。子どもたちは、何の役にも立たないように見えるこれらのことを、大きな注意と興味を持って行ないます。

活動には一つのサイクルがあります。これらのことは私たちには無意味だと思えるかもしれませんが、子どもは自分自身の準備を、自分の動きの調整の準備をしているのです。このことの一つの結果は、子どもがよじ登りたがることです。子どもは階段に、椅子によじ登ります。椅子に座るためによじ登るのではありません。よじ登るためによじ登るのです。ひとたび肘掛け椅子によじ登ってそこに座るのを楽しまないとしたら、子どもはなぜあのような大きな努力をするのか、と私たちはいぶかしく思うでしょう。でも、座るのを楽しむためではありません。子どもは肘掛け椅子の座面によじ登り、肘掛けを横切って、再び床に下ります。それが活動のサイクルです。動きの特別な調整をもたらす一つの努力です。子どもの目的は自分を訓練することで、自分を楽しませることではありません。子どもたちが階段をよじ登りたがるのを、人々はいつも見出すでしょう。一般には、子どもたちはそうするのを許されません。子どもたちが落ちるのを大人たちが恐れるからです。そこで、抱いて登ると言い張ります。階段は子どもたちが訓練するための完璧な一つの用具なのです。子どもたちは少しずつ登ります。それは子どもたちにとっては大きな喜びなのです。

あるとき、ある母親が私のところに二歳近くの子どもを連れてきて、自分はちょっとノイローゼ気味だと言いました。「この子を連れて階段に行くと、いつも泣いたり、大騒ぎしたりするのです。お見せしましょう。私が子どもを抱いて、お宅の階段を下りてみましょう。そうすれば、お分かりになるでしょう」と、母親が言いました。子どもは母親が言ったとおり泣きました。これは、その子が自分で階段を上りたがっていて、抱かれたくないせいかもしれない、と私は考えました。この考え、そのような小さい子どもが自分で階段を上るという危険なことをするという考えに、母親はぞっとしました。私たちの家庭では、階段は私たちの子どもたちが体操のために使うのにぴったりの装置です。

私はロンドンのあれらの高い建物の一つに滞在したのを思い出します。一つの階には部屋があまり多くはないのですが、たくさんの階がありました。階段は高くて急でしたが、その建物に住んでいた一歳半の小さい男の子が、その階段を上りたがりました。その子にとって幸運なことに、家にはその子と私だけしかいませんでした。したがって、その子は自由でした。男の子は大きな努力をして、一段ごとに片足を載せ、身体をその段に引き上げました。感嘆するべき忍耐心、興味、そして努力をもって、てっぺんに着くまで一歩一歩続けました。それから、やり遂げたという幸福感のせいで、努力を維持するのを忘れました。バランスを失って、再び下までずっと転げ落ちました。そして、ちゃんと座って咳き払いをしました。このような下り方はまた新しい経験であり、このような下り方は登るのよりもとても簡単で速いことを発見して面白かったからです。それは飛び切りの経験でした。

これが活動のサイクルです。その活動は外面的な目的を持っていないと思われますが、何か別のことのための準備です。皆さんはたくさんのこれらのサイクルを観察できます。私たち自身も有益な目的のない活動のサイクルを持っています。イギリスのスポーツも、外面的で有益な目的がまるでないので、これに似ています。スポーツはただ単に競争のためだけにされるのではありません。一種の練習です。私たちは子どもに、無益な遊びの代わりにこのような種類の遊びをする機会を与えなければなりません。私たちがスポーツをするために、たとえばテニスコートのような特別な環境を準備する必要があるのとちょうど同じように、子どもは自分の生命に必要な種類の練習のための手段を与えられなければなりません。小さい子どもが動くための機会を持つことは不可欠です。

この活動のサイクルの裏にある目的は強くなることだけではなく、能力を身につけることでもあります。スポーツの目的は、私たちをもっと強くし、もっと有能にすることです。二つの段階があります。一つは強さとたくましさのためです。第二はデリケートで微細に調整された動きのためです――敏捷さがゲームによって完成されます。小さい子どもの活動のサイクルは動きの完成と正確さのためにあります。強さのためではありません。子どもはまた人格も完成させます。ある課題を正確に仕上げるための粘り強さや忍耐心を発達させます。私たちはこのようなやり方で、たとえば重い水差しを運び、水をこぼさないように運ぶことに全努力を注ぐというような、子どもの行動を解釈しなければなりません。

最後に、これらの活動のサイクルを説明するもう一つのエピソードをお話ししましょう。ある日、メイドが何枚かのテーブルナプキンにアイロンをかけ、ひと山に重ねておきました。一歳半の子どもがその山を見て、ナプキンを一枚ずつ手に取り始めました。そして、互いに離して置きました。子どもは注意深く一枚ずつ手に取って、部屋の一つの隅から始めて、反対側の隅までまっすぐに並べました――ナプキンは一枚また一枚と正確な場所に並べられました。それ以上に完全な直線はないくらいでした。子どもは、並べ終えると、再び元に戻し始めました。一枚また一枚と山が完成するまで戻しました。これは完全に無益な練習のように見えるかもしれません。そのような小さい子どもにそのような面倒なことを頼む人はいないでしょう。そのような練習には知的な目的がないように思えるからです。それは、小さい子どもたちのあの偉大な教育者、ホルメの中の何かの力に応じてなされたのです。自然は子どもにこの素晴らしいレッスンを与えました。子どもに生活への準備をさせるためです。というのは、子どもは身の回りの大人たちを模倣できるようになる前に、そして有用な市民になる前に、正確な訓練を経なければならないからです。自分自身を完成させなければならないからです。子どもは自然の知恵に従います。

＊講義十五が十月十四日で、講義十六が八日、講義十七が十日となっているが、理由は不明。

第17講義　創造のエネルギー　一九四六年十月十日

子どもの身体は、初めは受動的で、次第に能動的になります。この受動から能動への移行は、今日では非常に広範にわたって研究されています。真剣な男たちが赤ちゃんの生命の毎日の発達を書きとめているのを見るのは奇妙な感じです。いついつの何時に、子どもが一本の指を動かした、ほかの日に別の指を動かしたなどと書いて、この小さい身体のきわめて小さい動きも記録します。それは本当の興味を示しています。この細かい経過に興味のある人は誰でも、現代心理学についての本を一冊読めば、詳しいことを見出せるでしょう。私はここでは、これらの細部には触れません。でも、一枚の図を持っていますので、お望みなら写してください。

私たちにとって最も大きな興味のある事実は、この活動が生きるための衝動から生じること、生後第一年の発達が決まった順番に従うことです。まるで授業計画に従うかのようです。決まった時期に発達することは成長の健常さの一つのテストになります。もっと早く成長することのできる赤ちゃんはいませんが、多くの赤ちゃんが遅いままになることはありえます。遅い赤ちゃんたちは発達が遅れていると言われます。

私たちにとっては、映画の初期の時代のような一本の映画が作られたら、面白いことでしょう。こま落とし撮影写真を使った何本かの非常に美しい映画が作られました。たとえば、花が蕾から完全に開くまでの展開を見せる映画です。この手法を赤ちゃんに用いて、受け身の小さい身体が活性化されるのを見たらとても面白いでしょう。私たちは、赤ちゃんがまず頭を、次いで両肩を（環境に入り込むために大きな努力をするかのように）動かすのを見ることでしょう。その次に、両手が活性化します。両肩が十分に強くなると、寝返りを打って俯きになります。顔は下向きのままですが、頭を上げたまま保ち、両手で身体を上の方へ押します。まるで、世界に入り込みたくてたまらないかのようです。とはいっても、赤ちゃんの両脚はまだ身体を支えることはできません。赤ちゃんは大きな努力をしています。動く可能性はまだ生じません。いいえ、可能性は既にあります。でも、努力をしなければならないのは子どもなのです。子どもは世界に入り込む衝動を持っています。そして、自分がそのときに出来る限りのことをしなければなりません。

私たちは赤ちゃんがどの程度のことができるかを見ることができます。したがって、絶えず励ましを与えなければなりません。知性的な励ましが赤ちゃんの発達を指導します。子どもは既に意志を持っているように見えます。でも実際には持っていません。意志とは知性が意識してつくり上げるものです。推論の一つの結果やその他のものです。大人たちは、意志が指導するので動きます。でも、小さい子についてはそうではありません。小さい子どもは自然によって駆り立てられます。私たちは、大人と子どもの指導的な力の違いについて明確に理解しておかなければなりません。意志とは意識ある人格の働きです。子どもの意志は、意識した精神が十分に発達した後に、働き始めます。

私たちはそれまで、個人の意志についてではなく、自然の意志について語らなければなりません。今日、自然の意志は「ホルメ」と呼ばれています。子どもを駆り立てるのは、子どもにこれらすべてのことをするよう強いるのは、創造的な生命のホルメのエネルギーです。

子どもは生後六か月で座り始めます。これがホルメですが、目的を持った欲求ではありません。子どもは自分の身体を持ち上げなければなりません。私たちはそれを手伝うべきです。その後、子どもがお座りのすべを習得した後、子どもはとても幸せになります。喜びで笑顔になります。自分のホルメから意識に上らない力を受け取ったからです。その力は子どもに言います。「今やお前は座らなければならない。座るために大きな努力をしなければならない」と。それは真の勝利です。今や子どもは身の回りの世界を調べることができます。

子どもはその後に、もう一つの大きな努力をしなければなりません。立ち上がるための意識しない衝動を持つことになります。子どもを持ち上げて助ければ、歩いているかのように両脚を動かします。でも、大人のように動くのではなく、動物のように両足の先端で動きます。バレリーナのように両足の先端を床につけます。後には、足の裏全体を床につけます。子どもはだいたい生後十か月で立てるようになると、本当に幸せそうです。

私たちは子どもの最初の歩みを感激とともに見守ります。古代ローマ時代には、子どもの歩き始めは宴会を開いて祝われました。家族のすべての友人たちが招かれる習慣でした。母親は、今や子どもが歩けることをみんなに見せるために、両腕を広げて子どもを励ますのが常でした。最初の歩行は非常に不確かです。しかし子どもは、ほぼ一歳と三か月で本当に歩けるようになるまで、辛抱して努力します。歩行は一つの偉大な自立の達成です。ひとりで世界に入って行く力を子どもに与えます。子どもの一生で偉大な一つの瞬間です。大人たちは子どもを家の中に止どめて置かざるをえません。でも、人間の天性は外へ出かけて世界を見ること、世界に歩み入ることです。歩くことは機械的で遺伝的な事柄です。世界中のあらゆる民族の子どもたちがほぼ同じ年齢で歩くからです。私たちが心理学的に同じ事実をあらゆるところで見るので、それは遺伝に違いありません。ことばについては、形式ではなく音声が遺伝です。

子どもの発達のエックス線フィルムがあったら興味深いでしょう。身体の中で起こっていることを見るのは興味深いでしょう。たとえば、軟骨組織、特に両足の軟骨組織がどのように骨になり、頭のいくつかの骨がどのように骨化するかを見られたら。

とても興味深い絵をお見せしましょう。このたびは、明らかに私の描いた絵の一枚ではありません。とても上手な絵だからです。脳の絵で、小脳が赤色で描かれています。エックス線フィルムでは、子どもの小脳はとても小さいので、脳のほかの部分に完全に覆われてしまっていて見えないだろう、と私たちは想像します。生後六か月で小脳は発達し始めます。子どもが十五か月になるまでは急速に発達します。非常に速く発達し、その後に落ち着きます。子どもが四歳半になるまではゆっくりと発達し続けます。子どもが四歳半になると、脳と小脳の関係の割合は決まります。したがって赤ちゃんは、生後六か月から十五か月までの期間に、まず座ることを、次に立ち上がることを、そして最後に歩くことを学びます。

小脳は平衡に関する器官です。人間と動物たちとの大きな違いは、人間はこの平衡器官を持っていて、二本の足で立てることです。人間は直立できます。でも、人間がこの平衡を獲得するために、脊柱は大きな努力をする必要があります。新生児では脊柱はまっすぐです。後になって背中に曲線が現れます。その曲線は直立というこの難しい姿勢でいる努力から生じます。したがって、この曲線は自然で遺伝であるだけでなく、個人のいろいろな努力によってももたらされます。すべての現象はこのように解釈されなければなりません。

自然は最初に一つの器官を提供します。しかし、その器官が最終的な形まで発達するのは、ただ自然と遺伝による受動的な発達ではなく、個人によってなされるいろいろな努力のおかげでもあります。自然は刺激を与えます。そして発達は、環境における個人のさまざまな活動に左右されます。発達は、環境に適応するための個人の努力から生じます。私たちは「神はみずから助ける者を助ける」と言います。自然は人間に器官を与え、人間が活動せざるをえなくさせます。自然では、どのような器官でも、直ちに働き始めることのない器官の創造は決してありません。働かなければならないから、器官があるのです。その器官の発達と同時に、環境への適応が生じます。一つの器官は、働くから発達するのです。

このことを証明するために多くの実験がなされました。たとえば、生まれたばかりの子ネコの一本の脚が動かせないような位置に固定されました。子ネコが成長しても、この固定された脚は発達しませんでした。ほかの三本の脚は正常に発達しました[28]。その脚は、動かないようにされていたので、発達しなかったのでした。私たちは、一つの器官が十分に発達するためには活動しなければならない、ということを理解しなければなりません。

何かをしたいという欲求を持っているある人のホルメ、筋肉群のホルメ、生理組織のホルメ、小脳にあるホルメが一緒になってこの活動を起こさせます。活動は運動です。活動が運動だから、子どもが良い食物、良い身体的な世話、十分な睡眠を手に入れるように気配りするだけでは十分ではありません。発達は活動をも必要とするからです。環境での経験が必要です。誰もが環境に適応しなければならないからです。そして、初めからホルメが第一に来ます。私たちは、子どもを活性化するものは何でも発達の助けになるということを理解しなければなりません。

もし私たちが運動を研究すれば、動物たちはその生命のまさに初めから決められた運動をするのに、人間は運動をゆっくりと発達させるのがその特徴であることが分かるでしょう。人間にとっては、運動は獲得するもので、賜物ではありません。哺乳類は四本足で歩きます。四本足のほうがバランスを取りやすいからです。類人猿やサル類は二本足で歩くように見えます。でも、彼らは長い腕を持っていて、それが地面に届き、杖のように助けます。二本足での歩行は人間の偉大な達成の一つです。

人間の両腕と両手は自由になっています。腕と手で何ができるでしょう？　私たちは腕と脚との成長に異なるリズムを見ます。腕と脚は同時には発達しません――それぞれ別に成長します。それぞれ異なるときに、手と足に何ができるかに気づくのは興味深いことです。両手は精神生活に役立つよう早くに活動し始めます。そのときには、足はまだ何もしていません。

活動の諸器官は知性を助けます。知性はそれ自体では発達しません。諸器官に助けられます。たとえば両手は、外部の環境に伸びる活動の道具です。知性の発達のための運動が最初に現れ、次いで世界へ侵入するための運動が続きます。

両手はそれぞれ別に活動します。動物を見てごらんなさい。四本脚が一緒に働くのに気づくでしょう。人間の手はそのようではありません――互いに独立しています。もしそうでなかったら、私たちは何もできないでしょう。何かを拾い上げるのに、両手を一緒に使わなければならないことを想像してください。片手で糸を取って他方の手で針の穴に木綿糸を通すというような単純なことさえも出来ないでしょう。そうではなく、両手は自由で互いに独立していますが、一緒に働くことも出来、互いに助け合います――連絡があります。人間の歴史のすべては、両手が自由で、同時に別々のことができるという事実の上に成り立っています。この可能性は自然によって与えられ、何よりも重要なものです。

手は知性の発達を助けます。子どもは、自分の手を使えるようになると、手を使うことによって環境でたくさんの経験をすることができます。子どもは、自分の意識を、それから知性を、それから意志を発達させるために、練習と経験をしなければなりません。人間は働くために発達しなければならないのではなく、発達するために働かなければならないのです。手の働きは精神の成長の表現です。

私たちは、子どもたちを初めから励まさなければならないということに気づかなければなりません。このことをこれまでに意識してやった人は誰もいません――とはいえ、多くの人が無意識にやってはきたのですが。教育は「成長するために仕事をしろ」とは決して言いませんでした。その代わりに、「子どもが十分に発達するまで待て。知的に強くなって従順になるまで待て。そうすれば、子どもに教えることができる」と言ってきました。私たちは現実を見ることを学ばなければなりません。子どもは、環境でするいろいろな経験を通じて成長しなければなりません。子どもが義務を意識したり、喜んでしたりするからではなく、自然のホルメが駆り立てるからです。私たちは、健常な発達に導くこのエネルギーの発現を促進しなければなりません。私たちは子どもたちを励まさなければなりません。そして、手段を与えなければなりません。手段がなければこれらの大きないろいろな獲得が出来ないからです。

子どもは動くために、あるいは知性的になるために働くのではありません。自分の環境に適応するために働きます。もし子どもが適応するべきだとしたら、環境でたくさんの経験をすることが不可欠です。私たちは子どもに手段を与えなければなりません。そして、「勇気、勇気！　あなたはこの新しい世界に適応しなければならない、一人の新しい人間です。勝ち誇って進みなさい。私は助けるためにここにいます」と言って、励まさなければばなりません。このような励ましは、子どもたちを愛する人々には本能的に存在します。自然には一つの不変の法則があります。そして自然は、子どもたちを援助するというこの仕事をある種の人々に与えました――子どもたちを愛し、この特別な種類の援助を子どもたちに与えることの出来る人々にです。ほかの人たちにはできません。ほかの人たちは子どもたちに目をつぶり、子どもたちによって退屈を感じます。子どもたちの日々の進歩に何の変化も見えません。

自然が子どもたちの世話に適合させた人々は、毎日、ほとんど毎時間、子どもたちに一つの変化を見ます。それらの人たちはこれらの小さい変化を称賛に値するものと見ます。これは一つの技術で、努力なしには身につけられません。励ますことは喜ぶことです。あなたが喜んでいるのを子どもが見るように喜ぶことです。母親は自分の子どもを褒めます。いとおしそうに子どもに触れます。この触れる手が、立とうという子どもの欲求を刺激します。母親は子どもが寝返りを打つと褒めます。子どもを助けようと思って、転がるのに適した種類のマットを与えます。そして母親は褒め、励まします。

子どもは理解せずに、無意識に行動します。意識は後に生じます。子どもは環境でいろいろな経験を繰り返すことを通じてさらに意識的になります。意識的になるとは知ることです。環境への適応とともに精神的な適応も生じます。子どもを助けるためには、教育計画に二つのことが必要です。

一．同じ行為が毎日同じ時刻に同じように繰り返されるのを子どもが見ること。このことが子どもの注意を引きつける。子どもたちは、やがては活動の連続性という感覚を持つ。それは、運動と時間の記憶である筋肉記憶に似ている。私はかつて産科医院を訪れたことがある。赤ちゃんたちは同じ部屋にいたが、別々のベッドにいた。ほぼ二十人の赤ちゃんがいたが、みんな生後十日以下だった。医者が私に言った。「赤ちゃんたちはみんな今は静かでじっとしています。でも、見ていると何か面白いことが起こりますよ。一分もすると授乳時間になります。赤ちゃんたちはみんな泣き始めます」と。つまり、これらの小さい子どもたちは既に時間の感覚を持っていたのだ。赤ちゃんたちは空腹でもあった。でも、時間が決められていたので、順番と時間の（感覚の）発達があったのである。したがって、私たちが一定の行動を毎日同じ時刻にすれば、赤ちゃんたちへの一つの援助になる。

二．子どもは意識への直接的な訴えかけを必要とする。私たちは、子どものために何かをする（たとえば風呂に入れる）とき、自分の都合の良いときに、ジャガイモの袋のようにドブンと湯の中につけてはいけない。毎日同じ時刻にしなければならない。私たちは子どもに、お風呂の時刻であることを知らせなければならない。私たちは子どもの前で風呂の用意をしなければならない。子どもが私たちを見られる角度に風呂を置こう。子どもはそれを見て興味を持つであろう。私たちはあらゆることを注意深く行ない、それから子どもを誘わなければならない。「さあ、赤ちゃん、気持ちのいいお風呂に入りますか？」と。子どもはその表現を理解するようになるであろう。そして、徐々にだんだんと意識するようになるであろう。子どもを散歩に外へ連れ出すときも同じである。そのことについて前もって知らせなくてはならない。私たちの声に、私たちの行動に、そして私たちの子どもの扱い方によって少しずつ呼び出されて、自我が生じてくる。私たちは子どもを尊敬しなくてはならない。そして、子どもは自分が尊敬されているのを理解しなければならない。子どもは、自分に対してなされるはずのすべてのことに準備している必要がある。子どもは、自分には一人の絶対的な支配者がいると感じてはならない。民主主義は誕生から始まる。子どもは、自分に何が起こりつつあるかを知らなければならない。突然に掴まれたりしないこと、まずは自分の許可が求められることを知らなければならない。

私たちはまず、子どもにとって適切な条件が整っているかどうかを確認しなければなりません。それから、必要ならば、励ましと援助を提供します。私たちは物質的な手段と励ましを与えなければなりません。子どもが動こうと大きな努力をしているときに、私たちがそれを止めて、「静かに、動かないで」と言ったら、ホルメを窒息させてしまいます。ホルメは創造のエネルギーで、子どもはそれに従わなければなりません。創造されつつある器官はどれも活動的でなければならないからです。子どもは活動的あることを止めることはできません。最良の仕方で発達するためには自分のホルメに従う必要があるからです。だから、私たちは子どもを少々援助し、子どもとともに喜ばなければなりません。私たちは、成長は活動を通じて生じること、私たちが子どもに手段と励ましを与えなければならないことを、知らなければなりません。

意識は援助と励ましとそして尊敬とから生じます。このような仕方で、子どもは健常に発達することができます。もし私たちが人間の魂を理解せず尊重もしなければ、私たちは人間の魂を健常に発達させられません。子どもの魂の発達は、子どもの持った経験と受けた教育を通じて生じます。

原注(28)：これはアメリカの解剖学者 G. E. Coghill（コグヒル一八七二～一九四一）の著作であろう。その著書“Anatomy and the Problem of Behaviour”（一九二九）をモンテッソーリは『子どもの精神』（第6章）で引用している。形態(gestalt)神経発生学者であるコグヒルは自動運動性の発達を研究し、自発性の性質ともっと複雑なタイプの行動とそれとの関係を理解しようとした。その仕事は実験的で、amblyostoma のような単純な生物やネコ、ウサギ、子イヌ、サルなどの小さい脊椎動物を用いた。

第18講義　一九四六年十月十四日

自立のための教育

すべての幼い子どもたちによって着手されるこの大きな活動は、外部の世界では何の役にも立たないものですが、子どもたち自身にとっては真の訓練です。どの母親も知っていることですが、この大きな活動に取り組んでいる時期は、子どもにたいへんな無秩序と危険をもたらしますが、ある時期になると消えます。心理学者たちは、この時期の後に一定の静かな時期、休息の時期が続くことに気づいています。成長は法則的な線を描いては継続しません。生後第二年の前半には、たくさんの活動のサイクルがあります。これは強力で激しい時期で、この期間中に一つの急速な発達があるのですが、その発達はいろいろな道具を使えるようになるための準備で、長くて忍耐力を必要とする活動の繰り返しのある作業から生じます。子どもはこの時期の後にやっと、本当に道具を使えるようになります。子どもはまず自分の力を準備します。走ったりよじ登ったりします。エネルギーにあふれていて決してじっとしていず、絶えず動いています。

子どもたちが好むことの一つは歩くことです。子どもたちの足はこの時期までには完全に骨化しています。骨格は十分に硬くなっています。頭のてっぺんもそうです。そのために、もし子どもが転んでも、頭蓋骨が保護します。もしそうだとしたら、なぜ私たちは子どもに長い距離を歩かせるのを恐れるのでしょう？　子どもたちの脚は強くて、歩くことができます。そして、歩きたいという大きな欲求を持っています。したがって、子どもたちを止めるのは私たちにとって論理的ではありません。二歳半の子どもを散歩に連れて行くと、すぐに疲れてしまうので、子どもを歩かせるのは残酷だ、という人たちがいます。あるいは、あまり歩かせすぎると蟹股になる、という人もいます。しかし自然は、子どもは平衡を習得したら、平衡感覚が完全になるよう練習を通じて訓練する必要があることを示しています。もし子どもが練習をするべきなら、子どもは歩かなければならないというのはまず論理的です。

私たちの経験では、もし子どもたちが疲れるなら、それは子どもたち自身の歩き方で歩かせるのではなく、私たちの歩き方で歩かせるからです。私たちは子どものことを考えません。自分のことと自分の習慣だけを考えます。子どもと一緒に散歩に行くと、子どもは私たちと同じように歩く必要があります。子どもが私たちと一緒に歩くのではなく、私たちが子どもと一緒に歩かなければならない、これが秘訣です。これが、私たちがこの大切な時期に与えることのできる実際的な援助です。

子どもは自分の発達のために必要なすべての活動を行なえなければなりません。発達は学校みたいなものです。皆さんは学校で学びますが、学校を去って別の勉学の場所へ行くときが来たら、すべての学科で試験に合格していなければなりません。自然は厳格で、誰に対しても唯一の法則しか適用しません。子どもは、この最初のさまざまな要求を満たすために、これらの練習をしなければなりません。これもまた自然の法則です。

私たちは子どもを歩かせて、どのような歩き方をするかに注意しなければなりません。子どもの脚は私たちの脚に比べて短いので、ゆっくりと歩きます。それだけではなく、子どもは環境の探索もします。歩くように子どもを駆り立てるのはホルメだけではありません。子どもは歩く際に目的を持っています。この目的とは環境の中へ出ていくことです。

小さい子どもたちの注意は、歩いている際に、絶えずあれやこれやの物に引きつけられます。子どもたちは観察するために立ち止まり、自分が見る物をほれぼれと眺めます。探検家のようです。これは環境への適応の準備です。環境の吸収は知性的な活動です。子どもは精神的な必要性があって、環境を探索するのです。探索は子どもの精神を満足させます。自分が興味を持った一つの物を観察するのに満足したら、何かほかの物に引きつけられるまで進み続けます。子どもはそのようにして何マイルも歩けるのです。

子どもは歩けるだけでなく、よじ登ることもできます。この理由のために、子どもにとっては平らな道を歩くだけでは十分ではありません。私たちは、子どもは平坦な道を必要とする、と考えてはなりません。子どもは既にたくさんのよじ登る経験をしています。石ころは障害物ではありません。子どもは難しいことに興味を持ちます。坂道を下り、急な坂道を上ります。この興味深い歩き方は、子どもの身体と精神の両方の練習になります。もし私たちがこのことを理解すれば、子どもの歩き方に興味を持ち、もはや乳母車だけで連れて行こうとはしなくなるでしょう。乳母車は子どもが何かをするのを許しません。私たちは、個人がより良くなるようにと自然が与えた援助を取り去るべきではありません。

私たちが小さい子どもたちをいろいろな困難に出会う場所へ散歩に連れて行くと、子どもたちが身の回りのたくさんの物にいかに魅惑されるかが分かります。子どもたちはぐるりと見回します。生後第一年の間に目によって既に環境を吸収しているので、今は何か動くものにもっと興味を感じます。子どもたちは既に自分の世界を見てきています。もはや視覚的に子どもを引きつける物はありません。花々を、木々を、滝を、雲を、それから昆虫のようなとても小さい物も見てきました。したがって私たちは、子どもたちをただ美しい場所を見るためだけに連れて行ってはなりません。動く物が見られる場所へ連れて行きましょう。子どもたちは、いろいろな物がどのように動くのかを見ることに非常に興味を持ちます。

子どもが歩いているときに、草を食んでいる一匹のロバを目にとめたとしましょう。子どもはロバを見るために草原を横切って行くでしょう。よく見えるように、ロバの近くに腰を下ろすでしょう。これは同時に、子どもの脚にとっては休息になります。子どもに付き添っている大人は子どもと同じ興味は持たないでしょう。大人は、本当の乳母としての美徳を持たなければなりません。そして、忍耐と理解を持って待たなければなりません。子どもはたぶん長時間にわたってロバを見守り、とても幸せに感じるでしょう。それから、立ち上がって進みます。子どもはこの年齢では、自分が既に吸収しているいろいろな物のいくつかを試しながら、環境を探索します。一つの大きい丸石に行き合えば、立ち止まってそれによじ登ろうとするでしょう。子どもがこの自発的な練習をしている間、乳母はまたもや待たなければなりません。

このように、命令するのは乳母ではなく、自然です。子どもは自然に従順です。子どもが自然に従順であればあるほど、皆さんに対して不従順になります。もし皆さんがもっと速く歩いて、子どもを自分のペースに合わさせたいとしても、子どもは自然に従わなければなりません。皆さんには従えません。もし子どもが花に止まっているチョウを見守っていたら、それはチョウを捕まえるためではありません。チョウが飛び去った後でさえ、その花を見続けているでしょう。したがって子どもは、一つの刺激から別の刺激へといつも動いています。遠くまで行って、たくさんの練習をするでしょう。大人と一緒に歩いている子どもは、しばしば大人よりも速く先に走って行って、また走り戻って来ることがあるでしょう。そのようにして子どもは、大人よりもずっと長い距離の地面を歩きます。したがって、子どもを疲れさせるのは歩くことだけではありません。子どもは疲れを感じないで長い距離を歩けます。子どもが何かに見とれているときはいつでも、身体は少しばかり休みを取れるからです。

私はかつて、高い崖の上に住んでいた家族を知っていました。その家族は、海水浴のために海へ下りて行きたいと思いました。しかし、崖道は乳母車では下れませんでした。その道は長くて急で、小石混じりでした。といって、いちばん下の子を残しては行けませんでした。最終的には、いちばん下の子も連れて行くことに決めました。それは完全な成功でした！　家族が家に戻ったときには、子どもはとても幸せそうで、まったく疲れていませんでした。ただ、子どもは途中で何回も立ち止まる必要がありました。興味を感じるたくさんの物を見つけたからです。このことは問題の解決策です――子どもたちは、私たちが気づかないたくさんの物に興味を持ちます。

もう一つ、スペインの小さい女の子の話があります。女の子は、「悪い男」と非難しながら、興奮で顔を真っ赤にして戻ってきました。散歩の途中で、小さいヤギが群れから離れるのを見たのでした。羊飼いがその後を追って、群れに連れ戻しました。女の子はとても混乱して、羊飼いを「悪い男」と呼び続けました。男が逃げ出した小さいヤギを捕まえるのを見るのは、子どもにとっては恐ろしいことです。子どもはひとりで歩く必要があります。自立を必要とします。そのせいで、小さい女の子は幼い動物に対して大きな同情心を持ったのでした。

私はある日、日本人の父親が幼い息子を連れて散歩しているのを見ました。日本人は小さい子どもたちについて、本当の理解ともいうものを持っています。自分の子どもたちをどこへでも連れて行きます。幼い子どもの顔が肩越しに見えるよう、子どもを背中に負って運びます。この理由のせいで、日本人は「頭の二つある人々」という綽名をつけられています。上に述べた父親が連れていた子は二歳ぐらいでした。子どもはゆっくりと歩き、父親もゆっくりと歩いていました。そのうちに、子どもは立ち止まって、父親の脚に抱きつきました。父親は両脚を開いて、じっと立っていました。子どもは父親の片方の脚の周りをぐるぐると回っていました。子どもは真面目な顔で、父親もまた真面目な顔をしていました。子どもが十分に回り終えると、父親は両脚を再び閉じて、前に進みました。しばらくすると、子どもが舗道の縁に座り込みました。父親は辛抱強く子どもを待ちました。子どもが立ち上がって前に進むと、父親も進みました。この父親は心理学について何の知識も持っていませんでした。自分の息子を散歩にともなっている際には、上のようなことはその父親にとって自然なやり方でした。

もし私たちが本当に子どもに関心を持っているなら、自分自身の快適さや幸せについて考えはしないでしょう。私たちは子どもに仕え、自分自身を忘れるでしょう。私たちは、子どもがやりたいと思うことをするでしょう。これは、子どもを乳母車に押し込むために給料をえている乳母が、ふつうに子どもに仕えるそのやり方ではありません。もし乳母が子どもの活動のあらゆるサイクルを止め、子どもを長い間眠らせるなら、その乳母は決して子どもに仕えてはいません。そのような粗末な仕事に、子どもの精神生活に何の役にも立たない仕事に、とても多くの金を払うことのポイントは何なのでしょう？

乳母たちもやはり、成長しつつある知性の、そして子どもの性格の召使でなければなりません。忍耐強くなければなりません。泣いたり物を壊したりする子どもは、一般の子どもではなく、あなたの子どもなのです。ふつうは、あなたがこの子どもについて忍耐強いとき、あなたはその子どもの欠陥について忍耐強いのです。そうではなく、子どもの発達の練習について忍耐強くなくてはいけません。自立した子どもは家の中での問題になりえます。世話をする責任のある大人は知識と教育を持っていなくてはなりません。自分自身の性格を前もって準備していて、忍耐強くて、子どもの発達に知的な興味を持っていなければなりません。発達への子どもの要求に従う用意が出来ていなければなりません。これらが真の乳母の特徴です。

世界がこれまでに、音楽や科学やその他で持ったすべての偉大な人たちは、みんなかつては子どもでした。私たちには、子どもが何になるか分かりません。しかし、子どもは一つの大きな力を持っています。そして、子どもが大人になるときまでに自分の能力の最善な状態にまで発達するべきだとしたら、子どもにとっては発達する間に自然のすべての法則に従うことが不可欠です。私たちは自然に従順でなければなりません。皆さんは、「私は神に従順です」と言います。でも皆さんは、神が皆さんに何を望まれているか知っていますか？　自然は一人の人間をつくりつつあります。それは宗教のようです。発達しつつある子どもの性格と知性を形づくるのを助ける諸法則に従順な一つの魂を持たなければならない、という意味で宗教に似ています。もし皆さんがこのような仕方で子どもを援助すれば、子どもを散歩に連れて行くでしょう――子どもが自分の興味に従うままにし、遠くまで散歩に行くでしょう。もし子どもが疲れたら――ひとたび練習が終わってからで、その前にではなく――、帰りは乳母車に乗せることができます。

この年齢（一歳半から二歳半までの間）には、子どもたちは自立を発達させる必要があります。もし子どもたちが自立しないと、世界では何もできません。もし一匹のトラがいつも母親に従っていると、世界では何もできないでしょう。自分で働くことを学べないでしょう。あらゆる動物は自分で働かなくてはならず、自分自身の本能に従わなければなりません。子どももまた、自立を発達させなければなりません。自立を獲得するために、たくさんの機会を持たなければなりません。昼間だけでなく、夜間も自由でなければなりません。皆さんは、夜は眠るための時間だ、と言うでしょう。夜には誰もが眠ります――あるいは、ともかくも出来るだけ十分に眠ります。私たちは快適なベッドを選びます。しかし、もし私たちが夜間にベッドから出ようとすれば、私たちにはできます。想像してください。眠るために、朝、目覚めても出ることのできない高い檻に入れられるのはどんなものか想像してください。私なら、そのような条件下では十分に眠れないでしょう。想像してください。一人の巨人がいつも私をベッドに入れ、この巨人がとても眠いのに私のところに来て、助けて出してくれなければ、私は外に出ることが出来ない、と。そのようなことは、私には耐えられません！

民主主義的な人々は、将来の世代の種子であるこの市民について考えなければなりません。この市民を肉屋から買った死んだ肉切れのように扱ってはなりません。肉を冷蔵庫に入れるように、ただ檻に入れてはなりません。これは恐ろしい、身の毛もよだつような誤りです。人間性に対する敬意をまったく欠いています。私たちは「あ、かわいそうな乳母さん、もし低いベッドを作らなければならないとしたら、腰が疲れるだろうに！」と言います。しかし、私たちは女性たちに小さいブラシを持たせてひざまずかせ、床を掃除させます。その女性たちの腰はどうなのでしょう？　私たちは、私たちに仕えている腰に何が起ころうと気にしません。結局のところ、一つの小さいベッドを作ることはそんなに難しくありません。高い檻という考えはどこから来たのでしょう？　その考えの目的は、本当は、子どもがベッドから出て、家じゅうを走り回るのをやめさせるためなのです。子どもが走り回れば、私たちの自分勝手な暮らし方の邪魔になるからです。生活は大人たちが快適なように整えられています。私たちが自分の子どもたちに教え込む良い行儀や教育は、見栄をはる自分勝手な大人のためなのです。

二歳を過ぎたら、子どもは寝るために、床に敷いた一枚のマットレスを与えられるべきです。すると皆さんは、床は汚くて隙間風も通ると言うでしょう。私たちは何とたくさんの偏見を持っていることでしょう！　私たちは、子どもは戸外で眠ってもいいと、思っているくらいです。それが私たちの邪魔にならないからです。衛生学が子どもは戸外の空気と太陽のもとで眠らなければならないと言うとき、それは結構なことです。同意します。しかし、風はないのでしょうか？　それなのに、皆さんはドアの隙間から入ってくるささやかな隙間風を恐れるのです。子どもをモンスーンの中に置こうとしているのではありません。なぜ、こんなに大騒ぎするのでしょう？これは明らかに、潜在意識的な反応です。私たちにとっては、大人との関係だけで世界を考えることが本能になっているのです。

多くの人々が床の上に寝ています。しかし、もし子どもが床の上に寝かされれば、眠り終わったらすぐに、朝、自分で起き上がるでしょう。これも難しい問題です――子どもは起き上がって家じゅうを歩き回るでしょう（夜には違います。子どもは一般に夜は安らかに眠るからです。特に、落ち着いていて幸せなときはそうです）。しかし、もし子どもが夜間に起き上がる必要があったら、自分で起き上がれなければなりません。本当の乳母は、子どもがひとりで何でもできるように、子どもを教育し、いろいろな物を準備しなければなりません。

真に難しい問題は、子どもが太陽とともに目覚めることです。いっぽうで父親と母親は――夜遅くまで起きていて、夜は楽しむために外出します――眠り続けることを好みます。したがって、子どもが両親の邪魔をするのは、恐ろしいことです。もし私たちが本当に子どもを愛しているのなら、朝、私たちのところにやって来るのを見るのは喜ばしいことでしょう。まるで子どもが言うみたいです。「ここに来るのは難しかったけれど、やって来たよ。ぼくがする最初のことはここに来ること」と。もし私たちが子どもを愛しているなら、これ以上に麗しいことがあるでしょうか？　当然のことながら、子どもはふつう眠っている人を起こしはしません。というのは、ほかの誰かが起きる前の朝の早い時間は、子どもにとってはパラダイスの時間だからです。家じゅうを独り占めにし、やりたくても決してできないことができるのです。

私は一人の女の子を思い出します。その子は、牛乳屋さんが牛乳を運んで来るのを見つけて、感激しました。

子どもたちはふつう、自分のマグに注がれるときにだけ牛乳を見ます。実生活で起こっていることは見ません。この小さい女の子は台所に行って、ドアのそばで牛乳配達を待ち、自分で牛乳の瓶を受け取りました。私たちは子どもたちをとても愛していると言いますが、朝の六時には愛していません。

もし私たちが生活を子どもたちにとってもっと容易になるよう整えたら、私たちももっと幸せになるでしょう。もし子どもが自分で出入りできるベッドを持ったら、灯りが消されたときに、自発的にそして幸せそうにベッドに行くでしょう。自然では、子どもは光が弱くなったときに、眠りに行きます。私たちは部屋を暗くして、人工的に子どもを眠らせます。子どもが適切な時刻に自発的にベッドへ行ったら、ことは簡単です。私たちは子どもに自分で服を脱ぐこと、できるだけ自分でベッドへ行く準備をすることを教えられます。それらすべては子どもにとっては活動です。子どもは夜中ずっと、天使のように眠るでしょう。子どもが苛立っていると、そうはなりません。いろいろな条件が悪いときには、子どもは落ち着くことができません。

自然は偉大な知恵をもっています。そして私たちは、自然に従えば、私たちの実際的な諸問題を解決できます。自然は、すべての実際的な問題、特に子どもたちの諸問題のための、偉大な解決策を持っています。

第19講義　いちばん大切な年齢

一九四六年十月十五日

自由な活動は子どもたちを幸せにします。私たちは子どもたちがどんなに幸せであるかを見ることができます。でも、子どもたちが幸せであるという事実が大切なのではありません。大切なことは、一人の子どもがこの自由な活動を通じて一人の人間を建設することです。一人の人間はただ生じるわけではありません。一本の花のようにただ成長するのではありません。一人の子どもは一人の大人のようには行動しません。私たちは自分のエネルギーを、自分の成熟を、何かをすることに適用します。しかし子どもは、一人の人間を建設するために、自然と同調して行動します。子どもの自由な活動の結果は、子どもが特に精神面で適切な仕方で成長することです。成長は、自然が精神の器官にいろいろな働きを与えるからだけでなく、それらの働きが環境における適切な種類の活動だけを通じて健常に発達するから生じるのです。

私たちはいくつかの特別な活動が大きな重要性を持つと考えます。「活動のいろいろなサイクル」と呼ばれるものです。抑圧と呼ばれる精神現象は、私たちにはたいへん共通していますが、これらの活動の不足に由来します。子どもたちは抑圧されています。厳しい人が子どもに静かにしろと言うからではなく、一人の大人の直接の行為を通じてでもありません。それらは大きな原因ではありません。しかし――現代の観察者たちによれば――活動の不足が発達を止めたからです。これらの子どもたちが発達しなかったというのは恐ろしいことです。それは単に、それらの子どもたちが非常に恐ろしいショックを経験したというのではありません。それらの子どもたちにとって自然の諸法則に従って成長することが不可能だったということです。

二つのことが考慮されなければなりません。ショックと活動の不足です。子どもは乳母、怒った親、あるいは腹を立てたように子どもに突然に話しかける召使からショックを受けたかもしれません。そのショックは子どもには棒で殴られたかのように感じられました。子どもは傷を受けたかもしれません。でも、傷は治ります。

子どもが適切な食事をえられない――日常の食物に一定のミネラル塩が不足している――と仮定しましょう。骨格が発達する時期の間にカルシウムが不足していると仮定しましょう。骨格は正常には発達しないでしょう。その子どもはくる病になるでしょう。その骨格は歪み、一生そのままになるでしょう。このことは、精神面においても同じです。もしある子どもが精神的な食物を欠くと、その子の環境にいろいろな刺激が欠けていると、その子の健常な成長は限られるか、止まってしまうでしょう。その子の精神は遅れるでしょう。十分な量のカルシウムを得られなかった骨格のようにです。くる病になるのは子どもだけではありません。その子がなるべき大人も歪められるでしょう。子どもは大人の身体を作っているからです。

精神面でも同じように、必要な表現のための手段が環境に不足していると、何らかの欠陥をもたらします。発達の遅滞です。なるべき大人はただ十分に発達しないだけでなく、奇形になります。何か決定的な欠陥を持つことになるでしょう。これが本当の抑圧です。

私たちは子どものシルエットを考えることができます。その周りに将来の大人、成りえるべき大人の輪郭線のある一つのシルエットです。子どもを将来の大人という視点から見なければなりません。子どもは適切な仕方で成長しなければならないというのは人間の権利であることを理解しなければなりません。大人は数年のうちに子どもから成長するからです。この大人は市民の誰もと同じ権利を持たなければなりません。自分の力を規則的に発達させる権利、強い人間になる権利、精神的に言えば一人の健常な人間になる権利を持たなければなりません。この未来の市民は自分を守ることができません。その人は民主主義的な国に生まれるかもしれません。でも、今日の民主主義的な国々でも、私たちはこれらの成長していない、可能性を持っている大人たちを見ることができます。いろいろな権利を持っていない、自分のために権利を要求することのできない大人たちです。それらの大人たちは集会を持てません。もはや何事もできません。強い身体あるいは強い意志あるいは性格を獲得していないからです。その必要性さえ意識していません。自分たちを守ることができません。その必要性を意識していないからです。

大人たちは子どもたちを守らなければなりません。私たち大人は本当の人間を子どもたちのうちに見なければなりません。それは、私たちの社会が進歩するべきだとしたら、いつか私たちの位置を占める人間です。社会の進歩とは、次の世代が前の世代よりも良いということを意味します。次の世代は私たちよりは強くなくてはなりません。今日の子どもたちは明日のすべての発見を成し遂げます。人類のすべての発見は次の世代に知られ、次の世代はそれまでの発見を改良し、新たな発見をするでしょう。次の世代は、家、都市、コミュニケーション、生産方式などにおいて、なされるべきすべての改善をなさなければなりません。未来の世代は、私たちが教えることのできる事柄をどうするかを知らなければならないだけでなく、さらに一歩を踏み出すことが出来なくてはなりません。

私たちは子どもをこの視点から考えなければなりません。子どもの発達を観察し研究しなければなりません。明らかに、私たちはこの未来の人間に対して社会的な義務を持っています。子どもの周りにシルエットとして存在するこの大人に対してです。この明日の大人に対する義務です。たぶん、将来の偉大なリーダーあるいは偉大な天才が私たちとともにいます。そしてそのリーダーあるいは天才の力は今日の子どもの力から生じるでしょう。これが私たちの持たなければならないビジョンです。

私たちの新しい社会的な義務は、本当は強くても見たところ弱い人たちを、自分を守れない人たちを守り世話することです。それらの人たちは決して少数派に属してはいません。したがって私たちは、少数派の諸権利を与えることはできません。大人たちよりも子どもたちの方がたくさんいます。子どもたちは多数派です。数においては絶対多数です。力においてもそうです。子どもたちは未来の人間で、私たちよりも優れていなければならないからです。このことがいかに大きな社会的問題であるか、分かるでしょう。

ほぼ二歳から三歳までの年齢は、一生でいちばん大切な年月です。人格のすべての精神器官がこの時期に形成されます。なるべき大人、その可能性を形成することになるすべてが創造されます。子どもは精神的な胎芽に似ています。その胎芽は、大人の形成に必要なあらゆるものを発達させます。この時期は創造の時期です。後にもまだ成長はありますが、この時期には創造があります。いろいろな条件が子どもにとって創造するには困難すぎると、何かが永久に欠けてしまうでしょう。この理由のせいで、生命のこの最初の時期は途方もなく重要なのです。

すべての精神器官、ことば、運動の調整、環境での適応などは一つずつ別個に発達します。子どもはことばを発達させているときには、自分の脚を歩くために発達させてはいません。自分の両手を動かし始めるとき、積極的に使い始めるときは、脚を使いません。環境で適応しつつあるときは、ことばや歩く能力を発達させていません。このように、すべての発達は別々で、違う時期の特徴になっています。精神の発達についても同じです。人格の諸器官は互いに別々に発達します。その後に、それらの器官はすべて個人に役立つよう提携します。私たちにはそれぞれ独立した発達があり、その次に個人の獲得物の統合があります。これらすべての発達は個人の獲得物です。特に、人格の統合の獲得物です。ある一つの面で、たとえばことばで、十分な発達をしないことがありえます。ことばはいくつかの異なるレベルで発達させられます。内部の部分があって、それは外部の部分よりずっと豊かです。内部の発達が十分ではないか、あるいは話すための外部のメカニズムと誤った連絡をしてしまう可能性があります。すると、発音が不完全になり、どもったり舌がもつれたりします。似たような不完全さが手の発達に起こる可能性があります。子どもたちのうちでも、脚は上手に使えて、素早く走れるのに、手を上手に使えない子どもたちがいます。

子どもはこれらすべての潜在的な能力を持っていて、それはより大きくも小さくも発達させられます。しかし、それらの能力は別々に発達します。これらの能力のそれぞれが発達するための時期が終わり、ひとたびそれらが使われると、すべての異なる獲得物が統合します。これが大きな活動の時期です。もし子どもが活動のための機会を持たなかったら、これらの異なる器官は、それまでに別々に発達してきたのですが、別々のままに止どまります。統合されません。つまり、人格の統合がまったくないのです。私たちは、知性が目的もなしに行動するのを、あちこちに突進するのを見ます。いろいろな運動にも同じように目的がありません。精神と身体が互いに結びついていません。運動は目的と結びついていません。知性が運動から分離しています。子どもたちは、調整された運動を利用することが出来ずに、あらゆる物を壊します。子どもたちはいろいろな物を壊します。活動する筋肉の動きと精神が結びついていないからです。もし個人が後に環境において目的を持って行動できるべきだとするなら、その人のすべての能力が既に融合していなければなりません。調和してともに働かなければなりません。知性と運動がともに行動しなければなりません。最初に、異なる能力のすべてが別々に発達します。それから、個人の中で融合する必要があります。これらの力は低いレベルで統合します。それから、個人はそれらを高いレベルまで発達させる機会を持たなければなりません。

子どもたちは励まされなければなりません。環境で発達するための刺激を持たなければなりません。励ましも刺激もないと、子どもたちは無関心で、鬱病のようになり、興味もなくなります。その人格の全体は発達しないでしょう。

この時期に子どもたちに影響するかもしれない別のものがあります。もし子どもたちが一つのショックを経験すると、精神面が影響を受ける可能性があります。そして、潜在意識に永久に何かが残る可能性があります。この時期は、未来の大人にとっての一生で非常に大切ですが、忘れられます。大人は誰も自分の一生のこの時期を覚えていません。この年齢の子どもたちが記憶力を持っていないからです。精神分析家たちは、大人に自分の早い時期のことを人為的に思い出させようとしますが、その人の精神を三歳以前に、あるいは時に例外的な場合で二歳半以前に引き戻すことはできません。この時期のショックや傷は潜在意識中に残る可能性があります。その結果は一連の奇妙な徴候となって大人に現れます。でもその人は、ショックや傷についてはすべて忘れてしまっているでしょう。精神的な異常、つまりこの年齢での出来事の結果は、その人の一生を通じて精神的な構造の一部として残る可能性があります。

ショックや傷はただ一時的なものもありえます。子どもたちの行動にそれらを見ることができます。この年齢の子どもたちは互いにとても違っていることを、私たちは知っています。無関心な子たちもいますし、恐れと混乱がいっぱいで保護を必要とし、不安に満ちた子たちもいます。そのような子たちは、愛情から母親にまつわるのではありません。世界からの保護を求めて、幸福を感じることなく、異常な仕方で母親にまつわりつくのです。そのような子たちは穏やかに眠らないでしょう。内面の手引きを持っていないからです。それらの子たちの反応は刹那的で、癇癪を起します。

そのいっぽうで、空想の世界に住んでいるという意味で、精神生活いっぱいの子どもたちがいます。そのような子たちは現実の環境に住んでいません。自分の考えの中に住んでいます。その運動は無秩序です。目的もなく動くからです。精神の秩序を欠いているからです。そのような子たちは移り気で、嘘つきで、不誠実です。とても活発な子どもたちで、走り回ってあらゆる物を壊します。床の上の物で遊び、使った物を散らかしたまま、別の何かに向かいます。

これらの子どもたちに付き合う大人たちは悩みますが、どうしたらよいか分かりません。これらの子どもたちは誤った発達をしたのです。厳しさも親切も子どもたちを変えることができません。

優しく辛抱強くしていて子どもを決して訂正しないことを信条としている人々がいます。この扱い方はまったく結果をもたらしません。子どものことがもっと扱いにくく感じるだけでしょう。たとえば、子どもが何かを壊しても、そのような人々は気づかないふりをします。子どもにいろいろな物を壊すなと言うことが、なぜそんなに辛いことなのでしょう？　子どもは、自分が何かを壊したということを知っています。そうではありませんか？　悪い行為を無視してはいけません。その子どもがもっと悪くなるかもしれないからです。私たちは治療法を見つけなければなりません。これらの悪いことは自然ではありません。誤った発達をした子どもの徴候です。粗暴さもこの年齢に見られる徴候の一つです。

もし子どもたちが粗暴で物を壊すと、あらゆる物を自分の空想の世界のために使うと、私たちは「かわいそうな母親」と言います。でも、かわいそうなのは家であり、みんなであり、人類なのです。これらの子どもたちを助けるために私たちにできる唯一のことは、適切な仕方で再び始める機会を与えることです。秩序と活動、そして環境での適切な経験をする機会を与えることです。厳しさや叱責、父親が帰宅したら言いつけるなどは事態をもっと悪くするだけです。唯一の治療法は、環境での秩序だった活動と経験を通じて、一人一人の精神を改革することです――眠っている魂を目覚めさせて生命を与えるような魅力的な環境を提供することです。

だれもが人類の改革について語り、そして大人の方を見て、大人たちは改革できないと思います。私たちは、ある犯罪者に死刑を宣告するか、優しさによって改革できると思うかします。一人の大人を改革するのはきわめて困難です。子ども時代が改革の時期です。この理由のせいで、子ども時代が非常に大切なのです。人間はこの年齢で形成されます。歪んで形成された人間もこの時期に助けることができます。もし子どもが今、内気だったら、一生ずっと内気でしょう。もし皆さんが、内気で怖がりの大人たち、あるいはいろいろな物を壊す衝動的な大人たちを知っていたら、それらの人を助けることはできません。それらの人たちの行動は定着していて確定しているからです。でも、この年齢の子どもたちの望ましくない行動はまだ定着していません。これに引き続く年月のうちに確定します。しかしこの年齢――まだ定着していないとき――では治せます。

私たちが社会的な大きな諸問題と人類の改革について話すとき、私たちは次のことを覚えておかなければなりません。つまり、これは一生において、人類の改革が私たちの手の内にある時期なのだ、ということです。私たちは良い乳母たちと教師たちを必要としているだけなのです。幸いなことに、自然の傾向は秩序を正すということです。したがって、私たちがする必要のあるすべてのことは、活動と秩序のためのいろいろな機会を紹介することです。

私たちは、この年齢の潜在意識の特別な諸特徴を観察しなければなりません。潜在意識はこの時期には非常に活発です。私が吸収する精神について話した事柄を覚えているでしょう。吸収する精神は一人の人を変えます。そのせいで、たとえば母語は個人の一つの特徴として残ることになるのです。子どもたちは同じやり方でたくさんのことを吸収します。吸収されたものは個人の諸特徴として残ります。私たちは子どもたちを自分たちと同じようには判断できません。そして、たとえば私たちがいろいろなことを教えると、それらの結果は単に一つの訂正をもたらすだけと考えることはできません。それらの結果はその個人の構造の一部になるのです。

たとえば、私の家に住んでいた小さい子どもが汚い靴をベッドの上に置きました。それが起こったとき、私はその場に居合わせました。私は普段から子どもたちに対して不機嫌な話し方をしないなどの心構えは持っていました。しかし、私たちはそのように出来ているのですが、何か予期しないことが起こったときにはいつも自分を抑えられるわけではありません。私は振り向いて力を込めて言いました。「ああ、これは美しいベッドカバーよ！　きれいだったのに、汚れてしまったわ」と。私はベッドカバーがだめになると、腹を立てていました。私は靴を部屋の隅に置いて、両手でカバーを払いました。その女の子は、大人ならするようには、謝りませんでした。しかし、靴を見るといつでも「ああ、汚い」と言いました。そして、払うべき美しい家具の一つを求めてあたりを見回しました。この、私の訂正はその子の性格に残りました。それは、その子が腹を立てたり、私が間違っていたとその子が考えたりしたのではありません。その子の内部で起こったのは何か病的なものでした。したがって、私たちは自身の反応によって魂を歪めることが出来るのです。

一つのショックは、長い時間にわたって残る何かを生み出す可能性があります。ときには一人の人の全生涯を通じて残ることもあります。私がこの子どもに与えたような小さいショックは、その子の一生にわたっては影響しないでしょう。しかしその子は、この行動を二か月にわたって続け、その後、徐々にやめました。子どもが大きなショックを受けたとしましょう。そのショックは永久に残り、異なるいろいろな形で姿を現すでしょう。抑制は性格の一つの欠陥です。それは、この年齢から始まって、その後にも続きます。抑制の例はたくさんあります。

私は、ある婦人が小さい孫と一緒に庭にいるのを見たことがあります。子どもは噴水のほうを見続けていて、明らかに噴水で遊びたいという大きな欲求を持っていました。祖母の婦人は、孫の女の子に蛇口をひねる場所を示して、励ましました。しかし、女の子は蛇口をひねろうとして手を出すたびに、引っ込めてしまいました。そして、「乳母がだめと言う」と言いました。乳母はその場にはいませんでした。それに、その庭は祖母のものでした。祖母は蛇口をひねるよう孫を説得しようとしました――噴水を出してほしいとか、孫と一緒に行くからとかと言いました。しかし依然として、子どもは試そうとするたびに、手が蛇口に近づくたびに、手を引っ込めてしまいました。それが一つの抑制です。意志にあるのではなく、潜在意識にあるのです。たぶん乳母は、子どもが水のそばに行くのを恐れて、この行動を禁じたのでしょう。水は母親たちと乳母たちの大きな敵です。子どもたちにとっては大きな魅力を持っているからです。

年長の子どもたちもやはり同じ抑制を持っています。私はある七歳の子どもを覚えています。その子は長い間、同じ場所に座っていました。とうとう誰かが「こちらにいらっしゃい」と言いました。その子は躊躇しました。その男の子は来ようとしたのですが、来られなかったのでした。その子が克服したいと考えた何らかの抑制がありました。それを克服するには大きな意志力を必要とします。これが、この年齢での精神的な傷の結果です。

この年齢の子どもたちが従順であるかどうかを見るのが問題なのではありません。この年齢の子どもたちのいろいろな感受性を見るのが問題なのです。それらの感受性のいろいろな結果は子どもの一生を通じて続きます。

多くの大人たちは、これらの結果が自分の中にあるせいで、幸せではありません。しかし、それらの人たちはその状況に取り組むことができません。問題の根を潜在意識にまでたどれないからです。

恐怖症は非常に一般的です。精神に異常のある人たちだけでなく、健常な人たちにおいても同様です。実際、完全に健常な人々は決していません。ほとんどあらゆる人が何らかの種類の恐怖症を持っています――とはいっても、精神に異常をきたすほどに深刻ではありません。多くの人は助けを求めて医師に相談します。閉じたドアを恐れる人たちがいます。閉所恐怖症です。閉じ込められるというこの恐怖は非常に一般的です。精神分析家たちは、自分の患者にその人がかつて経験した何らかのショックを思い出させようとします。しかし、患者は思い出せません。抑制の始まりが患者の形成期の年月にまでさかのぼるからです。それは、患者が腕白な子どもだったときに、暗い場所に閉じ込められたときに起こったのかもしれません。そのときにはとても怖い思いをしたけれど、後にはそれについて忘れてしまったのです。でもそれは、一つの欠陥として、潜在意識の中に永久に残ったのです。

私の友人で支援者の一人は、四十歳の成熟した女性で教育学の教授です。その女性がかつて私に打ち明けたことがありました。ヒヨコがとても怖いと言うのです。もし一羽でもヒヨコを見ると、たいへんに混乱してバランスを失うそうです。ヒヨコはトラではないし、自分を傷つけるわけでもない、と理屈では分かっていました。でも、恐怖を追い払えなかったのです。このような小さい恐怖症――昆虫、蛇、クモ、ネコに対する恐怖症――がとてもたくさんあります。それらを持つ人々は、それ以外は健常なのです。私たちは、自分では克服できない、これらの小さい欠陥によって特徴づけられています。

これらすべてが、私たちの一生におけるこの時期の大切さを説明しています。そして、この年齢の子どもたちが適切な教育的扱いをうけることがどんなに大切かを説明しています。これらすべての恐怖症は、子どもが三歳から六歳までの間に矯正されなくてはなりません。その基礎を早い年月に持っている欠陥は、この時期にはまだ矯正可能です。永久に残す必要はありません。理屈や説明は助けになりません。必要なことのすべては、子どもが適切な種類の活動のためのいろいろな機会を持つような、落ち着いていて整然とした環境に子どもを置くことです。子どもが少しずつ健常さに戻って来るのは、理屈や話すことや扱い方を通じてではなく、そのような環境における活動を通じてです。

第20講義　一九四六年十月二十一日

社会的な問題を解決する

皆さんは、子どもの発達段階と私がその説明としてお見せした図のことを覚えていますか？　三つの異なる段階がどうなっていて、最初の段階が誕生から六歳までであることを？　この生命の最初の期間は身体が大きく成長発達する時期です。この期間はまた、精神的な形成の、つまりその個人の人格の形成の年齢でもあります。この期間は二つの部分に分けられます。誕生から三歳までと三歳から六歳までです。これらの六年間が終わると、生活はずっと容易になります。

子どもが三歳ぐらいになると、第一段階の前半が終わり、後半が始まります。人は自分の生命の最初の三年間を忘れます。記憶が三歳でやっと始まるからです。子どもが自分の人格の諸要素を築いていた際に行なったあらゆることが忘れられます。子どもはあのような美しい小さい身体を発達させました。笑顔を、可愛らしい髪の毛を、走ることのできる小さい両脚を、話しことばを、たくさんのことができる可愛らしい手を発達させました。子どもはこれらのものを自分自身の活動を通じて発達させました。一人の人間を創造したのです。しかし今は、自分が成し遂げた仕事を忘れています。自分の幼い年月のことを思い出さないまま、世界の中へ出て行きます。たぶん私たちはこの最初の期間のことが分かりません。私たち自身が思い出せないからです。

私は三歳の子どもを一人の人間と呼びます。その大きさではなく、真価を見るからです。子どもは大きな自立を獲得しました。そして、自分でたくさんのことができます——食べることも、話すことも、助けなしに歩くこともできます。自然は同じ考えを持っています。母親に次のように言うからです。

「さあ、お母さん、あなたはとてもよく子どもの世話をしてきました——仕事に行くときも、友人たちを訪れるときも、家で静かにしているときも、子どもと一緒でした。今、子どもはどこへでも一緒に連れて行くには大きくなりすぎました。子どもは長い道のりを歩けるけれども、あなたには子どものペースで歩くための時間がありません。したがって、当然ながらあなたは自由にならなければなりません。あなたがた二人は別れなければなりません」

子どもたちはこの年齢で、ほかの子どもたちとの付き合いを必要とします。子どもたちは、街の通りで、農場で、あるいは庭で遊びます。これは、私たちが授業を始める年齢です。

この年齢は、世界の初め以来認められてきた二つの特別な特徴を持っています。模倣と遊びという特徴です。小さい子どもたちは年長の子どもたちを模倣します。年長の子どもたちは、「小さい子どもたちは何でも自分たちの真似をし、自分たちの持っている物をなんでも欲しがる」と言います。このような現象がどこででもすべての子どもたちにとって自然なとき、この現象は発達において重要な役割を演じているに違いないと言えるでしょう――環境に自分を適応させる必要のある子どもは、ほかの人たちを真似することによってだけ環境に適応できます。もし子どもたちが真似しなければ、一人一人の人が一つの新たな文明を始めることになり、継続性がなくなってしまうでしょう。人類の発展は継続します。小さい子どもたちが年長の子どもたちの真似をするからです。人間の継続性は遺伝の一つの結果ではなく、模倣の結果です。模倣は自然によって子どもたちに与えられた道具です。子どもたちが、自分の生まれ落ちた特定の場所に適応するのを助けるために、そして自分たちの特定の環境のいろいろな習慣に適応できるようになるのを助けるために与えられた道具です。

すべての子どもたちは遊びます。もちろん、私はあらゆる言語を知っているわけではありませんが、どの言語にも「遊び」に当たる一つの単語があるはずだ、と信じています。すべての子どもたちは、どこででも、一緒に遊びます。私たちは、この遊びを新しい視点から調べなければなりません。

生命の第一の期間の前半は成長と創造の時期です。後半の三歳から六歳は最初の時期の継続です――しかし、子どもたちはこの後半の間に、新しいものは何も創造しません。前半に獲得したものを拡張し完全にするだけです。以前に獲得したものを完成させます。私たちは完成させると言います。しかし、私たちは完成ということばの完全な意味を理解しなければなりません。もし創造の時期にいくつかの欠陥があったとすると、それらの欠陥もやはり拡張され完成されます。考えてください。欠陥が完成されるのです！　これはこのことばの奇妙な使い方のように思えます。しかし、欠陥はやはり残ります。

子どもがひとたび三歳になったからと言って、欠陥がただ消えるのではないのです。いろいろな欠陥は残り、発達し、人格に定着します。六歳までにはすべての獲得物が定着します。内気と恐怖は残ります。無規律、調整されていない動き、不安からのまつわりつきなども同じように残ります。これらの欠陥は立派ではありません。でも、永久に定着する可能性があるのです。考えてください。これらの欠陥が、この三歳から六歳までの年齢の間に、もっと発達し、もっと定着するのです。三歳のときには、これらの欠陥は存在するかもしれません。でもまだ、人格に永久に定着してはいません。六歳のときには定着します。〇歳から三歳までの間に創造されたあらゆるものは、三歳から六歳までの間に発達し、確定するからです。あらゆる獲得物——ことば、運動、自立など——は発達し完成します。これらの獲得物は拡張されるだけでなく、完成されるのです。

ことばは発達し続けるものの一つです。これは自然な発達で、ことばの創造は意識されないで続きます。子どもたちは一種の本能、特別な感受性を持っていて、それが新しいさまざまな単語を獲得するよう子どもたちを駆り立てます。特に三歳から五歳まで、子どもの精神は単語群を吸収し続けます。この年齢の子どもたちには大きな違いがあります。大人たちが限られた語彙しか持っていない環境に暮らしている子どもたちと、教養ある環境に暮らしている子どもたちとの違いです。（もちろん、教養ある環境が子どもの同席を受け入れ、大人たちが自分たちで話しているときに、子どもを子ども部屋と教育の乏しい乳母のところに追いやらならない場合です）。もし小さい子どもが、科学的で高尚な事柄について論じ合う教養ある人々に混じれば、その子どもはすべての単語を吸収します。いちばん難しい専門用語も吸収します。子どもは数千の単語を吸収できます。ある心理学者がかつて、教養ある社会に暮らしている五歳の子どもが知っている単語を数えたことがありました。その子はほぼ五〇〇〇の単語を知っていました。

私たちの文明の普通の環境に暮らしている子どもたちは、ごく普通には一五〇〇の語彙を持っています。子どもは、身の回りで話されるのを聞く単語を獲得できるだけです。これは教えるのではなく吸収です。子どもは、生まれながらに単語群に飢えています。子どもは、恐竜や星座の名前のような、奇妙で長い単語群が好きです。それらの単語を意味を理解しないままで取り入れます。子どもの精神がまだ無意識的な吸収の方法によって取り入れているからです。

一つの獲得が無意識的になされるとき、それは非常に大切です。永久に残る可能性があるからです。もし子どもたちがこの年齢でとても多くの単語を獲得することができるならば、それは一生にわたる豊かな基本財産になります。そのいっぽうで、この時期に少数の単語しか学ぶことができなければ、その他の単語群を後に学校で学ばなければなりません。子どもたちに長い科学的な単語を与えることを、私たちはなぜそんなに恐れるのでしょう？　子どもたちは後になってはそのような授業に興味を示しません。なぜならもっと早い年齢で必要な単語群を自発的に吸収していなかったからです。五歳の子どもは非常に豊かな語彙を持っている可能性があります。

自然は論理的です。文法の諸規則とことばの構成が定着します。すべての単語が一定の順番で並べられます。子どもはそれらの構成を獲得し、この枠組みの中で自分のことばを驚くほどに発達させ続けます。子どもはことばを吸収し、ことばを話します。話すにつれて、話すことが容易になり、発音が改善されます。この完成の過程は、一つの機械的な原動力を持っていて、環境に結びついています。もし子どもが地方的ななまりを持つ人々、あるいは方言を話す人々に囲まれていると、やはり方言を話すようになり、それをこの年齢で完成させます。なまりは子どものことばの潜在意識的な構成の中に固定されるでしょう。これは理想的な完成ではありません。三歳から六歳の子どもたちは、身の回りで話されるのを聞くことばのすべての欠陥を取り入れるでしょう。そして、それについては後には何もできないでしょう。この年齢で吸収定着した方言は残ります――石に彫り込まれたかのように。

したがって、誕生から三歳までの第一時期においては、子どもは地域的な方言とそのことばの諸特徴を吸収します。身の回りで話す人々のイントネーションを真似ます。もし三歳から六歳までの第二の時期に、子どもが方言を話す人々の間に止どまっていれば、なまりは定着し、永久にそのままになるでしょう。子どもは教養ある人になるかもしれません。しかし、なまりは残ります。子どもは教授になって、言語学と修辞学を研究するかもしれません。その文法は申し分ないでしょう。でも、なまりはその教授が国のどの部分の出身なのかを、いつもうっかりともらします。このことは教育では直せません。したがって、もし私たちがこの年齢の子どもの発達を助けたいと考えたら、三歳から六歳までの間に直されなかった、ことばのどのような欠陥も永久に残るということを覚えておかなければなりません。

私たちは、この年齢では、正しい発音でことばを教えることの大切さに気づかなければなりません。教師たち自身が正しくしゃべることが、最も重要です。子どもたちにとっては、天文学や生物学などについてすべてを知ることはそんなに重要ではありません。これらの事柄は後にも学べるからです。しかし、ことばの不完全さは永久に残ります。もし家庭で方言が話されるなら、そのときは学校がことばに特別な注意を払わなければなりません。教師たちは自分の発音に大きな注意を払わなければなりません。子どもたちの将来のことばは教師たちの責任だからです。この話しことばの完成は教師にとって本当に大切な特性です。教師が正しく話せば、何か良いものが子どもたちとともに残ります。

なまりの中には劣っているしると考えられるものがあります。ある賢明な人が知的に素晴らしい何かをするとして、それを地域的な方言で説明したら、人々はやはりその人が劣っていると考えるでしょう。私たちは自分の家族の名前がひたいに書かれていて、そのしるしは永久に残る可能性があります。この欠陥は自然に由来するのではなく、社会に由来します。責任があるのは私たちです。貴族の家族出身の人は教養があります。イタリアでは私たちは「ヒヨコに生まれついたものはひっかくはずだ」と言います。この時期の間、子どもたちは自分が暮らしている状況に類似した何かを創造し、それからそれを完成させます。子どもたちが完成させるのは必ずしも望ましいものだけである必要はありません。しかし、子どもたちは自然の法則に従順です。そしてこの年齢では、自分の環境のことばを吸収するための感受性が非常に大きいのです。

ことばを吸収するための子どもの感受性がとても大きいので、子どもはこの年齢で外国語を身につけることができます。このことは、ヨーロッパ大陸で理解されています。そのせいで人々は、自分たち自身の言語と同じように英語も学ぶようにと、自分の子どもたちにイギリス人の乳母をつけます。子どもたちは、ことばを吸収して、獲得したものを固定するこの傾向を持っています。それは身体の運動と似ています。子どもたちは模倣する本能を持っています。子どもたちはいろいろな行動だけでなく、それらの行動をする人々の癖も模倣します。これは意識しない模倣であり、発達のこの時期の特徴です。子どもたちは身の回りの人々の態度を取り入れます。そして、環境への適応を築き始め、自分の民族の諸特徴を築き始めます。子どもが、乱暴な人たちの中で、無知で、自分の動きを完全にすることや、良い振る舞い方のことなど考えてもみない人たちの中で暮らしているとしましょう。その子どもはそれらの人々を模倣します。それらの人々のやり方は子どもたちの中に肉体化され、後になってからは、それらを捨て去ることが不可能になります。私たちは、ある人の振る舞い方を見て、その人が社会のどの階級の出身なのかを言うことができます。私たちは、その振る舞い方となまりによって庶民を見分けることができます。

カースト間(29)の本当の違いは、社会的な地位の違いではなく、内面の構成です。違うカーストの人々は互いに理解できません。それぞれのカーストの人々は自分たちと似ている人たちと一緒にいるのを好みます。単純な人々は、もっと複雑な生活を送る人々と一緒にいても幸せではありません。その逆も同じです。二つの異なるタイプの人々の間に純粋な意味での友愛を成立させるのは難しいことです。この友愛は高度な哲学を通じて生じようとするでしょう。しかし、それは自然な傾向ではありません。女王と農民は互いに理解し合おうと望むかもしれません。それぞれが相手の美点を認めることができます。そして、ある距離までは一緒に進めるでしょう。しかし、二人は互いに相手の生活を送ることはできません。農民は宮廷では幸せではありません。私たちは、自分自身の集団とともに暮らしていないときには、幸せではないのです。私たちは、均一性があるときに幸せなのです。

私たちが友愛の社会的問題について語るとき、私たちは次のことを覚えておかなければなりません。つまり、この社会問題に対する唯一の治療法は、この年齢の子どもたちをそれぞれ異なる階級から引き抜いてきて、発達のこの時期に共通する教育を与えることです。もし皆さんが異なる階級の人々が一緒にいて幸福であってほしいと願うなら、この年齢で一緒にしなければなりません。

もし異なる文化が互いに理解し合い、互いに調和しなければならないとすれば、この年齢で一緒にされなければなりません。理解するとは決して抽象的な考えではありません。きわめて重大な何かです。人々の生活の中に深く浸み込んでいなくてはなりません。人間の形成期の間に発達させられなくてはなりません。

私たちは、ある人がもう一人の人より優れているとは言えません。女王が農民よりも優れているとも言えません。私たちは判断を下すことができません。私たちは、二人は違っていて、違っているから、互いに関係し合うことが確かに出来ない、と言えるだけです。異なる社会階級の間に、そして異なる文化の間に共感を生じさせるためには、私たちは異なる階級や国々の子どもたちを混ぜなければなりません。空路で旅する可能性がますます大きくなってきています。ですから、このことは可能です。このことが社会問題に対する鍵です。ひとたび子どもも時代を通り過ぎたら、変えるのはとても困難です。

私たちは国々の間の友愛と共感という一つの高い理想を持っています。しかし、それがどのぐらい十分に働いているか見てください。ドイツとイギリス、ロシアとアメリカ合衆国の関係を考えてください。新聞を読めば十分です。

子どもたちは吸収する精神を持っています。疲れることなく環境から知識を吸収します。これは神の一つの賜物です。これは人間の一生で、私たちが人類の改善と友愛を進めるために何かが出来る時です。

異なる文化の人々は互いに理解できません。言語は理解への障壁の一つです。子どもは自分の集団の諸特徴を肉体化します。そして、それらの特徴は三歳から六歳までの時期の間に発達定着します。この発達において、人間の異なる集団を分けるすべてのものが定着されつつあります。

私たちは、三歳から六歳の子どもたちのための学校を持つという大きな責任を持っています。子どもたちが学び始めるからだけではなく、この社会的な要求に取り組むべきだからです。私たちは、この形成期に人類の統一に向けて働くために学校を持たなければなりません。この統一は完全に成長した人たちによっては直接には達成できないからです。大人にとって、友愛は一つの美徳であり、努力です。しかし、もし私たちがこの友愛と理解を子どもたちが人格を建設している間に子どもたちの生活に浸透させれば、それぞれの個人の一つの特徴となり、後に高尚な哲学から学ぶ必要はなくなるでしょう。

成長した人々がすべての人間に対する同感と理解を持つ必要に気づくころは、この同感と理解を獲得するには遅すぎます。既に建設された障壁は壊すことができません。理解は三歳までの子どもたちには容易に生じます。そして、三歳から六歳の間の子どもたちの中に定着することができます。

原注(29)：モンテッソーリはインドから帰ったばかりである。彼女はインドで、カーストがどのように社会を分けるかを見てきた。

第21講義　一九四六年十月二十五日

仕事と遊び

この三歳から六歳までの時期は、その前の時期に獲得したものの拡張と完成に関する限り大きな重要性を持つ、と私は言ってきました。このことは一般に認められても、理解されても、研究されてもいません。しかしながら、環境における子どもたちの行動は気づかれていました。誰もがこれを遊びの年齢と呼びます。心理学者たちは遊びをたいへんに重要だと考えてきました。そして、いろいろな曖昧な説を唱えます。いわく、子どもたちはこの年齢では遊ぶとか、子どもたちは遊びを通して自分の性格を発達させるとか、と。心理学者たちはまた、子どもたちの個性は遊びの中に現れる、とも言います。子どもが遊ぶという事実は、子どもたちが遊ぶための玩具類を作る製造業者たちによって食い物にされてきました。

心理学者たちは、子どもたちは遊びを通して自分の性格を発達させると言いますが、私たちが説明してくれるよう頼んでも、まったく説明はなされません。心理学者たちは一つの直観をえて、それを事実として提示したのです。それが真実であることは示しませんでした。この種の、証拠のない一般的な言説は偏見を生み出します。この種の、説明抜きの声高な宣言によって、偏見が生じるのです。

性格というような重要な何かが遊びを通じて発達すると言うことは、非常におかしいことです。とても安易に聞こえます。子どもたちが砂や人形で遊んでいるのを人々が見るとき、心理学者たちは言います。「あなたがたは、それらの物を尊重しなければならない。それらは、子どもが性格を形成する手段だからである」と。心理学者たちは恍惚として、この遊びをほとんど崇めています。しかし、この遊びの崇拝は一つの偏見です。

私たちは確かに、生命のこの時期の間に建設的な活動があることを認めることができます。しかし、これらの特徴は子どもたちが自然な状態にある場所で観察されるべきです。たとえば、貧しい人々の中にいるときです。貧しい人々は、金持ちとは違って、玩具類を買うことができません。したがって私たちは、より自然な生活を送っている貧しい人々の中に、この形成期の本当のいろいろな特徴を観察できます。これらの小さい子どもたちは遊びの中で、大人たちのいろいろな行動を模倣しながら働く傾向を持っていることが分かります。子どもたちは、自分がしていることを遊びだとは考えていません――それは子どもたちの仕事なのです。貧しい人々の子どもたちは大人の世界の一部を占めています。可能性を持っています。母親がパンを作るなら、子どももまた少々の粉と水を与えられます。子どももパンを作れるようにです。母親が部屋を掃いているなら、子どもも小さいブラシを持って、母親を手伝います。母親と並んで衣服を洗濯します。子どもはとても幸せです。

私はインドで荷車を押している男たちを見ました。そして小さい子どもたちが手助けするために走っているのを何回も見ました。当地では、そのようなことは見られません。子どもたちは常に追い払われるからです。大人たちは、子どもは本当は何の役にも立たないのだから、わざわざ手伝おうとするべきではない、と理由づけをします。当地では、子どもたちは大人たちの仕事を手伝うことから追い払われます。しかし、状況が自然な場所では、子どもたちは大人の仕事のすべてに加わります。生活が単純で自然な場所では、子どもたちが大人の生活に参加する場所では、子どもたちが落ち着いていて幸せである、と気づくのは興味深いことです。それらの子どもは苛ついていません。その点で、身の回りの生活の活動に加わるのを許されない、私たちの文明の子どもたちとは違っています。

金持ちの子どもたちの遊び、あるいは貧しい人々の中のほかのタイプの活動を観察していると、両方の種類の活動が知性によって導かれていることが――両方とも手が関係していること――が分かります。手は知性に関係する一つの働きを持っています。したがって、子どもたちの活動は人格形成の活動です。子どもは私たちに一つの立派な教訓を与えてくれます――私たちの知性を形成し維持するためには、私たち手を使わなければならない、と。

今日、私たちはほとんど手を使わなくなっています。ものを書くのに手を使いますが、それでも、往々にして速記用タイプライターにそれをやらせます。手は思考のドラマから別れています。私たちの学校にいる三歳から六歳までの子どもたちが、手と精神の両方が関係する活動に携わっていることに気づくのは大切です。子どもたちの活動は、この長い期間を超えて続き、一人一人の子どもの生活に大きな影響を与えるに違いありません。ひとたびこの時期が終わると、子どもは自分の性格を形成し終えたことを示します。子どもは六歳で、学校への入学を認められます。子どもは従順になっています。ことばによる指示にも従えます。与えられた活動をやり遂げることができます。しかしながら、三歳のときにはこれらのことができませんでした。したがって私たちは、子どもはこの時期の間に手の仕事を通じて自分自身を建設していた、と言うことが本当にできます。

これらの事実を検討し解釈するのは興味あります。私たちは、私たちの学校で起こったことを追跡することができます。子どもたちがさまざまな練習を実行するのを観察できるからです。私たちは、整えられた環境で、そこには活動への多くの異なる動機があるので、この時期の間に子どもの生命を導く本能が完全に現れるのを見ることができます。いろいろな活動の性質は真剣なので、仕事の性質も真剣です。そして、子どもの発達を一歩一歩追跡することができます。

以前には知られていなかった、そして今日でもあまり知られていない何かが現れました。子どもたちは真剣に仕事をするだけでなく、集中するという大きな力を持っていることも明らかになりました。集中というこの現象は以前には知られていませんでした。大人たちにもそんなに多くは見られません。活動が一人の子どものすべての注意とエネルギーを吸収できるのです。活動がすべての精神エネルギーを維持固定するので、子どもは自分の周りで起こっているすべてのことを完全に無視します。この活動は常に手の使用を要求します。その手は、なされつつあるどのような仕事をも実行します。

このような種類の集中は以前には見られませんでした。インドでタゴール(30)がもっと年上の子どもたちのために作ったいくつかの学校でも見られませんでした。タゴールの学校では、この種の集中は黙想を通じて求められましたが、決して本当には達成されませんでした。集中は小さい子どもたちについてだけ達成可能でした。それから、子どもたちの手が活動し始めるときにだけ達成可能でした。手の使用が深い注意を生みます。子どもたちの注意を維持するために、映画のような視覚の助けも用いられました――でも、視覚の助けはこの集中という現象を生み出すことはできませんでした。ただ見るだけでは何も起こりません。この現象を生み出すことが出来るのは活動、活動だけです。知性の指導のもとで手によって行われる活動は、すべての精神エネルギーを吸収することができます。単に見るだけではこの現象は生じません。視覚の助けが注意を引き起さないで、実際には注意を散らしてしまうとき、視覚の助けが集中を引き起すと、私たちはどうして考えられるでしょう。視覚の助けがそなえられている一つの環境の中の子どもたちを見守ると、子どもたちが次々に物を見て、素早く次の物に移って行くのが見られます。これは集中ではなく、注意散漫です。

これと似たようなことが大人にも見られます。人格の建設における一つの欠損です。私たちは、嘘つき、不注意、怠惰、移り気などの欠陥を持つ人々を見かけます。そして私たちは、それらの人々の欠陥が生後の早い時期の何らかの不幸な出来事に原因がある、と認めざるをえません。

集中は機械的な手段によって起こされます。精神エネルギーのこれらの波を捉えるためには一つの道具が必要です。電磁波を捉えて音楽や談話を生み出すためにはラジオ受信機を持っている必要があるのと同じです。集中は一つの中心に集められる何かです。焦点に集められる何かです。活動のこの焦点化された点があるとき、何かが建設されるように見えます。

今や自然の目的は達成されました。それは検討し観察できます。この前の一つの段階に別々に発達したすべての機能が結合されて一つの統一体を作る、と言ってもよいでしょう。胎芽においては、異なる諸器官は別々に発達する異なる機能を持っています。胎芽の最後の段階とは、これらすべての異なる器官が統合される段階です。この統合化が起こったとき、一人の個人が形成され完成します。

この説明を精神の分野に当てはめてみましょう。そうすれば、子どもの内部で起こることを理解できるでしょう。さまざまなすべての建設物が結合して一人の個人という統一体を創造します。その結果は、子どもの性格が形成されるということです。これが、あらゆる人がこれまでに語ってきたその「性格」です。性格は三歳から六歳の形成的活動を通じて創造されます。個人の性格は建設されます。そして、この建設は精神的な個人の完成とともに生じます。個人の性格は三歳から六歳の時期の活動を通じて建設されるというとき、すべての心理学者たちは正しいのです。しかし、それがどのように形成されるかは別問題です。

自然においては、形成を導く一つの知恵があります。自然を脇に置けば、個人は研究され理解されなくてはなりません。そして、この適切な建設が達成できそうな手段が与えられなければなりません。

私は既に、子どもたちの働き方のたくさんの例を提供しました。子どもたちは一つの目的を持って働き、自分の仕事を終わらせます。子どもたちの働き方でもう一つ興味深いことは「精確さ」です。この精確さは知性あるいは欲求の反映ではありません。むしろ、自然の本当の贈り物です。精確さ。これを小さい子どもたちで観察した人は以前には誰もいませんでした。子どもたちはものごとを、最後の細かい点まで注意深くやるでしょう。ますます精確に練習します。子どもたちに興味を持たせたいと望むなら、子どもたちに精確さをともなって働くことを許す何かを与えなければなりません。それは遊びではありません。知性の精神的な運動と運動器官とが環境にある手段と相まって、子どもの天性の中にあるいろいろな能力を引き出します。

どのぐらい多くの大人たちが精確でしょう？　とても少数です。大人たちには何が欠けているのでしょう？　何か長い仕事を始めた大人たちで、実際にその仕事が終わるまで、それに集中していられる人が何人ぐらいいるでしょう？　大人たちは強い性格を持っていない、と言うことができます。ちょっとした仕事をもやり遂げられない大人たちは弱いのです。精確に仕事をしない人々を、私たちは信頼できません。それらの人々の人格には何かが欠けているに違いありません。今日では誰もが何かを欠いています。すべての大人が異常だと言うのは奇妙なことです。

子どもたちは、環境における仕事を通じて、この集中と精確さという力を形成しなければなりません。それは自然の贈り物ではありません。成長のこの時期の間に、人間の形成のこの時期の間に形成されます。自然がこれらの特別な目的を提供する年齢の間にです。これはこの時期にだけえられる力です。その後にそれが出来る人は誰もいません。子どもたちは、私たちには出来ないことをすることができます。

子どもたちを見守っていれば、子どもたちは大きな仕事を精確に終えると、それを再び初めからやり始めることに気づくでしょう。子どもたちは何らかの外面的な目的があって仕事をするのではありません。子どもたちが真鍮をきれいにして、ぴかぴかするまで磨いたら、大人は完全だと考え、仕事は終わりだと考えます。しかし、子どもは同じ精確さで何回も繰り返してきれいにするでしょう。子どもたちの腕が真鍮をきれいにするのではありません。内面的な一つの目的を持っているのです。内部の一つの目的――人格の建設です。子どもは自分の人格の統合を大きな活力によって建設します。私たちはそれをするための手段を与えなければなりません。

子どもが外面的な目的のない仕事をするとき、私たちはそれを遊びと呼びます。私たちは子どもの内面的な目的を認識し、人格のこの統合がこの年齢のときだけに可能であることを認識しなければなりません。これを刺激するために何もなされないと、その人は最後にはさまよう精神をそなえたままになるでしょう。何ごともやり遂げることが出来ず、移り気で、弱くて、不幸せで、満たされないで、いらいらしている――まったく統一を持っていない人になるでしょう。自分の性格をいまだ建設していない人を満足させることはできません。その人は一人の人間としては存在していないのです。人間の人格のドラマはこれらの欠陥が生涯を通じて残ることです。ある移り気な人をいろいろな物を与えることによって満足させようとしてもよいでしょう。しかし、どんなに与えても、その人は相変わらず不満足なままでしょう。私たちは、完全に満足している誰かを決して見ることはありません。この内面の満足は子どもたちにだけ見られます。

子どもたちが、母親にではなく自然に従わないと、環境中に自分の性格を形成するための十分な手段と機会を与えられないと、後になって性格の欠如が現れてきます。中学校時代、結婚生活、社会生活に現れます。

自分を訓練する適切な機会を与えられた子どもたちにおける、この集中という現象を見るのは興味深いものです。これを見る人々は、これらの子どもたちの性格が変わった、と言います。しかし、本当に起こったことは、子どもたちが自分の性格を形成する機会を持ったということです。これらの子どもたちは自分のすべての能力を一つの統一体に集中させました。その後に、子どもたちは人間になったのです。私たちの学校で私たちが子どもたちに手段と機会を提供するとき、子どもたちがこのような意味で変わるのを私たちは知っています。騒々しい、物を壊す、空想好きな子どもたちが落ち着いて幸せになります。それは、とても素晴らしいことです。子どもたちは新しく生まれます。子どもたちは、以前にはそうではありませんでしたが、存在し始めます。これらの内気で親にまつわりつく子どもたちは落ち着き、怖れも感じなくなります。もはや母親や乳母に頼りません。それぞれの子どもは、発達の第一段階に生じたあれらの欠陥をなくし始めます。

子どもたちは、いろいろな欠陥を持っているときにだけ扱いにくいのです。扱いにくい子どもの一人は、満足していない子どもです。そのような子どもは人々を苛立たせたり、物を壊したりします。内面の秩序を持っていないからです。その後に、直りました。本当に直りました。そして、落ち着いて幸せになりました。もし皆さんがばらばらになっているとき、統合されて一人の人間になるのが、どんなに素晴らしいことに違いないか、想像してください。壊れた一つの魂が無傷になります。すべての病気が消えます。私たちは、本当の集中をともなって仕事をする子どもたちの偉大な現象を目にします。子どもたちの注意を引きつける活動の多くの可能性をそなえた一つの環境、適切な環境で穏やかに邪魔もなく仕事をする子どもたちの現象です。

子どもたちは変わりました。一人の人間になりました。欠陥のまったくない個人です。これらの新しい子どもたちは自分の個性を発達させます。このことは生きている人間の誰にとっても必要です。これは、個人的な人格の発達と形成の時期です。この時期が過ぎると、誤って形成された何かは正しく調節できません。一本の骨が折れたときに似ています。折れた骨は適切な時に整えられれば、再び結合して、再び一本の完全な骨になります。放っておかれると変形し、手術と大変な苦しみが必要になります。そして、それでも完全には元に戻りません。性格の変形は大きな苦しみをもたらします。私たちは誤った発達をした大人たちを助けようと試みることはできます。でも、遅すぎます。子どもを助けるのは容易です。私たちが子どもに適切な援助を与えれば、魔法のように効きます。

私の著書『幼児の秘密（第二十九章）』に、私が最初に訓練した教師たちから受け取った手紙が引用してあります。ニューヨーク、パリ、シドニー、イタリアの教師たちです。これらの教師たちは互いの存在を知りませんでした。しかし、全員が私あてに手紙を書いてきて、ほぼ同じことを報告してきました。教師たちは、初めのうちは自分たちのクラスがどんなにひどく無規律だったか、子どもたちが何でも壊してしまうので、いかに何ごとも終らせることが不可能だったか、どんなに大混乱だったたか、を描いていました。それから教師たちは、同じ子どもたちがしばらく後に、いかに落ち着いて真剣に仕事をしだしたか、を述べました。これらの子どもたちは「自分自身の主人《あるじ》」になりました。新しく生まれた人格のように見えました。自分たちの欠陥を失くして、落ち着いて幸せになりました。完全に変わりました。このことができる教師は誰もいません。これは、子どもたちが適切な環境で仕事するための機会を与えられたときに自然のなす仕事です。

原注(30)：Rabindranath Tagore（タゴール一八六一～一九四一）。一九一三年にノーベル文学賞受賞。初めは母語のベンガル語で作家として成功。その詩のいくつかは翻訳されて西欧で広く親しまれた。その名声は輝くばかりの高さに達し、いくつ

かの大陸にまたがる講演と友好の旅を行なうに至り、インドの精神的遺産の世界に向けての声になった。インド、特にベンガルのためには、生きている公益機関になった。生涯の大部分をSantiniketanの学校の発展のために送った。授業料が安かったので、学校は決してたくさんの金を持たなかった。講演の報酬とノーベル賞の賞金の大部分は学校を支えるために使われた。学校は政府からはまったく援助を受けていなかったが、個人の市民たちから援助を受けていた。マハトマ・ガンディーさえも学校のために募金した。

第22講義　一九四六年十月二十九日

運動と性格

運動の大切さを強調しなければなりません。私が前に述べた、難しい子どもたちの性格の変化は直接的に運動に関係しています。私たちはあらゆることを運動を通じて行ないます。したがって、運動は大切であるに違いありません。心理学的に言えば、運動の大切さが認識されていなかった過去においては、運動は正当に考慮されてきませんでした。今ではその大切さが子どもたちによって実際に示されてきました。大人たちと同じように、いろいろな逸脱を持つ子どもたちが手を使う仕事に集中するとき、子どもたちは変わります。性格が形成され、安定します。運動はこの意味で、個人の統合といくらか関係があります。

動物たちの行動を見れば、それぞれの種が独特の運動によって特徴づけられているのが分かるでしょう。それぞれの種はその形態が特徴になっていますが、運動もまた特徴になっています。動物たちの運動は遺伝的ですが、人間の運動は遺伝的ではありません。人間は自分の運動を自分で建設します。

私たちはいろいろな筋肉それ自体の大切さを考えなければなりません。すべての筋肉を胴体から、両脚、両腕、両手、顔から取り去り始めたとしましょう。何が残るでしょう？　骨格だけです。このことを考えれば、骨格の目的は筋肉群を支えることです――いろいろな骨は筋肉群がくっ付いている丈夫なものにすぎません。頭は脳を保持している一つの箱にすぎません。もし骨格を取り去ったら、何が残るでしょう？　いろいろな器官と筋肉が互いにばらばらになって残るでしょう――脳、心臓、肺、腸、肝臓などはしかるべき位置に保たれたり、くっ付いたりしなくなるでしょう。その人はもはや一人の人ではありません。これらの器官のすべて、脳、心臓、肺、消化器官などは生きることだけに関係しています。それらは発育にかかわる生命の一つの形です。これらの器官は生命を維持するために働きます。動物にも人間にも見出されます。
脳は指導者です。中枢神経システムから無数の神経が出て、筋肉群を形成する細胞につながっているからです。これらの神経を通じて、意志の刺激が筋肉群に伝えられます。筋肉群は意志の召使です。それらの特別な筋肉群は随意筋肉と呼ばれます。意志の目的はこれらの筋肉群を調整された仕方で動かすことです。大脳に関係する器官群、たとえば目すなわち視覚のための偉大な感覚器官、耳すなわち聴覚のための器官はとても小さいものです。それらは小さい電球のようです。それが照らす面積の大きさに比べて小さい電球です。頭の中の感覚器官群は中枢である大脳に比べて小さいものです。

その代わりに、非常にたくさんの筋肉があります。身体は筋肉からできていて、筋肉が身体の外形を作っています。脳と筋肉群は人間の特性です。人間は遺伝的な運動を持っていないので、一つの手引きを持たなければなりません。人間の運動は決められていないからです。したがって、運動の建設は子どもの発達の重要な一部になります――ただの調整された運動ではなく、一つの目的を持った運動です。調整された運動は何か大きなものと関連していなければなりません。脳と知性に直接的に関係していなければなりません。知性と運動との間には対応があって、それが調整をもたらします。この、神経システムと筋肉群との間の調整が確立すると、運動が始まります。

身体は非常に複雑な自動機械に似ていて、研究することができます。人間の精神はこの機械を、自分がいる環境に従って働かせることが出来なければなりません。この運動は遺伝的ではありません。環境での経験を通じて獲得されます。問題は動くことではなく、知性との関係において動くことです。もしこの、意志と筋肉群との間の関係がなかったら、個人は何も獲得できないでしょう。

私はいろいろなことができます。私の機械、私の身体を思い通りにできるからです。私は自分の仕組みの主人である必要があります。そうすれば自分の振る舞いに自信が持てます。私はこの美しい機械を既製品で手に入れるのではありません。自分で建設しなければなりません。この機械をますます完全にするために、私はそれを初めから形成し、できるだけ完全にしなければなりません。自然は私をそれに向けて駆り立て続けます。自然は私を環境でいくつかのことをするよう駆り立てます。

一人一人の人がこれらのことをしなければなりません。自分自身の道具を外界における一つの目的のために完全にしなければなりません。あらゆる人が一つの目的を持って働かなければなりません。ある人は木を伐り、別の人は踊り、もう一人は芸術家です。一人一人の人が自分の望むことをするためには、まず自分自身の身体を建設しなければなりません。環境において自分自身の特別な行動を可能にする道具になるように建設しなければなりません。あらゆる人は働かなければなりません。

人間の仕事は地球を修正し変えるためです。人間の身体は運動のためだけに重要なのではありません。特別な目的を持った運動のために重要なのです。あらゆる人が自分の身体を、一つの特別な目的に備えた一つの完全な機械になるよう、発達させなければなりません。人間がする仕事の種類は一人一人で違っています。しかし、人間のさまざまな活動がすべて寄り集まって人間の文明をもたらします。子どもたちは、自分の将来の仕事が何になるか知りません。しかし、自分の道具を初めから準備しなければならないことは知っています。これらの道具が使われることになる目的はそれぞれの人によって違います。このことが運動の大きな重要性です。

私たちは、自由に活動する子どもの性格が変わることを目にします。運動は性格と関係しています——知性にだけでなく、性格にもです。ことばは性格をつくりません。ことばは知性との関係で建設されます。運動は性格の統合に関係します。

ある種の人々は、外部の世界での一つの特定の目的に自分を向けさせる、一つの内面の光に導かれているように見えます。そのことがその人たちの行動を決めます。どのようなやり方にせよ、一人一人の人間は、意識的にせよ無意識的にせよ、やがて世界の仕事の調和の中に統合されるべき、何らかの目的のために準備しなければなりません。私たちがとくに興味を持つのは、この準備です。子どもが、自然の内面的な刺激に導かれたときに、自分で何をするかを見るのは興味あります。自然はこの年齢の子どもをほかの人々を模倣するよう駆り立てます。

私たちの学校では私たちは、すべての子どもたちが自分の運動を完全にするという自然の衝動を持っていることを目にします。たとえば、日常の仕事の練習で平衡を獲得する、というように。このことから私たちは、運動のすべての発達は知性的な目的に関係していなければならないことを知りました。これが発達の正しい道です。私たちはこのことを理解しなければなりません。私たちは一般に、運動がどのように発達するべきかという考えにおいて唯物論的なので、身体を機械そのものと見ます。知性とともに働いている一つの機械とは見ません。

私たちは身体を体育館で発達させようとします。これは自然なやり方ではありません。それは知性的な目的を持った運動ではありません。それは、他人の命令に合わせた身体のいろいろな部分の運動です。私たちは身体的な教育を与えます。運動が機能を促進できると考えるからです。これは一つの誤りです。身体を首を切られた──死んだ──かのように扱っています。機械を動かすかのように動かしています。このようにする権利はありません。運動は生命の一部だからです。生命は手引きを持っています。皆さんには、自分の命令をこの手引きに替える権利はありません。これは内面の衝動だからです。皆さんには、子どもたちに体育運動をするよう命令する権利はありません。命令と時間に応じてなされる運動を命令する権利はありません。この方法は人格を壊し、運動を完成させないでしょう。

運動の完成は精神的なものです。人格全体の発達を助ける何かです。いろいろな体操は無益で危険です。特に、自分の人格を建設している時期にいる小さい子どもたちにとってはそうです。

私たちは、子どもたちのためのいろいろな活動を持っています。体操の代わりに子どもたちの身体を発達させる活動です。それらの活動は一つの目的を持っていて、運動ができるようにします。したがって、性格の発達を助けます。たとえば「日常生活の練習」は身体的な運動です。子どもは、大人の命令に従う代わりに、環境の呼びかけに応えます。子どもは、自分の環境でなされるのを見たことを模倣するという一つの衝動を持っています。それらは自然な練習です。私たちが子どもにその機会を提供すると、子どもは目的を持って行動します。子どもには選ぶ自由があります。子どもは活発に活動するので、これらの練習は本当の体操になります。私は、それらは子どもだけにとっての体操ではなく、大人にとっての体操でもある、と考えます。子どもは、目的のない強いられた運動を通じてでは本当には発達できません。皆さんは、やるべきものとして世界に存在するすべての仕事は私たちに十分な運動を提供しない、と考えることができますか？　自分自身の家庭のすべての仕事をする人々は多くの場合に非常に痩せています。今日では、召使を雇うのは難しくなっています。そのせいで、私たちはすべての家事をするので、非常に疲れます。私たちは、階段を上り下りしなければなりません。掃除、家具磨き、洗濯、料理、皿洗いなどをしなければなりません。

今や私たちはみんな、日常生活の練習をするよう強いられています。そしてこれは、私たちにとって、体育運動よりもずっと良いのではないでしょうか？　私たちは体育館では実際にはほとんど動きません。同じ運動を数回すると、疲れてしまいます。しかし、自分の家事をしている女性は一日じゅう、運動をしているのです。

子どもたちがこれらの練習をするときには、喜んで何回も繰り返します。身体的に発達し、性格を発達させます。持続力を発達させます。家庭の主婦はとても持続的です。夫からあまり手助けを受けません。主婦はすべての家事を一定の目的を持って行います。家族にとって申し分なければ、主婦は幸せなのです。

これと同じようなすべての自然な仕事は、一つのより高い目的を持っています。性格を発達させます。私たちが非常にたくさんの活動の動機を持つこの活動的な生活を、一つの有益な目的を持ついろいろな活動を子どもたちに与えれば、子どもたちは自分の運動を完成させます。体育館のような人為的な環境は不要です。もし皆さんが、これは子どもたちにとって十分な運動ではないと考えるなら、子どもたちは庭へ行って、そこで仕事を見つけられます。もし子どもが花を摘んで、花束を一つ作るなら、子どもは一本の花を摘むたびに、しゃがんだり立ったりします。もし皆さんが筋肉群を強くしたいと思うなら、子どもたちに庭仕事の道具を与えて、穴を掘らせたりします。子どもたちは汗をかき、血液循環が改善するでしょう。子どもたちはこれらの活動のすべてを喜んでやるでしょう。その喜びのせいで、子どもたちは活動に長いこと関わり、そのようにして、子どもたちの身体は体育館でよりもずっと多くの運動をすることになります。

人間は興味と目的がなければ努力できません。知性が協力しなければ興味はわきません。人は興味を持たなければなりません。もしその人が統合されていなければ、興味を持てないでしょう。したがって、私たちはまず興味を持たなければなりません。そして次に、知性的な目的を持つ仕事を持たなければなりません。その仕事は個人によって自由に選択されるものです。

世界でなされるべき仕事の量には限りがありません。もし皆さんが働くことが好きなら、選択の対象になる仕事はたくさんあります。そして、教育はこのことを組み込まなければなりません。私たちは、日常生活の練習は実際的な技能の獲得のための訓練を意図しているのではないということを理解しなければなりません。日常生活の練習は、個人の精神的な部分と、運動部分の調和した発達のための一種の体育的な訓練なのです。その個人は一つの統一体になります。そのために、一つの運動がただ手の運動ではなく、全人的な運動になります。

私が学校にいた小さい女の子だったとき、私たちは手の体操をしました。それは一本の指だけを動かしていく体操でしたが、これはとても退屈でした。それが誤った考えに基づいていて、性格を発達させなかったからです。もし私たちが子どもたちに一つの目的を持った仕事を与えれば、もっぱら気骨ある人を準備することができます。それぞれの人は、人類の複雑な仕事に対して個人的な貢献ができる人でなければなりません。私たちが与えるすべての練習はこの意味で一つの援助です――個人の精神的な部分の発達を助けます。皆さんは、子どもたちが精確さを愛し始めるのを見るとき、たとえば、子どもたちが、精確さの限界まで進む、育ちつつある一つの内面の興味を持っているのを目にします。ある一つの仕事をするのと、それを精確にするのとは別のことです。精確さを達成する前に、大きな知性と興味が必要です。だから、子どもの性格はこれらの練習を通じて成長するのです。

私たちが、幼い年齢のときに「運び屋」と呼んだ子どもたちを見てごらんなさい。それらの子は家具を一つの場所から別の場所へ運ぶのが好きでした。私は、一人の小さい子が家具を一つの部屋から庭へ運ぶのを見たことがあります。そして、家具をみんな庭に運んでしまうと、また元に戻しました。これもまた体育です。それはまた能力も発達させます。というのは、この子は家具をだめにしないよう非常に注意深くする必要があったからです。その子は家具の一つ一つをうまく扱ってドアを通る必要がありました（家具の移動には人は非常に巧みである必要があります）。そして、子どもたちは当然ながら精確さを好みます。この精確さは、教師が教えるからではなく、子どもが内面の手引きを持っているから生じるのです。もし私たちがこの手引きを失うと、私たちは不幸です。でも、子どもは失いません。私たちは、子どもをこの精確さという点に至らせなければなりません。この、精確さへの衝動は学校では理解されてきませんでした。

体育は完成を与えられません。多くのモンテッソーリ・スクールにおいてでさえ、学校を始めた人々が私のところに来て、体育についてどうしたらよいかと尋ねました。すべての保護者が体育について尋ねたからです。これは人々が完全には理解していなかったからです。もし子どもたちが十分な運動をしていなかったら、もっと多くのやるべき仕事を与えられなければなりません。たぶん、保護者たちはこのことを理解しないでしょう。しかし、教師たちが学校に体育を含めたら、その教師たちは明らかに私の言うことが分かっていません。この、体育をするという問題は、しばしば学校での教育の問題よりも優先されています。

第一に、私たちは自然と調和した真の教育をしなければなりません。第二に、私たちは社会を助ける教育をしなければなりません。すべての人々は働かなければならず、活動していなければならないからです。今日、人々は教育を受ける機会を持っています。しかし、教師の言うことを聞きながら一日じゅう学校で座っていなければならないとしたら、幸せではありえません。文明は私たちに、私たちが歩く必要がないようにと、自動車などを与えました。私たちは不活発になり、そのせいで、体育運動をする必要があります。不活発になったり、運動を必要としたりするよりも、何か有益な仕事のために身体の力を使うほうがもっと良いことです。私たちはなぜ、そんなにも奴隷なのでしょう？　なぜ自由になるのを望まないのでしょう？　私たちは、非常に制約されているので、自由ではありません。このことは、今日、とても大切な一つの社会問題です。

もし誰もが日常生活の練習をしたとしたら、社会的な平等が実現するでしょう。誰もが自分のすべての仕事をする必要があるというわけではありません。でも、人々がやり方を知っていたら、この仕事の価値を認めるでしょう。このことは何ら新しいことではありません。自然が私たちに命じるのです。子どもはこのことを成長の過程で私たちに示します。子どもたちが自然の法則に従って働くとき、性格が形成されます。逸脱が治ります。難しい子どもも幸せで可愛らしい子どもになります。したがって、これらの日常生活の練習は取るに足りないものではありません。基本です。私たち自身は難しい子どもを変えることはできません。あるいは、その建設を助けることはできません。

今日、体育運動は早朝に、ラジオで音楽に合わせて与えられさえします。そして私たちはこれを行ないます。でもいっぽうでは、全人類のエネルギーが共同して働くというとても大きい必要があります。なされるべき非常に多くの仕事があるのに、私たちは体育に時間を浪費しています。このことは起こってはなりません。特に教育においては。

第23講義　手

一九四六年十一月十一日

私が体育運動と「日常生活の練習」に要求されるいろいろな運動とを比べたのを、皆さんは思い出されるでしょう。そうですね、あれはただの一つの類似でした。私たちは日常生活の練習を身体的な運動をするためだけにするのではありません。というのは、私たちは毎日の生活でとてもたくさん動き、筋肉群を使いますが、筋肉運動は神経システムと密接に関係していて、知性によって導かれるからです。したがって結論は、私たちはモンテッソーリ・スクールにおいては体操器具と体育館を持つべきではなく、仕事を持つべきだ、ということです。私たちは体育館を持つことができ、筋肉群を使って私たちの好きなことを何でもすることができます。しかし、私たちはまず運動の重要性を認識しなければなりません。

ちょっと考えてください。静かな社会とはどんな社会でしょう。運動のない社会とは？　考えてください。もしすべての人間が――たった一週間でも――動きを止めたら、何が起こるでしょう。何が起こるでしょう？　すべての人が死ぬでしょう。それは社会生活の問題ではなく、仕事の問題です。個人の体操の問題ではありません。もし世界じゅうの社会全体の人間たちが、調整されていないぎくしゃくした運動しかしなかったら、人間たちは短期間で死ぬでしょう。すべてのエネルギーが無駄に消費されるでしょう。

社会は個人たちの複雑な取り合わせです。それぞれの個人はほかの人と違う動き方をします。世界の成り立ちを心に留めておきましょう――一人一人の人間は自分の目的を満足させるために動きます。もしすべての植物が動くのをやめたら、どうなるでしょう？　もはや果実も花もなくなるでしょう――大気中には有毒ガスが多くなりすぎるでしょう。もしすべてのものが止まったら――鳥たちが樹上で動かずにいたら、昆虫たちが地面に舞い降りてじっとしていたら、野の獣たちがジャングルを移動しなかったり、魚たちが水の中で泳ぐのをやめたりしたら――それはどんなに恐ろしい世界でしょう。動かないでいるのは不可能です。自然はそれぞれの動物に一つの有益な目的を与えました。すべての生命は運動です。これは運動の哲学です。それぞれの生物は、それ自身の目的のためのそれ自身の運動を持っています。世界の創造はこれらの目的ある運動すべての一つの調和です。

社会の基礎は有益な目的をそなえた運動です。私たちがこの事実を子どもたちに認めるとき、私たちは子どもたちの精神生活の本質をよりよく理解するでしょう。目的を持って行動する子どもたちは幸せです。人間の生命の働きと中心が同じだからです。

私たちが人間たちと動物たちの行動について話すとき、私たちはその目的ある運動について言及します。この行動は実際生活の中心です。大切なのは、単に家の中での実際生活、部屋の掃除、植物の水やりなどではありません。大切なのは、世界じゅうの誰もが一つの目的を持って動き、自分のためだけでなくほかの人たちのためにも働かなければならない、という事実です。人間の仕事がほかの人たちに役立つ仕事でなければならない、というのは不思議です。もしそうではないとすれば、人間の仕事は体育運動以上の意味を持たなくなるでしょう。すべての仕事は、私たち自身のためだけでなく、他者たちのためにもなされます。ダンスのように取るに足りない何かでさえも、聴衆がいなければ無意味でしょう。ダンサーたちは、とても多くの苦労と疲労とによって自分の運動を完全にしますが、他者たちのために踊ります。仕立屋たちは縫うことで一生を送りますが、自分の作った服を着られないでしょう。でも、服を縫うことは、体操と同じように、たくさんの運動を要求します。

もし皆さんが宇宙的な目的という一つの考え、つまり世界のあらゆる生命は一つの目的を持つこの運動に基づいているという考えを持っていたら、子どもたちの仕事を理解し、よりよく指導できるでしょう。初めは、子どもたちは活動するよう自然によって駆り立てられます。活動しているときには、子どもたちは幸せです。子どもたちは、人間としての行動をその限界と可能性とともに発達させ始めます。運動は密接に精神生活と結びつけられます。私たちは、知性、意志、性格などによって動かなければなりません。

筋肉群は神経システムの器官です。随意筋肉と呼ばれます。精神生活に密接に関係しているからです。人々は一般的にはこのことを考えません。特に、教育の狭い領域ではそうです。人々は言います。運動は呼吸、消化、発汗を助けるし、筋肉群を発達させたりするので、動く必要がある、と。しかし、これは間違いです。筋肉‐骨格システムのもっと大きくて高度な働きは単に発育する生命に役立つことができるだけではありません。もちろん、発育する生命は筋肉群の助力に頼っています。しかし、これは筋肉群の主要な目的ではありません。一人の人が大きな目的を持って動くとき、この発育する生命の全体が援助されます。つまり、肺は深く呼吸し、心臓の機能、消化その他も援助されます。このことのすべては目的のある仕事の一つの結果として起こります。自然においては、健康は運動のための理由ではありません。もし私たちが運動をこの視点から考えるべきだとしたら、私たちは本当には生きていないことになるでしょう。

生命を助けるためには、私たちは生命のあらゆる側面を認識し、それを助けなければなりません。運動は生命の重要な一つの部分です。そして、もし私たちが運動を理解するべきだとしたら、私たちはまず運動は精神の働きの一部であることに気づかなければなりません。大切なのは日常生活の練習だけではありません。大切なのは単に仕事ではありません。もっと複雑な何かがあります。人間においては、すべての筋肉の調整が仕事を通じて生じます。動物たちはそれぞれ独特の運動を遺伝によって身につけます。リスは素早く木に登ります。カメはゆっくり動きます。ジャンプする動物たちもいます。という具合です――これらすべての運動は遺伝です。それとは対照的に、人間は自分のすべての調整を自分で建設しなければなりません。

人間の運動に対する可能性は無限です。それぞれの個人は自分の可能性のいくらかは発達させられます。それぞれの個人は自分独自のタイプの運動を建設できます。それがその人を他人たちから区別します。このようにして、それぞれの個人は、その人の環境での動き方によって自分自身を建設します。

皆さんはたぶん、五感の発達のための練習は五感のためであって、運動のためではない、とお考えかもしれません。そう、それは正しいのです。しかし、五感の発達は教具による練習の繰り返しに由来する集中とともに生じるということを理解することも、またたいへんに重要です。もし皆さんが三歳の子どもにこれらの練習を与えたら、そしてその際に、子どもをまったく動く可能性のない状態にして、五感の発達だけを考えて、たとえば、＜色板＞を見るようにと頼んだら、子どもは知性的な目的のないままに、動かずに座ったままでしょう。子どもは、ただ見るだけでは五感を訓練できなかったでしょう。子どもたちはいろいろな物を手で扱うことによって五感を発達させます。これが刺激です。この後で、内面の興味から集中が生じてきます。

それぞれの個人は自分自身の練習を持たなければなりません。運動と手の使用は五感の発達のための一つの援助です。これらがなければ、五感は発達できません。そして、集中の可能性も、あるいは性格の形成の可能性もありません。運動、特に手の運動を通じて調整が発達します。調整は内面の平衡です。手は本当に性格を建設し、これらの五感の練習に役立ちます。三歳から六歳までの間に、すべての練習はこれをします。もし私たちが感覚教具群で、類似と対照の刺激を与えれば、知性はこのすべてを区別し始め、したがって知性が発達します。

もし小さい子どもたちが、たとえば色に興味を持ったら、子どもたちはたくさんの美しい色を与えられるべきだ、と皆さんは考えるかもしれません。インドでは人々が言います。世界は美しい色――花々、夕日など――でいっぱいで、子どもたちが見るための素晴らしい色がたくさんあるのに、なぜ私たちは、私たちの限られたセットの色で控え目な刺激を与えるのか、と。子どもたちが身の周りでそれらの素晴らしい色を見るのは本当です。それらすべてについて、一つの印象を持っていることも本当です。しかし、何も残っていません――知識も、興味も、集中も、細部も、精確さも残っていません。子どもたちは花々の色にも、インドの婦人たちが来ている美しいドレスにも集中しません。しかし、もし子どもたちがいろいろな物を自分の手で動かすことが出来たら、その運動は五感と相互に関係し、それに応じて知性が発達します。私たちは、子どもたちが集中し、興味を持つのを見ました。そして後になって、子どもたちの五感が教育されたのを見ました。教育された五感を持つことは環境の美しさを知覚することです。微妙な違いを知覚することです。皆さんがこれらのデリケートな違いに気づいたとき、全世界はもっと魅惑的になるでしょう。かつて見ていたよりも多くのものを見ることができます！もっとずっと興味を引かれます！

いろいろな感覚的印象と感覚教育は別ものです。一つの感覚印象にとっては一つの刺激で十分です。しかし、感覚教育にはもっと系統だった何かが必要です。もし以前には紹介されなかった一つの特性が獲得され完全にされるべきだとしたら、手の運動と五感の練習とが一緒に働くことが必要です。教具群を使っての活動が何か違うものを見るよう子どもを刺激するのではないのです。手の運動が知性の内面の力と相まって、個性の発達にとって有益な何かを固定するのです。実際に、多くの小さい子どもたちが「ぼくは自分の手で見る」と言います。子どもたちは自分の手で見るという、この感覚を持っています。

もし子どもたちの小さい手がどこででも、順番なしにあらゆる物に触るとしたら、子どもたちは自分のためには食物が準備されていない空腹の人々と同じようになるでしょう。私たちは、この教具を提供することで、食物を提供するのです。手はいろいろな物を取り、そのようにして人格が栄養を与えられ、発達します。

私たちの学校では、子どもたちが手を使うこれらの練習を繰り返すことができますが、手は本当に美しくなります。これらの、知的に動く小さいデリケートな手には特別な美しさがあります。ある人が知性的であるかどうかは、その人の手を見れば分かります。昔の人は人間の精神の代わりに手を見るのが常でした。線の美しさなどを見たのでした。私たちは手を美しくするためにマッサージをします。手にキスをします。手は内面生活の器官です。子どもたちは、それらの、内面生活の器官を訓練する機会を持たなければなりません。

美術家たちは常に手の美しさを認めてきました。当地ロンドンにいるある写真家が、あるモンテッソーリ・スクールに子どもたちを見に来ました。彼は自由な運動や子どもたちの遊びは見ませんでした。でも、手を見ました。子どもたちの手は普通の手ではない、と彼は言いました。そして、手の写真だけを撮りました。これは一つの事実の外面的な現われでした。これらの小さい運動の調整のすべてが後に書くことなどに利用されます。これらの運動のすべては手を準備する意味があるのです。

これらすべての運動において、子どもたちは精確さと繰り返しという本能を持っています。脚ではなく、手を完成させるという本能を持っています。この理由のせいで、手の発達は個人の性格と何らかの関係を持っています。手が性格を示すのです。そうですね、手袋は便利です。非常に精神的な人だけが手袋を必要としません。[31] 誰もが滑らかで手入れの行き届いた手を持てるわけではありません。ある種の高貴なタイプの仕事も手を荒らすからです。しかし、仕事で荒れた手はやはり精神的です。

私たちは運動を通じて、環境ともっと親密な関係に入り、もっと知性的に環境と結ばれます。私たちは意識を獲得します。私たちは以前には無意識的でした――私たちは見ることも区別することもしませんでした――しかし、その後はだんだんと意識的になります。手は、環境での経験を通じて意識の発達を助けます。

しかし、とても小さい子どもについてはどうでしょう？　環境を取り入れ、環境を吸収し、ことばを吸収する小さい子どもです。この吸収、特にことばの吸収は、手には何の関係もないように見えます。しかし、運動がないとしても、ことばに必要ないろいろな運動のための内面的な準備が存在します。環境から吸収されるのは話しことばの印象だけではありません。必要ないろいろな運動のための準備のこの素晴らしい期間もまた存在するのです――そして、この非常に幼いこの年齢においてこの準備は完全になり、母語が獲得されます。

これは謎ではありません！　とても小さい子どもたちの発達にはいくつかの段階があります。そのときに子どもたちは、あらゆるものを吸収し、運動のために綿密に準備するのです。これらの子どもたちは無意識です。運動のためのこの準備は無意識な生活の一つの現象です。運動は後にやって来ます。運動は個人の努力によってやって来るのではありません。生まれるのです。子どもの中には何か特別な感受性があります。内部の仕組みの一つの動きがあります。それが、それ自体でこのすべてを準備するのです。それは創造です。運動は創造の一部です。そして創造はこの感受性と相互に関係していて、長い期間を通じてこの素晴らしい自発的な働きが定着します。これが、無意識の生活と意識した生活の準備との間の違いです。無意識的な生活の間は自然が命令します。それは、二歳のすべての子どもたちが従わなければならない一つのベルのようです。子どもたちはこのことを努力しないで、教師なしでします。これが無意識の仕組みです。

三歳から六歳までの年月には、人間はもう一つの仕事を始めます。手によって何かを建設することです。この時期の子どもには意識があって、努力によって自分を建設する必要があります。一人の個人としての能力を、自分自身の努力によって、環境との関係において建設する必要があります。その子どもに適切な援助を与えないと、その個人はひとりで自分自身を建設することになり、自分の出来る限りの人間になるでしょう。その個人がこれをする完全さの程度は、自分の手を使うために与えられた可能性にかかっています。一人だけの個人は完全さを達成するために、ほかの人よりも長い時間を使うでしょう。

自然がベルを鳴らす発達の第一段階においては、二歳のすべての子どもたちは準備が出来ていて応えます。このことが、誕生から三歳と三歳から六歳の二つの時期の特別な違いです。最初は、手は動かない小さい花のようです。三歳の子どもたちは自分自身の努力と手の協働とによって能力を獲得し始めます。私たちは、これら二つの違った発達の仕方を理解しなければなりません。

原注(31)：想像するに、モンテッソーリ博士はこのときに自分の七十六歳の手を調べて、自分のちょっとしたジョークに微笑んだであろう。

第24講義　一九四六年十一月十九日
想像力の建設

子どもの建設的な運動のすべては、内面の衝動によって促されます。活動はこの内面の衝動のせいで起こります。しかし、知性についてはどうでしょう？　異なる年齢での知性の建設には異なるいろいろな段階があるのは明らかです。三歳の子どもは六歳の子どもほどには知性的ではありません。私たちは若い人たちよりも知性的である、という具合です。もし私たちがこの発達を初めから見守って、この発達の現れを研究すれば、私たちは大人の内部にあまりにも深く埋もれている事柄について何かを学ぶことができます。

私たちは本当には知性を理解していません。私たちは知性を自然の一つの賜物と呼びます。知性は人類の一つの特徴である、と言います。動物たちには見出せない優れた性質です。人間に特別なものです。動物たちの進化には起こらない何かです。動物たちは進化しません。ますます知性的になって、人間の知性のレベルに達することはありません。進化的に言えば、動物たちは私たちより古いので――動物たちは環境において私たちより自由です――動物たちは私たちよりも知性的でしかるべきだと思えます。明らかに、知性は単に環境での経験から生じるのではありません。

人間と高等動物たちの知性の比較研究は、それらの動物は一定の意味で知性的であることを示しました。動物たちは意識的であり、本能を持っています――私たちも意識的で、本能を持っています――そして動物たちは、自分たちの自然な環境に属していないいろいろな物を認識できます。これらすべてのせいで、動物たちの知性は私たちのそれに似ている、と私たちは想像します。私はアムステルダムのある教授を覚えています。教授は自分が訓練したイヌたちを私たちに見せてくれました(32)。これらのイヌはよく教え込まれていました。幾何図形を合わせることが出来ました。d‐o‐gというような単語を特別な〈移動アルファベット〉を使いながら足で構成しました。モンテッソーリ・クラスで子どもたちがやるのと同じでした。この教授は、このことは人間の知性が動物の知性から発達したことを明白に示している、と考えていました。

しかし、私たちにとっては一つの越えられない障壁があるように見えます。動物たちはある種の絶対的な限界の先には行けません。それに対して、人間はあらゆる程度の知性を持っています。いちばん無学で原始的な人々でさえこの特徴――人間の知性――を示します。それは、狭く限られた動物の知性とは異なる特徴です。人間はイヌよりも多くの幾何図形を認識できます。少数の文字だけではなく、アルファベット全体を使うことができます。しかし、これは単に量的な違いではありません。形式と実体に違いがあります。本当の知性は、自然が人間だけに授けた、並はずれた何かです。もし私たちが人間と動物の知性の違いを研究すれば、人間の知性は想像力に富むということが明らかに分かるでしょう。動物たちの知性はいろいろなもの――名前、声など――を認識できることで成り立っています。

想像力とは何でしょう？　想像力は人間の知性の真の形式です。知性は常にこの形式の中にあります。もし人間が想像力を持っていなかったら、動物たちが持っている知性と同じ知性を持つことになるでしょう。ただ、その量は多いでしょうが。もし人間が想像力を持っていなかったら、動物たちの知性は人間の知性と同じ量になるまで増えることが可能でしょう。

しかしながら、人間は内面の一つの活動ができます。目の前にないいろいろな物を想像し、それらをつくり出せます。この形式の知性には限界がありません。私たちは、知性のことを一つの活動、内面の仕事、内面の知的な活動と考えなければなりません。吸収する精神の段階にある子どもが、いくつかの好みを持っていることを覚えていますか？　――たとえば、ことばの敏感期にある子どもが環境からどのようにことばを見つけ出すかを覚えていますか？　この自発的な活動はその子どもにとっては無意識な活動です。しかし、この無意識な活動が知性の建設に関係しているのです。子どもが見つけることばはいずれ、自分の考えを表現するために使われるでしょう。

子どもは積極的に環境から取り入れます。昔の心理学者たちは、子どもは感覚刺激——光、鳥、騒音など——に反応すると言っていたものです。そして、たとえば光について一つの経験をし、その最初の経験の後に、もっと大きな光の認識に進む、と言っていました。これは精神生活の受動的な解釈ですが、非常に一般的な解釈です。特に、知識伝達教育においてそうです。でも、これは事実とはたいへんに異なります。事実は、子どもは自分が必要とするものを積極的に環境から自分のために取り入れるのです。自分自身の精神生活を建設するためにです。

異なる段階における知性の連続する建設もやはり一つの活動です。建設的な活動には自然からの一つの指示がなければなりません。建設のための一つの自然な法則があるはずです——混乱状態では建設できません。

同じように私たちは、私たちが提供する援助のせいで知性が発達すると考えてはなりません。私たちは受動的な精神、受け身の精神についてだけ考えてはなりません。そうではなく、どの時点でも内面的に何かが創造されている、創造的で、建設的な精神について考えなければなりません。私たちは単に知識を伝達するだけでは援助できません。成長の諸法則にとって一つの助けとなる、それらの助力を提供することによって援助するのです。

このようにして私たちは、知性が私たちの考えていたよりもずっと大きい何かであることが分かります。それは、いろいろなイメージとそれに関係する一定の概念を受け入れるだけではありません。ずっと大きな何か、一般に想像力と呼ばれる一つの大きな現象なのです。

ちょっと想像してください。人間に想像力がまったくなかったら、何が起こるでしょう？　想像力がなければ、文明もないでしょう。文明は知識です。そして、すべての知識は知性の仕事の一つです。この知性は、これらすべての仕事をただ単に感覚経験を通じて行なうのではありません。つまり、環境を見て、いろいろなイメージを集め、それらのイメージから私たちが知性と呼ぶものを建設するのではありません。知性の建設は受動的ではありません。私たちは自分の知性を、ほかの人から与えられた知識によっては建設しません。

大きな要素が二つあります。第一は活動です。その活動はいくつかの法則に従い、子どもに自分の経験から知性を建設させます。第二のもっと大きな要素は想像力です。すべての動物たちのうちで、人間だけがこの賜物を持っています。一生にわたって続く賜物です。それは、一つの特別な時期に特有で、その後は消えてしまう一つの感受性ではありません。私たちが文化を獲得できるのは想像力のおかげです。私たちが自分の頭の中に集めたいろいろなイメージを保持し、それらのイメージによって構成できるのは想像力のおかげです。私たちは想像力によって、その場にない物を見ることができます。想像力の最大の効用は、私たちの目の前にないあれらの物を見えるようにすることです。これが人間と動物たちとを区別するものです。その場にないものを見る能力です。これが人間の偉大さです。

私たちにその場にない物を見させるのは記憶だけではありません。内面の一つの活動によってもたらされた一つの構成です。たとえば、私は自分の知っているいくつかの記念碑や特別な場所の美しさを描写できます。皆さんはそれらを見たことがありません。でも、私の描写を聴きながら、少しずつイタリアについてのある考えをえられます。これが想像力です。イタリアという国は皆さんの目の前にはありませんし、皆さんは思い出すこともできません。見たことがないからです。しかし、もし私がたとえばナポリ湾の美しさを、青い海と青い空と湾に出入りする小さい帆かけ舟を描写すれば、皆さんはナポリ湾の一枚の絵をえられるでしょう。皆さんの目の前にはない一枚の絵です。それが皆さんの精神による構成です。

私たちが学習するあらゆるものは、私たちの精神の中にある一つの想像的な表現にすぎません。このことは私たちが、再構成の可能性を持っていることを意味します。その再構成に当たっては、私たちの知性が感覚印象をはるかに超えるのが認められます。可能性は広大です。もし私たちが見たことのない国の一つのイメージを構成できるなら、いろいろな概念についても同じことができます。

私たちは証明できないいろいろなことを知っています。私がナポリ湾について描写したら、皆さんはいつかそれを見ることができるかもしれません。しかし、私が世界は大きな球体だと言ったら、皆さんは全世界を旅行したとしても、この印象は決してえられないでしょう。地球を手に取ることはできないからです。もし私たちが地球は太陽の周りを回っている一つの惑星だと言っても、皆さんはそれを実証できません。私たちの想像力は、私たちが五感を通じてでは得られなかったものを与えてくれます。私たちは歴史を学ぶとき、過去に起こったいろいろな出来事を私たちの精神の中に見ます。私たちはそれらの出来事を非常にはっきりと見るので、私たちの心の中に一定の感情が起こります。したがって私たちは、知性とは単にいろいろなイメージの知覚を記憶する一つの力ではなく、構成し再構成する一つの力である、と結論します。それは自然によって人間に与えられた一つの力です。そして、人間にとっては自然なので、子どもたちにも見出されます。子どもたちは、理解力を持っているだけでなく、複雑な諸概念を構成するというもっと大きな力も持っています。

私たちはこれを三歳から六歳までの間の時期に、特に五歳になるころに見ます。子どもたちは、非常に複雑な物事を再構成できる一つの力を授けられています。そして子どもたちはとても大きな喜びとともにそうします。これは、想像力を建設するための特別な時期です。この時期の間に、一つの大きな力が人間の中で目覚めます。それが、この時期が一般に、遊びの時期と呼ばれるだけでなく、想像力の時期とも呼ばれる理由です。

子どもたちはこの力を、物語をとても好むという事実で証明します。子どもたちが物語を非常に好むということは、子どもたちが物語を頭の中で再構成できることを示しています。いろいろな物語が子どもたちの経験の限界外にあったとしても、再構成できるのです。私たちはこの再構成に決定的ないくつかのステップを見ることができます。三歳半と四歳の子どもたちは、新しい物語を聞くよりも、同じ物語が何回も何回も繰り返されるのを好みます。このことは、身体的な面での練習の繰り返しに対応します――子どもたちが、自分の運動の調整を築いていて、同じ練習を何回も繰り返す時期です。したがって私たちは、この最初の時期の間に、繰り返しという同じ現象を目にします。子どもたちは同じ物語を何回も繰り返して聞きたがります。子どもたちがこのことからそのような喜びをえるという事実は、頭の中で何か発達しつつあるもの、建設されつつあるものをめぐる一つの活動があることを示しています。喜びというこの事実はほとんど感覚的です。原始的な現象です。想像力の感覚的段階は、絵画が感覚のレベルで与えることのできる喜びに比べられます。再構成はこの段階ではほとんど感覚的です。一つの光景を構成できるこの力、内面の構成を作れるこの力が存在します。

この内面の構成は、環境から集められていた一つの基礎の上に築かれます。たとえば、私たちが子どもたちに『三匹のクマ』の話を語るとき、子どもたちは既にクマを、あるいはクマの絵を見たことがあります。そして、ベッドやボウルや椅子などには親しんでいます。森も見たことがあります。したがって子どもたちは、既に見たことのあるものという基礎の上にこの話を再構成します。私たちが子どもたちに、ほかの人間たちを食う人間たち、巨人や人食い鬼の話をするとき、それらの物語は子どもたちが既に理解している事実に基づいています。私たちが妖精たちの話をするとき――まあ、妖精とは羽のある女性にすぎません。子どもたちは空を飛ぶことについては知っています。だから、妖精を想像するのは容易です。子どもたちの持ついろいろな概念は、子どもたちが既に持っているさまざまな経験に基づく単純な再構成なのです。

このことは、子どもの想像力が行なう仕事の唯一の種類ではありません。子どもが理解するのは、ことばを通じてのいろいろなイメージの再構成だけではありません。それに加わる、もう一つの活動があります。一つの積極的な創造です。これは多くの場合に気づかれません。

オランダの学校の一つで、五歳あるいは六歳の何人かの子どもたちが地球儀をいじっていました。そこへ、三歳半の小さい男の子がやって来て、年長の子たちが「これが世界だよ」というのを聞きました。男の子はとても興奮して、「じゃあ、これが世界なんだ！　世界ってこんなふうなんだ！」と言いました。明らかにこの三歳児は、世界ということばを理解しようとし、頭の中で再構成しようとしてきました。何かを想像しましたが、上手くいきませんでした。男の子は「どうして、そんなに世界に興味があるの？」と尋ねられて、答えました。「ぼくの家では、みんながいつも叔父さんのことを話すの。叔父さんは世界を二回りしたって」と。その子は、叔父さんの偉業について畏怖と敬意をもって話し合われるのを聞いていたのです。そして、自分の家族の熱狂を感じていました。そして、世界とは正確にはどのようなものか、どのようにしたら世界一周が出来るか、理解しようとしてきました。そして、実際に地球儀を見たとき、地球儀が球体だったので、どのようにして世界一周が出来るかを理解しました。

もちろん、その子はこの地球儀が実際の世界ではないことを知っていました――しかし地球儀が世界という一つの概念を与えたのです。この世界は非常に大きくて、一周するには長い時間がかかり、汽車や船や飛行機で行く必要があった、という概念です。その子は、自分が聞いた会話から、世界の巨大さを想像しました。でも、どのようにしたら一周できるのか理解できなかったのです。地球儀の形を見ることで、悟ることが出来ました。地球儀を見て明快になり、その結果として、その子はとても幸せになりました。

明らかに、この子は頭の中で何かを構成しようとしました。その仕事は、地球儀を見る前は、推論する一つの力を要求しました。想像、推論、解くべき問題が同時に存在しました。このようにして、地球儀によって表現された文明の産物が、その子が頭の中の一つのイメージの構成を完成させるのを助けたのです。その子の想像力は一つのイメージを抱きました。その子は推理しました。問題は世界というものを再構成することでした。地球儀は正確な想像のための刺激でした。想像という構成しようとする個人の一つの努力を助けたのは、想像のための一つの刺激でした。

もう一つの例があります。別の幼い子どもが、地球儀をいじっていた一群の子どもたちが「これがアメリカ」と言うのを聞きました。その子はとても興奮して「どこがアメリカなの？」と尋ねました。年長の子どもたちが教えました。すると、その子が「ニューヨークはどこ？」と尋ねました。そこでまた、年長の子たちが教えました。すると、その子がまた「では、アムステルダムは？」と尋ねました。年長の子たちはそれも教えました。するとその子どもは、二つの都市の間の青い空間を見て、「これは海に違いない」と言いました。これが、その子の想像力によって行なわれた再構成という仕事の一部である一つの推理力です。事実は、その子の父親が仕事でときどきアメリカへ行くということでした。父親が留守の間、母親がその子に父親が毎日どこにいるか告げたのでした。「パパは海の上よ」と。そして次の日も「パパは海の上よ」と言い、それが、ある日「さあ、パパはニューヨークに着いたわ」と言う日まで続きます。それから、後にはパパが再びアムステルダムに到着するまで、「パパはまた海の上よ」が続くのでした。その子はこれらすべてを分かろうと努力し、自分の頭の中で起こっていることすべてについての精神的な一つのイメージを構成しようとしました。その子は地球儀を見たときに幸せでした。地球儀が自分の構成を助けてくれたからです。自分の頭の中の隙間を埋めてくれました。

子どもが想像の構成を完成させることができたとき、精神的な落ち着きが生じます。精神はこれをなし終わると、休息できます。私たちは、頭の中で構成をするために、話して聞かされたことを目に見えるようにするために、実際の経験をしていなければならないか、あるいは想像力による一つの再構成をつくり出すかしなければなりません。地球儀によるアメリカと、海の想像力による再構成は、その子どもの精神がその光景を完成させるのに十分でした。

これら少数の例は、子どもたちの頭の中でどんなに激しい活動が進行しているかを示しています。子どもたちは、自分の頭の中の物事の一つの光景を構成しようと絶え間なく試みています。子どもの想像力の仕事は絶え間がありません。既に自分の精神を建設し終わっている私たちとはまったく違います。子どもたちの想像力は、この力を築くために絶え間なく活動しなければなりません。子どもは、ちょうど吸収する精神の時期にいるときに、感覚レベルで世界を研究し、いろいろな印象を受けました。今や、別の仕方で世界を研究し、自分がかつて見たことのない物事を、既に持っている経験を通じて、構成しようと試みます。子どもは、この想像力による構成を通じて、真の知性の世界に初めて進み入ります。

五歳の子どもたちがそのように遠くまで進んでいるので、多くの心理学者たちは、子どもたちがそのように多くの知識を持っているのは奇跡的だ、と言います。しかしそれは、この年齢の子どもたちが激しい活動を成し遂げ、頭の中にある多くの事柄を構成し終わったことを示すだけなのです。そしてそのことが、子どもたちを世界において自分たちを取り巻くすべての物事の主人公にするのです。この時期の間の子どもたちが一つの激しい好奇心を示すこともまたよく知られています。知識に対する大きな欲求を持っているのです。それは、このタイプの精神の建設のための真の敏感期です。

したがって子どもは六歳では、関連のない出来事と関連のない感覚経験から、身の回りの世界で起こるほとんどすべてのことを大人の助けなしに再構成することができます。このことは前の時期に起こることと似ています。つまり、子どもが三歳で、身の回りで起こったたくさんのことを、たとえば、ことばを教師の助けなしで吸収した時期です。二つの時期の大きな違いは、子どもは発達の第一段階には吸収し、第二段階には構成することです。

子どもが物語に見出す喜びは、想像力によって再構成する一つの力を持っていることからえる満足感を示しています。想像力のことを、いろいろなイメージを映す一種の鏡であると考えるのは誤りです。なぜなら、想像力は建設し構成する人間の精神の本質だからです。想像力は子どもが何を聞くかによって発達するのではありません。世界における自分自身の努力によって発達します。発達はその個人自身の努力――理解しようとする努力――と理解――理解しようと努力しているものの一つの光景の獲得――とを通じて生じます。この活動が知性を築きます。知性が以前には手を使う活動を通じて建設され、運動の調整が一定の指示に従っている子どもの努力を通じて獲得されたのと同じです。子どもの精神の建設は、この想像力の時期の子どもの努力を通じて生じます。そしてこのことは、子どもを教師の助力なしで世界を知性的に所有するよう導きます。子どもはこの仕事を本能的に、助力なしでするとはいえ、私たちはやはりこの発達を刺激することはできます。

私たちは、子どもがいろいろな概念を自分自身の努力を通じて構成しようとするのを見てきました。しかし、この努力は多くの場合に、とても大きくて疲れさせるものです。もし私たちが子どもにもっと正確な光景を獲得する手段を提供するようないろいろな要素を与えれば、子どもはもっと上手くやれるでしょう。私たちがこれをすると、私たちは子どもが喜びと興奮を示すのを目にします。それは、地球儀を見た小さい子どもが、世界について自分が知りたいと思っていたことについての答えを求めたのと同じです。

一人の個人が発達できるのは、その人自身の努力と環境での経験を通じてだけです。この努力は子どもを環境で絶えず探し求めるよう導きます。この努力が本能的で、絶え間がなく、環境に向けられるので、私たちはこの努力を助けることが出来るのを見出します。以前の時期の子どものいろいろな努力を助けることができたのと同じです。子どもが自分の運動を調整することを学んでいるとき、私たちは子どもに適した一つの環境を用意し、それから、子どもが自分の活動を選ぶに任せました。今も、同じように、私たちは一つの環境を用意することができます。その環境は、子どもが自分で新たに努力するのを可能にし、想像力による知性を発達させるのを助けるでしょう。

説明を通じて子どもを助けるのは不可能です。たとえば、世界は丸いと教える授業を与えることによって助けることはできません。私たちは子どもに一つの環境を提供しなければなりません。その環境を通じて、この本能的に探し求め、建設しつつある精神はその仕事を援助されえるのです。私たちは、建設というその仕事において、精神を助けなければなりません。人間は想像力によって建設する必要があります。そして子どもは、自分のために用意されているのではない一つの世界で、この仕事に必要なものをあちらこちらで集める必要があります。子どもは、これらの収集物から、自分が生きていかなければならない世界を理解する努力をする必要があります。子自然は子どもを世界を理解するよう駆り立てます。子どもは世界で生きていかなければならないからです。私たちは一つの環境を用意しなければなりません。子どもが自分の想像力を自分自身で個人的に建設するために必要なものを選べる環境です。この生命全体のための援助を与えることと、おとぎばなしを与えることとの間には、一つの違いがあります。玩具での遊びはただ手のために時間を提供するだけです。子どもは調整された運動の建設のための練習を持たなければなりません。しかも、興味深い仕事を持たなければなりません。

子どもたちの発達は、偶然に任せてはいけません。子どもたちにいくつかの物——砂、粘土、水など——を与えるだけでは十分ではありません。そして、子どもたちの人間としての必要に対して何の準備も提供しない世界に放っておいては不十分です。それらは動物の必要ではなく、人間の必要です。知性は人間という種の一つの特性です。

私たちは、子どもが家や街路でいろいろな物を偶然に選択するままにしてはいけません。子どもはいずれ、この世界を理解しようとするでしょう。だから私たちは、用意された一つの環境を、子どもの要求を理解している人々のいる環境を、子どもに与えなければなりません——子どもが自分の発達のために必要なものを自由に選べる、美しくて豊かな環境です。そのようにして子どもは、自分の力の限度いっぱいまで発達できます。子どもは授業計画からは学べません。自分の精神の完全な発達のために必要なあらゆるものを取り入れられなくてはなりません。自分の人格の発達のために必要なあらゆるものをです。

原注(32):F.J.J.Buytendijk (ボイテンディーク 一八八七~一九七四)。動物の知能と心理を研究したオランダの教授。モンテッソーリがここで、この教授に言及しているとは確実には言えないが、教授はイヌの専門家で、同時に教育にも非常に興味を持っていた。教授はモンテッソーリに会ったことがある。というのは、教授はアムステルダム・モンテッソーリ学会(一九三〇年設立)の理事会の初期のメンバーだったからである。教授の論文の一つはオランダ・モンテッソーリ協会から公刊されており、もう一つはAMIの機関誌である"AMI Communications"に発表されている。教授が実際に〈移動アルファベット〉で単語を構成するようイヌに教えたかどうかは分からない。たぶんモンテッソーリは教授をだしにしてちょっと興じているのであろう。

第25講義　拡張する教育

一九四六年十一月二十二日

現代の多くの心理学者たちは、五歳以前の子どもたちは学校に入る準備が出来ていないということをあらゆる人に証明しようとする見解を取っています。心理学者たちは、その年齢以前には学校は不要だと示そうとしました。しかし、それらの学者たちはこの年齢以下の幼い子どもたちについて何も知りません。五歳と六歳の間の子どもたちを見て、これらの精神的な存在について何も知らないので、子どもたちが非常に頭が良くて一つの文化を持っていることを見出します。このことは印象的で素晴らしい事実です。これらの子どもたちが教師なしでこれらすべての事柄を獲得したからです。ではなぜ、この年齢の子どもたちがそんなに多くのことを知っているのでしょう？　この年齢の子どもたちに知識を伝えることに対する、広く流布した偏見があります。一般に私たちは、きわめてゆっくりと慎重に進むべきだ、と考えています。子どもの精神は受動的だと考えているからです。

子どもたちが五歳あるいは六歳で学校に来るときには、既に大量の知識を持っています。それなのに、私たちは依然として教えようとします。私たちがこれらの子どもたちとともに働けば働くほど、それまでは私たちが子どもたちに与えようとは考えなかった仕事を、与えなければならないことにそれだけ余計に気づきます。子どもたちそれ自身は互いに非常に違っています。大人たちと混じることの出来る教養ある家庭に暮らしている子どもたちは、その他の環境に暮らしている子どもたちとは違うレベルの知識を持っています。知性的な環境からやって来る子どもたちは、きわめて本物の一つの文化を持っています。たとえば、私は皆さんに申し上げたことがあります。五歳の子どもたちがどんなにたくさんの単語を知っているか、と。子どもたちはこれらの単語が身の回りで話されるのを聞きます。そして自然は子どもたちに、それらの単語のすべてを吸収して使う力を与えました。

これらの幼い子どもたちが、教えられることなしに詩を暗記するのを、私たちは目にします。子どもたちは単語を学ぶだけでなく、大量の知識も獲得します——それが可能なときに、あちこちで拾い上げる知識です。知識は子どもたちに秩序だった仕方では与えられないからです。

シュテルン(33)は驚きをもって言いました。（手元に本がないので、正確なことばを引用しません）「この年齢の子どもたちは自然から与えられたこの使命を持っているように見える。つまり、文明を取り入れて、身の回りの文化のさまざまなすべての側面と結びつけ始めるという使命である」というような意味のことです。

二十世紀の初めに生まれた人は今四十六歳でしょう。戦争や爆撃や原子爆弾という出来事を生き延びてきました。それらの人たちにとって、今日の世界は、自分たちが生まれたときの世界と大きく異なります。新生児は無意識のはずです——自分自身の精神の構造を形成する可能性を持っているはずです——もしこの力を持っていなければ、人間はどのような環境にも適応できないからです。ずっと昔に生まれた子どもたちは穏やかな環境で暮らしていました。そして、あらゆる制約とは無関係に穏やかに暮らしていました。女性たちは文字を読めませんでした。文字を読むのは女性たちにとっては罪だったからです。

しかしながら、子どもは建設できました。子どもは、自分を取り巻いている、いろいろな制約を恐れませんでした。今日の子どもは自動車や飛行機を恐れません。それらが自分の暮らしている世界に属しているからです。属していないものは何も理解できません。子どもの知識は現在に所属しています。これらの子どもたちは、それを学習とは考えません——身の回りにあるものを何でも批判することなしに単純に吸収します。現在だけを知っていて、過去を知りません。現在だけを吸収します。

子どもは、初めは一つの吸収する精神を持っています。子どもの精神がますます意識的になっても、吸収する精神は依然として存在し、子どもに幸せと満足を提供します。この吸収する精神は心理学的なおとぎばなしのようです。まるで私が別の惑星に行って、頭を疲れさせることなく教養を身につける、幸せな人々を見るみたいです。それらの人たちの学校や大学を見せてほしいと言いたいところです。人々の文化と知識のレベルから判断して、非常に素晴らしいに違いありません。人々は、学校などはないと言うでしょう。人々がすることといえば、遊ぶことだけでした。それでいて、この文化のすべてがただ自動的に入り込んでくるのです。これは空想だと思えるでしょう。素晴らしいと思えるでしょう。神秘主義者たちは、天使の精神はこのようだ、と言います。しかし、私たちのところには実際にこのような人々がいるのです。それが子どもたちです。子どもたちはこの形式の精神構造を持っているのです。

子どもたちが上手なストーリーテラーの周りに集まるように、心理学者たちはこの立証されていない点の周りに集まります。心理学者たちは小さい子どもたちの知性を絶対的に否定します。六歳以前には学校に行くべきではないと結論づけます。その年齢以前には、子どもたちは何も理解できないからだ、と言うのです。

私たちは、このわくわくするような発見をしています。数百の証拠のある一つの発見です。小さい子どものこの吸収する精神は、どのような文明のどのような時期にも――特定の文明の特定の時期に――入り込むことができ、そこにあるあらゆるものを取り入れることができます。自然はこの隠れた普遍的な力を小さい子どもたちに与えました。子どもたちが学校で教えられることなしに話すのを学ぶのと同じように、教えてくれる学校がなくても自分の特定の環境にあるものを何でも吸収します。

これは社会的な不公平の始まりです――貧しい人たち、富んだ人たち、その中間の人たちがいるからです。子どもは、生まれてから、身の回りのものを何でも取り入れます。そしてそのようにして、自分の時代と独特の環境とに自分を適応させます。ある子どもは一〇〇〇の単語を吸収する機会を持つかもしれません。そして別の子は五〇〇〇の単語を。これは大きな違いです。一人はたくさんのことを学ぶ機会を持ち、別の子はわずかなことを学ぶ機会しか持てません。このことは、さまざまな子どもたちが自分の環境に応じて知識に大小の差があることを意味します。

小さい子どもたちには、私たちが考慮に入れない、この大きな精神的エネルギーがあります。しかし、そのエネルギーは最良の方法で教育されなくてはなりません――人間相互の違いは生命の初め、誕生時には生じないで、その後に出会ういろいろな機会から生まれるからです。

問題は、どのようにして子どもたちに最善の機会を与えるかです。私たちは三歳から四歳の子どもたちに授業を与え始めることはできません。子どもたちは私たちの言うことを聞こうとはしないからです。私たちは子どもたちに何も与えることはできません。彼ら自身であらゆることを取り入れなければなりません。何がそれぞれの子どもを喜ばせるか知らないという意味で、私たちは無知で盲目です。そのせいで、私たちは限られた援助だけしか、ほんの少数の事柄しか与えられません。しかし、子どもたちは何か大きなものを求めています。大きいことは子どもたちを夢中にさせます。子どもたちは、大人どうしが話しているのを聴くのが大好きです。そして話されていることすべてを知りたがります。子どもたちは、自分に出来るものを取り入れ、身の回りの文化を吸収します。

小さい子どもたちは知性のない劣った存在だと考えることで、私たちはこの大きな誤ちをおかしています。私たちは、あれやこれやを子どもたちの頭の中に入れてやらなければならない、と考えます。かわいそうな母親はわかっていません。クリスマスに子どもに玩具類を与えるとき、それらを運んで来るサンタ・クロース（私の国では年取った婦人です(34)）の空想的な話をします。そして突然に、誤魔化すには子どもがもう年令がいきすぎていることに気づきます。そこで今度は子どもにそれは伝説だと告げます。子どもはたぶん、「ぼく、そのことずっと前から知っていた」と答えるでしょう。でも、子どもはそれが母親をとても幸せにするのを見たから誤魔化しに加わっていたのです。これが私たちの、小さい子どもたちとのコミュニケーションです。

最初の数年間に、小さい子どもたちは身の回りのあらゆる物を認識するようになります。物のすべての種類、いろいろな具体物の絵、そして、それらの物の使い方がわかるようになります。二年目には、子どもたちは小さい、ほとんど見えないように小さい物にとても興味を持ちます。それらの物はとても小さいので、見分けるのがほとんど不可能です。興味ある事実は、子どもたちの関心は克服するべき一種の困難性を必要とするということです。[35]もし子どもたちがある事柄に興味を持つとしたら、それは普通のものと少々違っていなければなりません。努力を要求しなければなりません。小さい物に対するこの興味のあとに、何が続くのでしょう？　自然の進歩があるはずで、何かほかの興味が続くに違いありません。これらの小さい物よりも難しいのは何でしょう？　子どもたちの興味は目の前にない物に向かいます。別の世界にある物です。子どもたちは触れることのできない物、目に見えない物を見つめ始めます。私たちは、想像力がこの年齢の子どもたちの特徴であることを目にします。子どもたちはもう外部にある物すべてを見たので今度は、ほかのところを見始めます。子どもたちはことばを理解し、大人たちが話すいろいろな物も理解しています。

もし人間の知性を研究するなら、それは主に想像力だとわかるでしょう。人間の歴史を見れば、この想像力という現象をそもそもの初めから見るでしょう。人間は自分に隣接した現実の厳密な知覚を持つだけではありません。想像力を用いた一種の仕方でも現実を見ます。大昔、人々は太陽を何か神秘的で偉大な物として見ました。今日では、ヨーロッパの人たちはアリゾナ州のグランド・キャニオンを好奇心を持って旅します。でも、神秘的な知覚は持ちません。それに対して、そこに住んでいる先住民たちは長時間黙想しつつ、自然の形成物の中に神の偉大さを感じながら過ごします。では、牝牛――とてもおとなしくて静かな動物――のことを考えましょう。牝牛は私たちに良質のミルクを与えてくれます。私たちは牝牛のことを一頭の有益な動物だと考えます。しかしインドでは、牝牛は何か神聖な存在として見られます。インドの人々は、牝牛は単に自分たちの利益のためにだけ存在するのではないという、一種の大きな感情的な心情を持っています。あるいは、ある種の樹木が神聖だという人たちもいます。これらすべては気持ち、想像力の一つの感じ方です。まるで私たちが自然界が持つ精神的な雰囲気を感じているかのようです。

この証拠を先史時代に見ることができます。そのころの洞窟群の絵画は、芸術家たちが見たものの単なる一つの再現ではありません。芸術家たちの内面で起こっていたことの表現でもあります。彼らの見たものが想像力を刺激したのです。これらの動物たちを頭の中で見て、再現したのです。これらの洞窟絵画群は何千年も前に描かれましたが、今でもそれらの芸術家に深く感嘆します。それらの人たちは――決してアートスクールには通いませんでしたし、絵具や材料を店で買いもしませんでした――それにもかかわらず、自分が内部で感じた何かを表現できたのでした。これらの芸術家には、教えてくれる師匠はいませんでした――彼ら自身が最初の芸術家でした。彼らが成しえたことは、彼ら自身の能力から、彼ら自身の想像力から生まれたのです。あらゆる困難を乗り越えたのは、内面の創造的な仕事でした。

人間は想像力の助けによって、もっと有益ないろいろなことができます。人間の知性はこの形式を持っています。私たちは、だんだんと建設がなされるにつれて、知性が一歩一歩発達するのを目にします。隠されているものを見つけたいという欲求が常にあります。人間の本能は発見の本能であるということを否定できません。もしそうではないとすれば、人間は動物たちのようになってしまうでしょう。

人間は、身の回りの物事以上のものを見る特別なエネルギーを持っています。私たちは子どもをこのように見なければなりません。子どもは見ることのできないものを理解できる、と見なければなりません。したがって、子ども自身の環境にあるわずかなものを与えるだけに限ってはなりません。子どもは生後の一年間に身の回りのものすべてを既に見てきました。だから、子どもが精神を建設するというこの大きな力を持っているときに、これらの少数のものに限るのは無益です。

私たちは子どもに文明のいろいろな偉大なものを与えなければなりません。私たちは子どもたちに贈り物のように提供しなければなりません。ちょうど、幼いイエスの物語で三人の王がそれぞれに自分の国の富、最善でいちばん貴重なものを贈り物として携えてきたのと同じように。それと同じように、私たちは最も貴重な贈り物を子どもたちに与えなければなりません。私たちは三人の王のように与えた後に、その場を離れなければなりません。そうすれば、子どもたちは自分が欲するものを選ぶでしょう。

私たちがこれをしたとき、真実に敬意を表したことになるでしょう。本当の子どもは大きな敬意に値します。それはおとぎばなしではありません。おとぎばなしは、演劇や映画のように楽しいものです。演劇も映画もわくわくして楽しいのですが、本当の進歩には導きません。玩具類で遊ぶのも似ています。その遊びからは何も発展しません。進歩がありません。楽しさは私たちのエネルギーと力を拡張させせません。しかし、個人の努力は拡張させます。向上する道はただ一つしかありません。それは、私たち自身の努力と獲得による道です。私たちはあらゆるもの――調整された運動から私たちの精神の内面的な嬉びまで――を征服しなければなりません。人間は征服者です。その征服は、特に人間による発見という視点から、人類の歴史において価値があります。進歩はいろいろな発見とともに、そして想像力的な構築とともに生じます。

皆さんは、さまざまな文明を見ると、いつも同じ現象を観察するでしょう。つまり、手の使用に優れているだけでなく、精神的な努力も懸命にした人々の現象です。彼らの哲学、理想、そして発見を知ることができます。それらは彼らの記念碑です。人間には完成が決してありません。これは、自然が人間に授けてくれた永遠の賜物です。

科学は、人間がある理想像（ヴィジョン）を持っていたので発達しました。頭の中にある理想像（ヴィジョン）を構築し終わった後、何が起こるでしょう？　しばらく後に、一つの理論が別の理論に取って代わるかもしれません。理論は直線的には進歩しません。私たちは、偉大な「人間の精神の体育館」が活動しているのがわかります。

子どもは一人一人の男性あるいは女性の、あらゆる人間存在の始まりです。子どもは、このタイプの知性という自然からのこの贈り物を持っています。子どもは何をするべきでしょう？　この登り道にそってスタートしなければなりません。その道が私たちの道のように複雑で混乱していたら、私たちは多少の援助を与えなければなりません。私たちは、この大きな可能性を見捨てて、子どもに世界で自分ひとりで自分の道を見つけさせ、その後に、子どもが偉大な発見者になるのを願ってはなりません。私たちは子どもが方向を決めるのを助けなければなりません。この援助は、私たちが考えていたのとは異なり、学校での授業によって与えられるのではありません。子どもは、教えられると受け身に止どまります。そしてそれは子どもを、文明の進歩のために有益な仕事をするようにはしません。

私たちは子どもにその理想像を与え、その後に活動する機会を与えなければなりません。私たちはこのことを、子どもの生命の初めのときから理解していなければなりません。この素晴らしい子どもは大きな可能性を持っています。環境から自分で知識を吸収することができます。しかし、子どもはこれを自分自身でやらなければなりません――子どもに代わってそれをやれる人は誰もいませんし、子どもの可能性あるいはその偉大さが分かる人もいません。

私たちは環境を用意しなければなりません。その環境とは、子どもが自分の発達に必要なものを吸収する機会を子どもに与え、明確な方向をそなえていて彼らの労力を節約させる、秩序だったやり方で子どもに知識を吸収させることのできるものです。子どもは、自分に可能なもの、自分に喜びを与えるもの、そして自分に有益なものを選ばなければなりません。子どもはある無意識の手引きという内的衝動を持っています。子どもは知識を増やさなければなりません。自然が駆り立てるからです。私たちは子どもに、成長し、自分が生きていかねばならない環境に適応するための「生命への援助」を与えなければなりません。私たちは何が起こるかを見守り、必要なら援助する準備をしていなければなりません。私たちは必要な基礎を与え、精神の自立を与えなければなりません。子どもは自己選択する度に、この自立が得られます。子どもはまず、手を洗うことや衣服の着脱を学ぶことによって機能的な自立を獲得しました。今度は、知性的な自立も獲得しなければなりません。子どもは自分の精神にとって必要なものを選ばなければならず、必要なだけの時間、自己選択の練習をしなければなりません。たとえば、皆さんが子どもを座らせ、火は燃えて、氷はとても冷たいと教えるとしたら、子どもが既に知っていることを教えることになります。したがって、この種の教え方は歓迎されません。もし子どもが自分の内部に偉大さを持っているとするなら、この偉大さは拡張されなくてはなりません。皆さんは、子どもが知識を拡張出来るような援助を与えなければなりません。生命を助けましょう。環境に全ての必要なものを置きましょう。そして、子どもたちが自然の諸法則に従って自由に仕事をするのに任せましょう。

原注(33)：Wilhelm Louis Stern（シュテルン 一八七一〜一九三八）。ドイツの心理学者、哲学者。人格と知能の心理学のパイオニアとして知られる。知能指数(IQ)という考えの発明者。この語は後に、Lewis Madison Terman（ターマン＝アメリカの心理学者)やその他の研究者たちによって、Alfred Binet（ビネー）の仕事に基づいて、最初のIQテストの開発の際に使われた。シュテルンはヒトラー政権によって追放され、最初はオランダに、次いでアメリカに移住した。アメリカではデューク大学の講師、教授に指名された。

(34)：イタリアの民間伝承では、サンタ・ニコラスあるいはサンタ・クロースと同じような方法でイタリア中の子どもたちにプレゼントを配るのはLa Befana（ベファーナ)というキャラクター。ベファーナはイタリアの子どもたちを一月六日の夜に訪れ、靴下をキャンディーやプレゼントで満たす(子どもが良い子でなかった場合は、石炭の塊か黒いキャンディー)。

(35)：「困難性がなければ興味もない。部屋を横切って一本のロープを伸ばし、それにそって歩いてみよう。もしうまくいったら、あなたは満足を感じる。でも、ただ部屋を横切って歩けと言われたら、何のスリルも感じない。あなたの力に対して何の挑戦もないので、あなたは努力する必要がない。魅力は困難性の中にある」（マリオ・モンテッソーリ、一九四六年、ロンドン）

第26講義　一九四六年十一月二十六日

真実とおとぎばなし

六歳以下の子どもたちの一つの特徴は、教えることがほとんど不可能だということです。小さい子どもたちは教師からは学べません。この子どもたちは学校へ通うには幼なすぎると考えられているので、その教育は六歳になるまでは始まりません。幼い子どもたちのもう一つの特徴は、たくさんのことを分かっていて理解していることです。子どもたちは知識に満ちています。このことは矛盾のように思えるでしょう。でも真実は、これらの子どもたちは環境から自分で知識を取り入れたのです。

自然はこの年齢を守ってくれています。この時期は、精神を建設する年齢です。そして、それぞれの建設の時期には、成長のいろいろな法則が存在します。私たちは、これらの子どもたちについて明確な考えを持たなくてはなりません。子どもたちをよりよく理解するために、一つの表面的な比較をすることができます。それは、幼い子どもたちは餌を突っつくヒヨコたちみたいだ、と言う比喩です。

自然環境においては、各種類の動物は一定の条件のもとではある限られたものを食べるでしょう。たとえば、肉食動物はほかの動物を食べますが、死んだ動物は食べません。肉食動物は空腹でも、自分が食べなれている種類の動物が死んで横たわっているのを見ても、それに触れません。それを食べるくらいなら、飢え死にするでしょう。生きている動物だけを食べます。彼らは一つの決まった法則に従います。子どもたちもいろいろな法則に従います。子どもたちは環境からたくさんの知識を取り入れることができます。しかし、自分自身の活動を通じてだけ取り入れられます。子どもたちは、自分の必要とするものを正確に吸収します——自分自身の活動を通じて環境から精神の栄養物を取り入れます。このようにして、子どもたちの諸器官は正常に機能し、諸器官は成長し、一人の健常な子どもが構築されます。

六歳の子どもは学校に通えます。この年齢になって子どもの精神は少し開いたかのようです。今は教師から少しだけ学べます。

私たちは、有史以来から、子どもたちが取り入れ、吸収するのを知っています。大人たちの話しことばを吸収します。そして、六歳のときには、――ある形式で与えられれば――自分に対して言われたことを聴けて、それを頭の中で再構成することができます。大人たちは子どもたちに物語を、有名なおとぎばなしを語ります。おとぎばなしと遊びは、現代の観察者たちが気づいた二つの事柄です。観察者たちは遊びを一つの重要な本能としてとらえ、子どもたちを仕事、模倣、そして自分の環境への適応に導く本能であると考えます。

六歳になると子どもの精神は、大人から受け取れるようになります。子どもたちは、自分が言われたことを暗唱することができ、頭の中で再構成することもできます。再構成する能力はとても活発なので、子どもたちは語られた物語を楽しみ、その中で暮らします。子どもたちは自分の頭の中で再構成し、それは一種の知的練習みたいです。たぶん、このような練習が必要なのでしょう。なぜなら練習を通じて、子どもたちは人々の知性とコミュニケーションが取れるからです。

子どもたちはあらゆるものを同じやり方で吸収するわけではありません。おとぎばなしには、子どもたちがそれを好む、何か特別な特徴があるに違いありません。さて、私の名前を知っている人は誰でも、私がおとぎばなしに反対であることを知っています。明らかにおとぎばなしは子どもの精神に危険だ、と私は言います。しかし皆さんは、私がただ単に理論的に考えた何かを断言しているのではない、ということを知らなければなりません。もしそうしたら、それは何の重要性もない一つの理論にすぎなくなってしまうからです。そうなると一つの意見の問題にすぎなくなり、真面目な言明ではなくなるでしょう。真面目な言明は観察に由来しなければなりません――これは真実です。私はかつてこの問題について一つの意見を述べたことは決してありませんでした。したがって、もし私がおとぎばなしに反対だとしたら、それは私の気まぐれな考えではなく、いくつかの事実のせいです。何回も観察された事実のせいです。これらの事実は子どもたち自身に由来します。私自身の推論ではありません。

私は次の事実に気づいただけです。つまり、学校の子どもたちは自分の手を使って仕事をし始め、外部の世界のいろいろな物に興味を持つようになります。私たちは子どもたちの驚くような変化に気づきました。子どもたちが仕事をしたとき、好ましくない特徴が矯正することなしに消え、内気、気まぐれ、無秩序、などのすべてが魔法のように消えました。この素晴らしい事実が私たちの観察に意義を与えました。その事実は、子どもたちに関する、以前には知られていなかった、一つの深淵な事実を明らかにしました。好ましくない特徴と並んで、普通は子どもの非常に良い部分と考えられるほかの諸特徴――この上ない従順さ、母親への愛着、服従など――も消えました。ほかの諸特徴も好ましくない特徴とともにすべて消えました。おとぎばなしをたいへんに好むという特徴もまた消えました。この理由のせいで、一定の状況が実際的な仕方で環境に対応する、と私は言います。私はたくさんの実例を引用することができます。それらの例では、教師がおとぎばなしを子どもたちに語ったのですが、子どもたち――特に小さい子どもたち――はだんだんと離れていって、最後にはいちばん年長の子どもたちだけが残って教師の話を聴くのが常でした。六歳以上の子どもたちはその場に残り、そのほかの子どもたちは仕事をするために自発的に離れていきました。私は最近もインドで一つの経験をしました。それはクリスマスのことで、一人のオランダ人の婦人がいました。婦人は空想的な精神の持ち主でしたが、幼いイエスの物語を聞かせるために子どもたちを自分の周りに呼び集めました。婦人の話には信じられない潤色がたくさん含まれていました。子どもたちは全員クリスマス・ツリーの周りに集まっていました。しかしここでも、小さい子どもたちが離れていきました。数人の年長の子どもたちが礼儀正しく後に残りました――婦人が急いで終わらせてくれたらよいと望んでいたのは明らかでした。婦人が話し終わると、素早く子どもたちは離れていきました。このことは、子どもたちは聴くけれども、あるいは少なくとも年長の子どもたちは聴くけれども、内面ではもっと大事な自然の衝動を持っていることを示しています。だから、私たちは完全な興味を見ることはありません。もし子どもたちが自由に何かほかのことが出来たら、子どもたちは自分の発達にとってもっと大切な何かを選んだでしょう。

これが私の子どもたちとの経験でした。私自身はおとぎばなしがとても好きです。短い話が好きです。おとぎばなしはとても美しくて、空想に富んでいて楽しいものです。私たちは皆、演劇やバレエが好きです。人々が美しい風変わりな衣装を着ているのを見るのが好きです。私たちは魅せられます。私たちはそのようなタイプの精神も持っているのです。おとぎばなしはとても大切な文学です。もし私に出来るなら、大人たちがおとぎばなしをもっとよく知るように、世界中のおとぎばなしすべてを収集したいものです。いくつかのおとぎばなしは幼い子どもたちの精神に特に適しています。そしていくつかの――王子が王女を探すというような――話は幼い女の子の精神に適しています。いくつかのおとぎばなしはその中心点に正義の行ないがあります。いろいろなおとぎばなしは子どもたち向きの美しくて短い物語です。でも、集中した努力には取って代われません。私たちは、どのような特徴がこの集中という宝物にいちばん寄与するか研究しなければなりません。また、これらのおとぎばなしのどのような特徴が、子どもの精神に入り込んで、子どもの知性の展開を助けるのか見つけ出すことができます。

おとぎばなしは短くて非常に明確で、登場人物もとても少数です。登場人物は典型的です。かわいそうな子どもたちや動物たちです。それぞれの話には、人々や動物たちの運命を普通ではないある設定に決定づける要素が含まれています。環境もまた一般的に同じようなやり方で限られています。宮殿、森、街路などかもしれません。そして、想像力に触れる何かによって飾られています。想像力はある一つの刺激だけを受け取ります。この種類の材料は多くの場合に、子どもを分かりやすい一つのことを再構成するという仕事に導きます。

もし私たちがこれらの特質に従うなら、私たちは自分たちの考えを子どもたちに与えるのは可能だということを見出します。もし私たちがおとぎばなしによって使われているのと同じ方法を採用するなら、私たちは子どもの精神と交信できます。だから私たちは、何かの授業をするだけでなく、これらの線に沿ったいくつかの短い物語を用意しなければなりません。それらの物語は、明確に描かれた少数の、普通ではない性質を持った登場人物を持っていなければなりません。それらの環境は限られているけれど、魅力と新奇な事柄がいっぱいでなくてはなりません。子どもの興味は空想、普通ではないものに引きつけられるからです。

子どもたちは一つ一つの物語を再構成できます。しかし、子どもたちは運動と結びついた何か、現実の環境と結びついた何かを好みます。手で扱える何かを好みます。その概念を自分の精神に定着できるようにするためです。このことは子どもの内面にある何かの投影かもしれません――子どもたちは同じようにして積み木や砂で建設します。子どもたちに自分の精神の中にあるものに関係する何かを建設させましょう。子どもたちの自然な心理に一致している何か新しいものを与えましょう。

子どもたちは、教師なしで、環境から取り入れる自然な能力を持っています。仕事をする能力も持っています。仕事は子どもたちの精神を刺激します。私たちはこれらの事実を前に学びました。今度は、子どもたちが大人によって語られる物語から取り入れる能力もやはり持っていることを、私たちは見ます。私たちは子どもたちにおとぎばなしに似た物語を与えることができます。物語を語る振りをして、知識を紹介することができます。たとえば歴史を与えることができます。歴史とおとぎばなしとの違いは、歴史は事実でおとぎばなしは作り物だということです。歴史は事実ですが、それらは私たちからは遠く離れた事実です。そのせいで、空想物語のように見えます。私たちはずっと昔に起こったことを見ることはできません。想像できるだけです。歴史は想像力を使って構成する練習になりえます。歴史は五感を通じては伝えられません――想像力を必要とします。子どもたちは自分の想像力によって細部を再構成しなければなりません。

過去の歴史は単に出来事の退屈な列挙になる可能性があり、そのようなやり方で歴史を教えられるべきではありません。おとぎばなしのように教えられなければなりません。いろいろな物語は、短く、巧みに描かれた少数の登場人物を持っていなくてはなりません。そして環境も、普通ではないけれど明確で、限られていなくてはなりません。物語の全体は、何か空想的なものを中心に組み立てられていなくてはなりません。歴史は私たち自身の環境とは非常に異なった一つの環境を示すことができます。子どもは物語を再構成するだけでなく、自分の知性も発達させるでしょう。私たちは、知性がなければ、何ごとも理解できません。私たちはみんな狭い環境に暮らしています。もしその環境からだけ取り入れるとしたら、私たちの知性は非常に限られてしまうでしょう。私たちは、それ以上の何かを与えるようなやり方で知識を提供しなければなりません。

私たちは、自分が何を探しているかを最初にイメージできなければ、発見をすることはできません。私たちは、想像力はおとぎばなしを通じてだけ働くのだ、と考えてはなりません。知性は想像力の一つの形式のように働きます。そうすると、いろいろな理論をほかの人々に受け渡すことができます。すべての理論は実際に、人間の想像力の果実です。想像力は私たちの知性の本当の実質です。すべての理論、すべての進歩は、何かを再構成する人間の能力から生じます。チャールズ・ダーウィンは、進化論を公刊したとき、想像力が何をなしえるかの一つの例を私たちに与えました。その理論は厳密には真実ではなかったからです(36)。

私たちは想像力がなければ進歩できません。多くの科学的な理論は想像力の内部で形成され、その後に練り上げられました。いろいろな理論はおとぎばなしのように私たちの想像力の中で思いつかれます。そして、私たちの精神の中で再構成されます。人々にはどんな理論でも与えることができます。一般に受け入れられた多くの理論は、後には不十分だと考えられ、捨てられます。いろいろな理論は想像力を通じて受け入れられます。この力はすべての人々――発見をする人々、それを受け入れて再構成する人々――が持っています。したがって、おとぎばなしの領分は教育においては廃棄できません――私たちがあらゆるものに魅力的で面白い形式を与え、想像力への一つの刺激にしてはいけない理由はないからです。私たちは知識を冷淡に伝えてはなりません。そのようにすると、知識は退屈なものになります——特に暗記されるべき場合には。

誰もが想像力を持っています。それは光を反射する何か大きなもので、拡張を求めます。私たちはあらゆるものを生き生きした仕方で与えなければなりません。私たちは小さい子どもたちのことをおとぎばなしだけを求める存在だと考えてはなりません。小さい子どもたちは自分たちに適した何かを必要としています。だから私たちは子どもたちに生命を与えることができます。学校で退屈な事実や説明を聴きながら座っていなければならないかわいそうな子どもたちは、精神の最低の力しか持つことができません。これらの学校は人間の精神にとっての死体置き場のようです。これらの子どもたちは死んだ不具にされた精神を持つことになるでしょう。

私はどのような火も、偉大さも、熱中も消そうとはしません。その反対に、どんなに小さい知識のかけらでも理解と熱中とを持って受け入れられるように、教えの全体を照らしたいと思います。このような仕方で、精神は発達させられ完全にされます。精神の力は勉強によって成長しなければなりません。栄養を与えられなければなりません——退屈させられたり疲れさせられたりしてはなりません。

これが、私が真実だと信じていることです。知識が暗記ではなく想像力を通じて取り入れられなければならないという意味で、教え方の変更が必要である、と私は信じています。教え方はこの目的に適していなくてはなりません。生徒たちは退屈させられたり、疲れさせられたりしてはなりません。もっと大きな熱中と精神の栄養物を与えられるべきです。学校は一つの新たな知的生活を必要とします。小さい子どもはいつでも耳を傾けていることはできません。存在し始めた一つの精神は、聴くことによってすべてを取り入れることはできません。

私たちは私たちの新たな道を明確に見なければなりません。私たちは学校で子どもたちに、人間の偉大さに相応しいいろいろなもの、子どもたちの発達に必要ないろいろなものを提供しなければなりません。私たちは教育全体に生命を与えることを求めなければなりません。そうすれば教育は、一つの栄養物になり、以前に発達させられてきたよりも、もっと大きな精神を発達させる一つの手段になるでしょう。学校の教育は人間の知性の発達を助けなければなりません。

教育は一つの弱い精神の、退屈な事柄を暗記しなければならない精神の一方的な利用であってはなりません。今日、教育者たちは各科目にどのぐらいの時間を割くべきかを議論しています（一時間？　二時間？　二十分？）。大切なのは勉強の限定ではありません。それは改革ではありません。教育の改革とは、生命を与えること、生命に必要な形で知識を与えることです。このことがなされたとき、生徒たちは疲れることなしに今日学んでいるよりもずっと多くを学ぶことができます。私たちは授業計画を拡張しなければなりません。精神は豊富な栄養物によって拡張されます。

私たちの学校は三時間あるいは四時間の仕事で始まり、だんだんと長く開いているようになります。子どもたちは午後にも来始めます。そして、教師も子どもたちも熱中し始めて、学校に数時間長く残り始めます。教師たちも子どもたちもそれが好きなのです。すると教師たちは、次の日用に、子どもたちのために興味深いものを準備するために晩にも残り始めます。教師たちは疲れないのでしょうか？　いいえ、興奮し刺激されているのです。

改革は一つの深い心理学的な改革でなければなりません。授業計画の改革ではなく、心理学的な改革でなければなりません。

原注（36）：ダーウィンの進化論に関するモンテッソーリの考えについては多くの議論がある。特に、小学校のクラスの「生命のタイムライン」について、そうである。本章と第13章の「サーカスのたとえ話」は、私たちが実際に進化論についてのモンテッソーリ自身の考えを読む機会を与えられる、二つの稀な例である。

第27講義　一九四六年十一月二十七日

抽象

精神の建設は一つの能動的なプロセスです。これが基本的な考えです。私たちは、精神のことを単に受動的と考えてはなりません。精神は常に活動的で建設的なものと考えなければなりません。その建設は自然に由来します。教育にでも、誰かほかの人の影響にでもありません。精神の建設は成長という自然のプロセスです。私たちが創造するそれらすべての概念と、私たちが自分の想像力の中で形成するそれらすべてのイメージとは基本的な建築用ブロックから再構成されます。私たちは絶対的に新しい何かを想像することはできません。私たちはただ、既に私たちの精神の中にあるいろいろなイメージから自分の概念を構成できるだけです。

私たちは既に、幼い子どもの精神がどのように環境からいろいろなイメージを吸収するか見てきました。その後の、想像力の時期には、自分の外部世界が提供するすべてのイメージを既に獲得しています。（子どもたちによって機会の多少、取り入れるイメージの数の多少はあるでしょうが、全員がある程度まで精神的なイメージを持っています）。そうなると、私たちは存在しない物について子どもたちと話すことができます。私たちは魔法をかけられた宮殿や小人についてことばで述べることができます。私たちのことばは子どもたちに理解されます。子どもたちは既に家や人々を見ているからです。人々を見ているので、小さい人々を想像できます――小人たちを理解できるのです。精神による建設は何か具体的なものに基づかなければなりません。もし人々が本当に何かを建設するのなら――たとえば寺院を建てるなら――一人の天才はそのアイデアを思いつくでしょう。でも次に、設計図がなければならず、材料が必要です。材料は寺院を造りません。技術者たち、天才たち、労働者たちなどは材料がなければ何もできません。もし材料が貧弱なら、建築物も貧弱になるでしょう。優良で十分に準備された材料によってこそ美しい建築物を造ることができます。これが、環境が精神との関係で果たす役割です。したがって、環境が考慮されなくてはなりません。

このことについて、私たちは普通、誤った考えをしています。古い教育的な偏見に基づく一つの考えです。つまり、子どもの精神を柔らかな蝋にたとえることです。その蝋は形づくられる必要があり、その上に記されたいろいろな印象を持っている、という偏見です。私たちは、この考えが精神的なプロセスの現実に一致していないことを理解しなければなりません。環境から材料を能動的に取り入れる複雑な発達に一致していないのです。発達は受動的なだけではありません。内面の形成の一部で、建設的な活動です。情報はまず非常に混乱した仕方で吸収されます——純然たる偶然によって環境から取り入れられます。その後に、それらすべてのイメージは精神の内部で秩序づけられます。これは教育の一方法の問題ではありません。自然な現象です。もし人々がこの力を持っていなかったら、その精神は完全に混乱してしまうでしょう。そうではなく、取り入れられたすべてのイメージは秩序づけられ、グループ分けされます。一つの寺院が建てられるとすると、大量の材料——ブロック、石材、大理石、セメント、木材、鉄材、など——が集められます。材料は一緒くたに投げ出すことはできません。ブロックは秩序正しく一つの場所に、石材は別の場所にというように置かれます。すべてが秩序正しく置かれます。建設には秩序が必要です。

精神は非常にたくさんのイメージを取り入れるので、それらのイメージはただ秩序正しく置かれるだけではいけません。やはり何らかの種類の単純化もされなければなりません。これが抽象概念です。精神の建設のための本当の材料は抽象概念です。抽象概念とはいろいろな単純な物の単なるイメージではありません。いろいろなイメージの抽象概念です。もしこのことが起こらないと、それらすべての物について何かをするのが非常に難しくなるでしょう。たとえば椅子にも多くの種類——大きい椅子、小さい椅子、肘掛け椅子、ハイチェアーなど——がありますが、それらはみな椅子です。一つの「椅子」という概念は一つの抽象概念です。それは精神の建設における最初の一歩です。一つの普遍化であって、消去ではありません。算数と代数学の比較のようなものです。代数学は算数の一つの抽象概念です。

このことは誰でも自然にしますが、発達障がいの（原注37：idiot 白痴＝講義二原注5参照）子どもたちと動物たちはできません。このことはいろいろな精神の程度の最初の違いです。障がい児の中には抽象的な概念を理解できない子がいます。一冊の絵本を見せられた障がい児の話があります。その子はしばしば絵本を見て、イラストを理解したように見えました。ある日、その子はその本を持っていませんでした。図書室から一冊の本を持ってくるよう頼まれると、「本はない」と言いました。その子はいつものその本を一冊の「本」として知っているだけでした。普遍化できなかったのです。

このことは、とても幼い女の子に似ています。その女の子は動物たちを見るために動物園に連れて行かれました。女の子は動物たちを見ることを考えてとても幸せでした。女の子はインコを見せられました。でも、動物を見たいと言い続けました。トラが示されました。でも女の子は言い続けました。「違う、これはトラよ。私は動物たちが見たいの」と。しばらくの間、女の子はこれらがみんな動物であることを理解できませんでした。抽象概念は年齢によって生じるもので、教育によってではありません。

いろいろな抽象概念は完全か無かのいずれかです。ある種の教育的な援助は、概念のこの最初の蓄積において大きな助けになりえます。そのことが、私たちが「具体化された抽象概念（materialized abstractions）」と呼んできた、子どもたち用のいくつかの教具を持っている理由です。抽象概念は物の形で与えなければなりません。それが、この年齢の子どもたちにとって学ぶための自然な方法だからです。

感覚教具群はいろいろな具体化された抽象概念です。私たちは教具群を子どもたちに与えます。いろいろな物についての知識を最初に与えるのではありません。子どもたちが私たちみんなにとっては自然なこの秩序をその精神につくり出すための一つの援助として教具群を与えます。私たちはこの建設の時期に秩序を完全にする手段を与えます。精神はそれ自体を秩序なしにそのように大きく、自由に建設できるのではないからです。子どもたちは、秩序がなければ、自分では自由に幸せに建設できません。

たとえば、私たちが特定の寸法の別々の色彩や立体の形などを与えるとき、私たちはもっと複雑な一つの秩序のための援助を与えているのです。子どもたちは自分の精神の中に大量のイメージを既に持っています。したがって、これは秩序をつくり出すための一つの援助です。知性は援助されます。私たちはこれらの少数の物を与えることによって五感を洗練できるとは考えていません。私たちは子どもたちに精神の発達のための一つの援助として感覚教具を与えるのです。

多くの人々――大人たちも――は自分の精神の中のいろいろなイメージをうまく秩序づけられません。たとえば、色彩の明暗を区別できません。同じ色のたくさんの物があるからです。私たちは一つの色とその明暗の違いについての明確な一つの概念を持たなければなりません。そしてその後に、それら（一つの一つの）の概念が区別される必要があります。それが知性です。知性とは識別する能力です。洗練された識別力なしには知性はありません。混乱した精神は容易にそして明確には区別できません。区別できれば出来るほど、知的には豊かになります。これが能動的な一つのプロセスです。

私たちはときどき子どもたちに材料を与えます――たとえば地球儀です。一つの地球儀は一つの想像上のイメージです。実物の象徴です。この実物の代理は精神の建設に必要な一つの要素を提供します。子どもたちが一つの科学的な構造をつくれるようにします。私が前にお話しした小さい子どものことを覚えていますか？　地球儀を見たときに、叔父さんがどのように世界一周をしたか理解した子どもです（講義二十四）。これらの助けなしには、子どもたちが文化的な面を理解するのを助けるのは困難です。これらの象徴的な諸要素は大切です。私たちはそれらの要素の多くを、人々が知っていなければならない一定の主題を子どもたちが理解するのを助けるために、そして内面の建設を助けるために与えなければなりません。したがって、私たちが子どもたちに与えるすべての図形、木の葉の形などは具体化された抽象概念です。それらの葉の形は、ただ一つの木の葉ではなく、たくさんの木の葉を代表します。たくさんの種類の木の葉がこの特定の形をしています。すべての分類は世界の理解のための一つの援助です。

精神がそれ自体で具体的ではなくて、どちらかといえば無形のいろいろな物を構成するのは素晴らしいことです。ギリシア哲学は「世界は我々の内にある」と言いますが、それは真実です。私たちは世界を知っています。そして、一つの世界を構成できます。その世界はただ私たちの精神の内部にあります。私たちは自分の精神を抽象、象徴、総合を通じて建設します。もし私たちがそうできないと、精神あるいは知性の建設はまったく不可能でしょう。したがって、私たちがいろいろな具体的な物や概念に関して行なう人為的な区別は正確ではありません——私たちが「具体的」と言うものは単に精神の活動を助ける一つの手段、そのための一つの刺激にすぎないからです。大切なことは、実在する外部のいろいろな物が精神が自然な仕方で働くのを助けるということ、そして精神を外部の世界と結びつけるということです。これが、精神が世界を経験する、その仕方です。ある子どもが一つの教具を手に取るとき、そのことがこの仕組みの何かの部分のためのスタート・レバーのような働きをします。

この事実は、私たちの教育法において、なぜ子どもたちがひとりで教具を使って作業をしなければならないか、その理由を説明しています。教具での作業は精神の建設を助けます。普通の教育法では、子どもたちは教師が与えるものだけを取ります。私たちの子どもたちは、何らかの内面の活動のための一つの動機として教具を取ります。この理由のために、子どもたちはひとりで作業をしなければならないのです。私たちは「子どもに教具を与えなさい。そしてひとりで作業をするに任せなさい」と言います。私たちは子どもたちに内面の活動を与えることはできません。私たちはただ、子どもたちが精神を発達させる機会を与えるだけです。教えることによって子どもたちを発達させられる人は誰もいません。私たちは子どもたちに、ひとりで教具を使って作業をする機会を与えなければなりません。

第28講義　一九四六年十一月二十九日

宗教教育

私は宗教を教えるというテーマとそのために使える特別な教具ということに触れたくありません。そのテーマについて既に本を書いていて、みなさんはそれを読めるからです[38]。その代わりに、今は宗教それ自体の諸原理に絞りたいと思います。

宗教を教えるということについては、たくさんの誤った考えがある、と私は思います――その誤り方は、教育と子どもたち一般についての誤った理解の仕方と、宗教感情そのものについての誤った理解の仕方と同じです。宗教を教えるという問題は、まさにほかのすべての学科と同じように扱われます。宗教の教授をそのシラバスに含む学校は、宗教をほかのすべての学科の中の一つの学科として扱います。これは間違いです。私がこう言うのは、宗教は単なるほかの学科以上のものだからです。もっとずっと大きくて、まったく違うものです。

私たちは、子どもたちの発達の異なる時期について明確な考えを持っていなければなりません。時期によって、宗教的な感情のいろいろな異なる面を子どもたちに提供できるのです。宗教の教授は子どもの心理に基づいていなければならない、と私は考えます。それは、すべての教授がそうあるべきだ、と私が考えているのと同じです。

宗教とは一つの普遍的な感情であることを、私たちは覚えておかなければなりません。誰でもの内面にある一つの感情で、世界の初めからどんな人の内面にもずっとあった一つの感情です。それは、私たちが子どもたちに与える何かではありません。すべての人の内部にことばを発達させる一つの傾向があるのとまさに同じです。だから、宗教を発達させる一つの傾向があります。年齢と場所とにかかわらず、人間たちのあらゆる集団は高度に発達していようといまいと、宗教を持っています。ことばと宗教は人間たちのそれぞれの集団の二つの特徴です。

宗教はあらゆる魂の内部にあります。皆さんは判断力を失うことはありえるでしょう。でも、皆さんの心の中にあるものを失うことはできません。これは非常に大きな問題です。もし私たちが宗教を欠いたら、私たちは人間の発達のために基本となる何かを欠くことになります。

では、私たちはどのようにして子どもたちに宗教を与えるべきでしょう？　そうですね、私たちは「与え」てはいけません。宗教が発達するのを見なければなりません。宗教感情があります。もしなければ、私たちは与えることはできず、それが発達するのを助けることも出来ないでしょう。それは一つの星雲のようです。発達することを必要とする一つの生き物のようです。環境の影響を通じて発達しなければなりません。

私たちは環境が適切かどうかに気をつけなければなりません。このことはとても重要です。そのことを考えれば、宗教教育は子どもたちが環境から情報を吸収する時期において最も大切であることに、私たちは気づきます。その吸収する力は自然の賜物です。そして、子どもは誕生から六歳までの期間に、自分の精神の発達のための栄養物を見つけなくてはなりません。生命の一部となる本質的な感情は、子どもたちが吸収する力を持っている年齢のときに環境から取り入れられなくてはなりません。子どもたちが、環境から何かを、自分の中に浸透して永遠に残る何かを取り入れる力を持っている年齢にです。宗教感情はこの時期に創造され、その後は発達するだけです。そのせいで、私たちは奇妙な結論に達します。すなわち、私たちはとても小さい子どもたちに宗教を教えなければならないという結論です――私は誕生時から教えなければならない、と考えています。

私たちは誕生時の初めには、宗教的な感情を見ません。強い宗教感情を持っている共同体は普通は貧しい単純な人々から成っていますが、それらの人たちは自分の子どもを小さい赤ちゃんのときからどこへでも連れて行きます。母親が教会へ行くとき、子どもを一緒に連れて行きます。母親が祈るとき、子どもはその場にいます。子どもは身の回りのあらゆるものを見、それらの印象を無意識の中へ吸収します。それらのイメージは無意識の奥深くに入り込みます。この発達の第一段階においては、子どもは環境から宗教のとても生き生きした部分を取り入れます。

その後、二歳あるいは三歳すぎに、私たちは子どもに何かもっと明確なものを提供できます。子どもの発達を助けるいくつかの特定の教具です。宗教の発達のためにはやはり、すべての器官が協働するからです。私たちはことばだけで教えることはできません。運動も一つの役割を果たします。想像力は特に大きな役割を果たします。

宗教教育は学校では、普通は七歳以下の子どもたちには与えられません。幼い子どもたちは母親から十分に学ぶと考えられているからです。道徳的な諸概念は宗教とは切り離して教えられるべきだ、と言う人々もいます。

私は、一人の婦人が「小さい子どもにどのようにして神という考えを伝えたらいいですか？」と尋ねたのを思い出します。私はその婦人に尋ね返しました。「なぜ、それがそんなに難しいことだと考えるのですか？」と。「神という考えはとても大きいからです」と、婦人は答えました。私たちは神の偉大さという考えを持っています。私たちは創造主としての神を知っています。そして、確かにこれは、三歳児でさえ理解できるとても単純な考えです。私たちは小さい子どもに「神は創造主」と言うことができます。子どもは理解するでしょう。小さい子どもたちに偉大さという考えを伝えるのは難しくありません。子どもたちはあらゆることにおいて偉大だからです！　子どもたちは全世界を取り入れます。だから、私たちが与えられるものは何でも、子どもたちにとっては多すぎることは確かにないでしょう！　小さい子どもたちは、心に源を持つの感受性を持っています。子どもたちは霊的な雰囲気に熱中します。

もし皆さんが家庭で神について語れば、子どもは家庭から宗教を吸収します。もし皆さんが「あれこれのことを神に感謝します」と言えば、子どもの精神にとっては十分です。子どもは、物的なものを見るだけではなく、あらゆることに神を見る傾向を持っているからです。

このような大きな質問に対して、少しの知識や玩具を与えるのは間違っています。子どもは通常与えられている量より遥かに多くを取り入れられます。宗教が人の心の中だけでなく、環境の中にもあれば、子どもはさらにたやすく宗教を取り入れることでしょう。

宗教的な国においては一つの社会生活に関係があります。教会にはいろいろな祝日や記念日があります。それらは人々の生活の一部です――司祭や尼僧などを街路で見かけます。これは宗教的な環境です。もし子どもたちがこの環境を持てれば、宗教感情がいちばん確かに定着する年齢になると宗教を吸収するでしょう。

だから、小さい子どもたちを一緒に教会へ連れて行きましょう。すべての宗教儀式に同席させなさい。子どもたちを、犬を追い出すように、教会から追い出してはいけません。子どもたちにとって神聖すぎる場所というのはありません。自分のやり方があり、変えられない大人たちや、自分は信じているとか、信仰を持っているとか言うけれど、もはや感受性を持っていない大人たちを気にすることはありません。子どもたちを連れて行きなさい――子どもたちは自分と一緒に感受性を持っていくからです。

子どもたちは、ことばを取り入れたのと同じように、宗教を取り入れます。子どもはことばを吸収できますが、もし身体的な要求だけを世話する乳母のもとに追いやると、豊かな言語発達はのぞめないでしょう。宗教感情と同じです。そうすると、社会は一つの宗教感情を失うことになり、人々がやって来て尋ねるでしょう。「子どもにどのように宗教を教えるか話してください。私には分かりませんので」と。

私たちがするもう一つのことは、子どもがもっと大きくなってから、暗記という形で宗教を与えます。私たちは宗教を、歴史や地理、その他の教科を扱うのと同じように扱います。皆さんは、神についてのそのような大きな考えを持っているので、それをどのように小さい子どもたちに与えるか分かりません。そこで、それをその他のあらゆるものと一緒にすることです。もし皆さん自身がその考えが持てなかったら、いったいどのようにして子どもたちに伝えられるでしょう？　子どもたちは大きなビジョンに飢えています。単語や語句以上のものを必要としています。

私はこの経験を、二歳半の小さい子どもについてしまいました。それはクリスマス・イヴのことで、私は次のような話をしました。

今晩、あなたがご両親の部屋へ行くと、ベッドは整えられているけれど、二人ともいないのが分かるでしょう。もし私の部屋に行くと、私のベッドも整えられているけれど、私がそこにいないのが分かるでしょう。もしローラの部屋へ行けば、部屋は空っぽで、ベッドが整えられているのが分かるでしょう。それから、あなたが窓から外を見れば、あらゆるものが白い雪に覆われているのを見るでしょう。そして、黒い人影が静かな夜の中を動いているのを見るでしょう。みんなが同じ場所へ向かっています。今夜は人々は眠りません。みんなそろって教会に行きます。赤ちゃんのイエスが生まれた夜だからです。教会には光がいっぱいで、そこへ行った人々は喜びでいっぱいになります。だから、すべての家は空っぽで、人々は幸せなのです。

この男の子はこの話が大好きになって、いつも空っぽのベッドの話を求めました。私が何かを抜かすと、子どもが教えてくれるのでした――子どもたちはあらゆる細部を覚えているからです。すべてのことが吸収する精神の内部に定着し残ります。子どもは、赤ちゃんのイエスが生まれたという大きな出来事を覚えています。それは大きな感情です。子どもに玩具を与えたのでは、その感情は得られません。これはドラマです。大きなビジョン、神々しさ――生命をあたえる力です。

もう一つ別の話をしましょう。一人の子どもとその祈りについてです。ほとんどの教師と母親は、子どもたちに祈ることを教えるのは良いことだし、子どもたちが朝目覚めたとき最初に考えるのは神のことであるべきだ、と考えています。教師や母親たちは子どもに、「神さま、安らかな夜をありがとう。今日も、私とパパとママとジョーンとメアリーを助けたまえ」というような祈りことばを教えます。親たちは子どもがほかの人たちのために祈るのは良いことだ、と考えるので子どもは、メイドやコックのためにも祈ります。猫や犬も付け加えさえします。この子どもがある日、母親を見て言ったのです。「すべての人たちのために祈ろうよ」と。父親、母親、兄弟姉妹などは言うまでもありません。これらの人たちは子どもの内部の魂に属しています。皆さんはもし自分が子どもを助けたら、彼らはひとりで出来ること以上のことが出来る、と思うでしょう。子どもはまだ赤ちゃんだと思い、非常にわずかしか与えません。皆さんは召使や動物を持ちこみますが、子どもはあらゆる人のために祈る必要性に気づいています――誰かに言われなくても自分ひとりだけで。

子どもの天性を抑えてはいけません。あらゆるものを与えましょう。小さくて慣れ親しんだ具体的な物だけを与えてはいけません。もし私たちが神という考えを伝えて、子どもがそれを理解しなければならないわけではありません。それでも構わないでしょう？　それは危険な知識ではありません。だから、勇気を持って、たくさんのことを子どもたちに伝えましょう。そうすれば、子どもたちは幸せになり、感謝するでしょう。子どもたちに、すべての人のために、すべての病人やその他の人たちのために祈ることを教えましょう。そうすれば、子どもたちは一つの大きな考えを精神の中に持つことになるでしょう。宗教を一つの発露として与えましょう。従来の教育を与えるように宗教を与えてしまうと、生命の初めから何かを押しつぶしてしまうかもしれません。

私がイタリアで少女だったとき、夜のクリスマスのお祝いに出席できない幼ない子どもたちは昼間にお祝いをしました。ローマのある教会には、長い階段がありました。クリスマス・イヴには、私たちはみんなその教会へ行くのが常で、階段のてっぺんが講壇になるのでした。子どもたちには、順番にこの講壇に登って、そこでイエスについて話すのがならわしでした。そこで深く感動しながら待っていたことを私は覚えています。一人の男の子が立ち上がって、暗唱したものでした。「今晩、一人の子どもが生まれました……肌が白とピンク色で、巻毛でした。子どもの母親は子どもを崇めます。ありがとうございます。」と。男の子が講壇を下りると、また一人の女の子が立ち上がって、三人の王たちが贈り物を持ってやって来たことについて話しました。すべての子どもたちがここに来てよいという権利を持っていました。それは盛大なお祭りでした。母親たちは赤ちゃんを抱いてやって来ました。それはその教会の全会衆のための出来事でした。ただ単に、家で子どもたちにクリスマスの物語を話すのとは違っていました。

動き、生活、お祭り騒ぎなど、すべては深いさまざまな印象をもたらします。私は、私たちが小さい紙製の毛布と新生児イエスの蝋の人形を持っていたことを覚えています。どの子も一つ持っていました。それは思い出の品で、玩具ではありませんでした。クリスマスの日には、プレゼントがありませんでした。騒音もほかの人の訪問もありませんでした。私たちにあったのは教会でのこのお祝いだけでした。

その後、もう一つの別の習慣――すてきな習慣――がヨーロッパの北西地方から伝わって来ました。光のともされた木の下にプレゼントが置いてあるという習慣です。これはとてもすてきです。しかし、プレゼントも木も宗教的な考えを伝えません。普通の楽しみです。私たちは一月六日に同じようなお祭りをします。三人の王たちが贈り物を携えて来たことを祝うのです。今日では、私の国ではクリスマスの日は、お家でごちそうを食べ、プレゼントが交換されます。しかしこれは、私たちの教会のお祭りや、私たちのイエスのイメージや、宗教感情からは非常に遠くなっています。一つは宗教的なお祭りで、もう一つは世俗的なお祭です。もし二つが混同されると、明確な秩序がなくなります――二つを分けるためには秩序と明快さが必要です。二つを混ぜてしまうと、何かが欠けることになるでしょう。何か大きなものに由来する感情がなくなります。クリスマス・ツリーとプレゼントと友人たちや親類たちがみんなやって来るお祭りをするのもよいでしょう。しかし、それをクリスマス・イヴの祭りと混同してはいけません。クリスマス・イヴは、赤子イエスの誕生の大いなる祝いのために、すべての人々が教会で一堂に集まるときです。

もしどうしても必要ならば、お面と玩具入りの袋を持ったサンタ・クロースで祝うこともできます。劇みたいで、単なる見せかけです。私はある家族の二人兄弟のことを思い出します。兄がサンタ・クロースのような服を着て、プレゼントの袋を持って、部屋に入ってきました。弟が言いました。「サンタ・クロースさん、本当に来たの？　本物？　わあ、ぼくは近くに行けないや」と。そこでみんなが「大丈夫、行けるよ。行って触ってごらん」と言いました。弟はとうとう言われたとおりにして、「ああ、サンタさんはお兄ちゃんみたいだ」と言いました。みんなはこのことで大いに楽しみました。

しかし、宗教は一つの玩具でも楽しみでもありません。サンタ・クロースは私たちに、所有に対する一つの欲求を与えるだけです。美しいものに対する感情は与えません。もし皆さんが小さい子どもたちのためにこのお祭りをするなら、別の日にしましょう。サンタ・クロースは別の日にもやって来られます。私の国では、私が良い子でいたら、やって来るのは女性でした。私は長いことその女性の存在を信じていました。それはまるで魔法でした。朝起きて、私がいちばん欲しがっていたすべての物を見つけるのです。私が女性に持って来てほしいと頼んだすべての物がテーブルの上にあるのです。私は満足しました。

皆さんは子どもたちに真面目なものを与えるでしょうが、軽くて楽しいものも与えられます――おとぎばなしや劇や面白いものなどです。私たちは嘘に慣れています。私たちと子どもたちがそのようなちょっとしたものから生じる楽しみを味わっても、心配する理由はないのではないでしょうか？　私たちはただ、それらをほかのものと混同しないよう注意しなければなりません。無益なものを与えるために偉大さを取り去ってはなりません。子どもの魂は偉大さによって栄養を与えられます。子どもは援助に飢えています。子どもは大人の援助を当てにしています。子どもにこの援助を与えられないとしたら、皆さんの教育のすべては何の役に立つというのでしょう？　ことばは助けになりません。精神の全世界が子どもに開かれなくてはなりません。

道徳の特別授業は危険です。私たちは、道徳を教えることと宗教教育とを混同してはいけません。一つの例を挙げましょう。プロテスタントの家族がいました。父親は牧師でした。ある日曜日、父親は友愛について見事な説教をしました。私たちはあらゆる人を、特に貧しい人々や病気の人々を愛さなければならない、と言いました。その牧師の子どもの女の子は説教を理解し、深く感動しました。女の子は、父親の言ったように、あらゆる人を愛する気持ちになって教会を後にしました。子どもたちは私たちとは違います。もっと感じやすいのです――自分が感じたとおりに生きるという一つの傾向を持っています。一家は帰宅の途中で、一人の汚いぼろを着た乞食の子どもに会いました。小さい女の子は、自分の聞いたことを実行できるのでとても幸せになり、その乞食の子に駆け寄ってキスしました。母親はぞっとして、道で人々に触ってはならないと言いました。そして、「あの子が汚いのが分からなかったの?」と尋ねました。そのとき子どもは、父親が教会で言ったことは間違いだったと感じました。母親は明らかにそれを信じていなかったからです。たぶん、このような一つのショックは魂の中の何かを消してしまうことが出来るでしょう。

私たちは子どもたちについては注意深くなければなりません。サンタ・クロースについては好きなことをしてもかまいません――その考えはいずれは通り過ぎます。しかし、本当に宗教的な問題で嘘を言うと、子どもの魂を傷つけます。真剣になるよう最大の注意を払いましょう。宗教的な事柄についての子どもたちの感情や若い人々の感情を軽んじてはなりません。

若い人たちはしばしば子どものように扱われます。私の国に若い二人の女の子がいました。貴族の娘たちでした。二人は女子修道院で教育を受け、社会に紹介される時が来るまでは社会生活にまったく加わりませんでした。一人の年配の修道女が、二人が振る舞い方を知らないのでないかと案じて、二人に話しました。世界は誤魔化しに満ちていて、面と向かっては誰もが褒めことばを言うけれど、二人がいないところではほかのことを言うだろう、と。その後、二人がお披露目パーティに出席して、たくさんの褒めことばを浴びたとき、二人はそれらのことばを信じませんでした――二人はあの修道女が話したことは本当だったと考えました。二人は、自分たちがいないところでは、人々が何と言うかを聞くために、とあるカーテンの陰に隠れました。しかし、人々は二人がその場にいないと考えると、二人について、面と向かって言ったのよりももっと甚だしい褒めことばを母親に向かって言いました。そこで二人の娘は、誰が本当のことを言って、誰が嘘を言ったか分からなくなりました。それは二人にとって大きなショックで、二人は信仰を失い始めました。

私たちはこの種の教育をいいかげんに扱ってはなりません。真実が必要だとするなら、無垢の人々にとってこそ特に必要です。それらの人たちは自分でいろいろな経験をしていなくて、成熟した精神により多く頼らなければならないからです。それらの人たちは自信を与えられなければなりません。それを自分で知るための十分な経験を持っていないからです。

私は一人の善良な婦人を思い出します。その婦人は、子どもたちが行儀よくするのを学ぶように、道徳について教えなければならない、と言いました。私はその人がそうするのを望みませんでしたが、その婦人は言い張りました。ある日、婦人は子どもたちにカインとアベルの物語をしました。カインがどのようにアベルを殺したかを話しました。そして、たぶんカインとアベルがとても幼いときだったので、二人がけんかをしたからであろう、と言いました。

子どもたちの大部分は無関心でした。しかし、一人の小さい男の子が激しく泣きだしました。その男の子は理由を尋ねられて、「ぼくは弟に優しくない。だから、たぶん大きくなったときに、弟を殺すという不幸に会うのではないか」と答えました。この小さい子どもはとても不幸せでした。注意しましょう――子どもの魂は明るい鏡のようなもので、ちょっとした息でも曇らせることができます。大人たちはいくら慎重になり注意深くしても十分ではありません。大人たちは真実について注意して、子どもの大きな感情を心に留めておかなければなりません。

皆さんが子どもの魂についての一つのビジョンを既に持っていなければ、子どもの発達を助けることはできません。皆さんはまず自分自身の準備をして、それから、子ども期の偉大さと純粋さというこの新しいビジョンを受け入れなければなりません。私たちが物理的な環境を大いに注意して準備するのと同じように、私たちが不要な動きを取り除くために自分の運動を分析するのと同じように、私たちは子どもたちに宗教を紹介するとき、さらに厳密にならなければなりません。否定的な意味での教えを除いては、道徳を教えるのは困難です。

ある一人の母親が、嘘をつくことは非常に卑しむべきことで、貧しい人たちだけが嘘をついた、と考えました。上流階級の人間は嘘をつかない、と考えました。その母親は自分の子どもに言いました。「嘘をつくことは品位がなく、生まれの良い人たちにはふさわしくない。嘘をつかないように注意して、嘘をつくくらいなら死ぬ覚悟をしなければならない」と。ある日、その男の子は母親が電話で話しているのを聞きました。「ごめんなさい。今日は行けません。ひどい頭痛がするので、ベッドで寝なければならないの」と、母親は言っていました。子どもは恐ろしい叫び声を上げました。「ああ、お母さんが嘘をついた！」

子どもたちはとても敏感なので、私たちが言うことを真面目に受け取ります。このせいで、私たちは非常に注深くなくてはなりません。たぶん皆さんは、そんなに注意するのは不可能だし、自分は道徳的に十分には優れていない、と考えるでしょう。どうしましょう？　この難しさのせいで、私は一つの特別な宗教的な環境を用意することを考えました。ほかのものから分離した環境です。それについてここで話すのは時間がかかりすぎますが、ほかの本に書いてあります。インドでは、私は宗教について一つのコースを開きました。そのコースには、ヒンズー教、イスラム教、カトリックなど、いろいろな宗教の人々が出席しました。

三歳から六歳までの小さい子どもたちは、一つの特別な心理を持っています。子どもたちは愛にあふれています。虐待されたときにだけ、愛がなくなります。子どもたちは不適切な扱いを受けると、その本当の性質が変わってしまいます。子どもたちは愛にあふれていて、成長するためには愛されることを必要とします。すべての母親は当然ながら自分の子どもを愛します。したがって、子どもたちは必要とするこの愛を手に入れます。両親の愛は、この幼い年齢の子どもたちの安心感です。子どもたちの生きる喜びは、自分を取り巻くすべての人々の互いに対する愛に依存しています。

愛情豊かな両親を持っていることから生じる安心感は、学校での成功にとっても必要です。結びつきの強い家族の子どもたちは成功する傾向があります。小さい子どもたちは、自分の両親は自分がいなければ生きていられない――自分たちが幸せでないと、両親が苦しむ――と感じる必要があります。

一人の心理学者が、ここロンドンで講演をしました。その講演で心理学者は、両親が植民地へ働きに行くときに後に残さざるをえなかった小さい子どもたちが害を与えられたことを示しました。心理学者は一つの著しい例をあげました。妻と幼い息子をイギリスに残して、オーストラリアへ働きに行ったビジネスマンの例です。子どもは、自分の父親が自分と母親に愛情を持っていないのだ、と感じました。そしてその後のある日、「父親が必要としているので、自分も父親のところへ行く必要があるだろう」と、母親が言いました。子どもは悲しみにくれました。子どもは、この母親が誰よりも自分を愛していると考えて、安心感を持っていました。でもそうではなく、母親が父親のほうを選んだことを学んだのでした。このことは、子どもにとってすべての安心感の喪失を意味しました。

愛と保護はこの年齢の子どもたちが最も必要とするものなので、宗教感情は愛と保護を表現しなければなりません。したがって、神はあなたを愛しているということの考えはまさに適切なものです。子どもたちが理解できる考えです。小さい子どもは、いつでも自分を見守ってくれている天使が身の回りにいる――自分が悲しかったり不幸だったりすれば神が知ってくれる――という考えを好むでしょう。子どもたちは私たちに対する愛でいっぱいです。この宗教的な状態が大好きです。子どもたちは私たちのためなら何でもするでしょう。毎朝、第一にやることとして、私たちを探しに来ます。少し考えてみてください。子どもが母親をどんなに称賛するか！　私は、一人の小さい男の子が市街電車で一人の美しい婦人を見て、次のように言ったのを覚えています。「あの人はとてもすてきで美しい。ぼくのお母さんみたいだ」と。その子の母親はまるで美しくありませんでした。でも、愛と称賛は相伴うのです。

心理的に言えば、これが第一歩です。しかし、もし人々がこの段階に止どまっていたら、一般的には発達の遅れの一つの形を示します――これはとても幼い子どもの段階だからです。三歳の子どもの魂を満たすに足るものは大人の魂を満たすに足りません。

魂の発達におけるさまざまな段階を考えてみましょう。七歳では、子どもは違う心理を持っています。もはや両親の愛に頼ってはいません。自立したいと願っています。善いことと悪いことを区別することに興味を持っています。そうなると、宗教は子どもに、何が本質的に善で何が本質的に悪かについての明確な一枚の絵を与えなければなりません。子どもは二つのことを明確に区別できるようになりたいという衝動を持っているからです。子どもは自己完全への一つの自然な傾向を持っています。正常化した子どもはとても注意して、何か悪いことをしないようにします。もし別の子どもが自分は善いとは考えない何かをしていると、正常化した子どもは教師のところへ行って、別の子のやっていることが善いかどうか尋ねるでしょう。その教師はその子どもは告げ口をしていると考えるかもしれません。しかし、その子どもは本当に（別の子の行為が善いか悪いかの）情報を求めにやって来たのです。もし教師がそれに応えれば、その子どもは満足します。その子はただ知るために尋ねていたのです。

それは新たな段階です。私たちが大人を調べれば、いかに多くの人がいつも自分の行動が善いか悪いかを考えているのが分かるでしょう。宗教の世界には、魂を清めたり、あらゆる小さな罪のことを考えることを仕事とする人たちがいます。これらの人たちは七歳から十歳の子どもたちの心理の段階にいるのです。それらの人たちもまた、発達の遅れに苦しんでいるのです。

社会は道徳にとても関心を持っています。宗教と道徳は本質的におのずから一つの学科になりました。多くの人々は「それ以上に何が必要なのか？」と言います。そうですねえ、善いことと悪いことに一生懸命な人々は、人間性を忘れています。神は魂を清める薬のようなものです。もっと大きな何かがなくてはなりません。

次に思春期が来ます。思春期の人間は寛大さでいっぱいです。人間を救います。スペインの聖テレサはそのようでした。クリストファー・コロンブスがアメリカを発見し、原住民たちに会ったとき、聖テレサは言いました。「あなたが戻るとき、私もまた原住民たちを助けに行きます」と。これは、発達の第三段階の一つの現れです。

　発達には三つの段階があります。それらの段階は次々に積み重なっています。それらの発達段階は互いに壊すことはありません――魂を拡張するために互いの上に築かれます。もし私たちが人間の助け方を知るべきなら、魂の発達のこれらの三つの異なる段階を研究しなければなりません。

　大人たちは完全だ、と想像してみましょう。何の罪も持っていないとしましょう。そうだとすればたぶん、子どもたちにとって一つの完全な手本になれるでしょう。でも実際にはその代わりに、発達が遅れて三つのうち一つの段階に止まっている大人がいます。そして、子どもたちはそれらの大人たちを超えなければならないのです。

原注（38）：最初に『教会の中の子ども』が一九二九年に刊行された。三十年後に拡充版がE.M.Standing（スタンディング）によって編集された。その拡充版には、スタンディング自身と、Mother Isabel Eugenie, R.A.,（マザー・イザベル・ウジェニー）Sofia Cavalletti,（ソフィア・カヴァレッティ）M.Lanternier（M・ランテルニェ）とF. Lanternier（F・ランテルニェ）の論文が収録されている。今日では、Catechesis of the Good Shepherd（善き羊飼いの教理教授法）が、子どもたち向けの公認の宗教の学習と教具群を提供している。それらは、モンテッソーリの宗教教育についての考えから生まれたものである。

第29講義　一九四六年十二月三日

道徳教育

皆さんが私にたくさんの質問を送ってくださったので、私は今、質問の長いリストを持っています。皆さんが、私に答えてほしいとお考えになった質問です。道徳教育、社会教育、正常化、教師の介入、保護者たちと子どもたちと学校との関係などについて話してほしいとの要望が寄せられました。

これらはみな馴染みのある質問です。昔からの質問です。誰か祖先が質問しに戻って来たみたいです。これらは、教育に関する一般的な偏見を反映しています。道徳の欠陥の矯正としての道徳授業は、古い教育の基礎です。これのない教育は未だに理解されません。「学校から鞭を取り去ってごらんなさい。そうしたら我々教師はやめた方がましだ」と、私は何回聞かされたことでしょう。教えることと矯正することは古い形式の教育の基礎です。私たちは道徳を教えるべきで、良い手本を示すべきだ、と常に考えられてきました。親や教師たちは、子どもたちを訓練したり罰したりするために、そして一つの手本になるために協力してきました。しかし、この世界の人々をちょっと見てごらんなさい。そしてこれらの人々が、世界の未来の市民たちのための道徳の手本である、と想像してみてください！

もう一つのしばしば尋ねられる質問は、「もしあなたの教育法が個々の子どもの発達を助けるなら、では、どのようにして子どもたちを社会生活に備えさせられるのか？」というものです。でも、なぜ個人と社会は対立しなければならないのでしょう？　社会は個人から成っています――個人が援助されたら、なぜ社会は改善されないのでしょう？　個人に援助が与えられたとしても、そのことは、子どもが成長して世捨て人になることを意味しません。子どもたちは世捨て人に変わったり、あるいは山の中の洞窟に隔離された孤独な修道士になったりするわけではありません。

道徳とは社会のルールです――いろいろな道徳は社会がなければ存在しません。善と悪を区別するのは社会です。社会がなければ道徳もないでしょう。もし誰かを一人にして一つの部屋に閉じ込めたら、その人にどのような道徳教育を与えられるでしょう？　壁に止まっているハエをつぶしてはいけない、と言いますか？　あるいは他に何と言いますか？　道徳とは、ほかの人々との社会的な関係から生じるのは明らかです。だから、社会なしで、教育、道徳教育を考えるのは馬鹿げています。

教育は一つの誤った考え方のもとで行なわれてきました。一人の人間があらゆること――道徳、性格など――を一人の子どもに伝える必要があると考えるのは誤りです。それらのことがばらばらだと考えるのも間違いです。すべてが一緒になって一つの統一体を形づくっているからです。個人としての人間は、社会生活なしには発達できません。「人格の発達をどのように援助するか」と尋ねられたら、私は「人格は発達させられない」と言うことができるだけです。人々に性格を与えるために、私に何が出来るでしょう？　これは旧式の考えです。しかし、これらすべての質問がもっとずっと深刻な質問につながります。

道徳教育のための学習計画はありえません。道徳教育は年齢によって違わなければならないからです。子どもたちは年齢が違えば同じではありません。たとえば、誕生から六歳までは、道徳教育はこの時期の心理に応じて伝えられなければなりません。幼い子どもたちの振る舞いには、人々が矯正したいと思うたくさんの誤りがあります。小さい子どもたちの特別の不作法は性悪（naughtiness）と呼ばれます。性悪は本当の道徳問題ではありません。今日では、私たちはそれらの子どもたちを「悪」とは言いません。「難しい」と言います。これは現代の一つの問題――これらの難しい子どもたちの問題――で、解決するのがほとんど困難です。親たちや教師たちの善き意図はこれらの子どもたちの心に響きません。したがって、別のグループの人々が、この現代社会の実際的な問題に解答を提供するために出現します。心理学者たちです。心理学者たちは「Child Guidance Clinic（子ども指導相談所)」と呼ばれる特別な施設をつくりました。相談所はどちらか言えば病院に似ています。

したがって、これは現代社会の大きな進歩です。難しい子どもたちは、教室の隅に立たされる代わりに、病院に入れられます! 矯正できない性悪な振る舞いは、病気として扱われます。親たちと教師たちは何もできません。そして、心理学者たちも同様に何もできません。というのは、難しい子どもたちはますます数多くなっているからです。昔は、問題はそれほど重要ではありませんでした。子どもたちが罰によって服従させられていたからです。しかし、今日では洪水のようです。まるで美しい川であるテムズ川があふれたかのようです。災害みたいなものです。性悪で矯正不能な子どもたちの数が今日の私たちの世界で増えつつあります。そして、大人たちにはそれを防ぐ力はないようです。誰もが子どもたちのこの悪い状態の原因を見つけようとしています。

子どもたちが一九四六年に突然に悪くなった、と考えてはなりません。これは進化の結果ではありません。子どもたちは多かれ少なかれ、これまで常にそうだったのと同じです。だから、子どもたちの責任ではありません。子どもたちだけに関係する一つの問題でさえありません。今日の子どもたちのための状況は今までより良くなった考えられています。子どもたちは、十分に食べさせられていて、良い衣服、たっぷりの新鮮な空気、庭、公園、学校、解放と自由について多くの教育を受けている両親などを持っています。かわいそうな両親たちは幻滅し失望しています。この質問は、子どもたちの矯正について尋ねられる標準的な質問――手本を示すこと、身体の状態の改善など――とは異なっているに違いありません。

原因は生命に不可欠の何らかの要素が欠けていることにあるに違いありません。私たちはこの要素を正確に指摘しなければなりません。それは今日、すべての人を助けるために必要とされる研究です。この見つからない要素は心理的な何か、又はまだ知られていない何か、考慮されていない何かに違いありません。相談所は目下のシンボルです。誰もが同意するのは、子どもたちは道徳という意味では悪くないという点です。子どもたちの難しさは病気に似ています。

子どもたちは七歳に達した後では、社会にとってあまり迷惑ではありません。人々は、七歳から十二歳までの子どもたちについてはあまり苦情を言いません。これは幸福な時期だからです。これらの子どもたちのための学校は小学校と呼ばれます。この年齢の子どもたちは善悪についての強い意識を持っています。したがって、道徳教育が子どもたちを助けるのはこの期間においてです。もっと年少の子どもたちには、道徳教育は助けにはなりません。善悪の問題に興味を持たないからです。この小学校年齢の子どもたちは（ボーイ又はガール）スカウト活動の年齢で、ここでもまた道徳教育を提供します。スカウトたちは、ほかの人を助けることなどを教えられます。これらの教訓を教えられるだけでなく、それらの実践もします。スカウト活動は生命のこの時期に特によく適していて、この年齢での道徳の発達に大きな助けになる、と私は考えています。

その次には思春期が来ます。今日、思春期の諸問題はさかんに論じられています。少年非行がとても多いので、病院だけでなく、特別な監獄も必要とされるからです。それは、特にアメリカにおいては大きな問題ですが、非行少年たちは特別な扱いと特別な愛とを必要とします。

どこの子どもたちについても、どの年齢の子どもたちについても、その扱い方に何かが欠けているに違いありません。私たちは一つの新たな要素を考慮に入れなければなりません。たぶん、人間の行動がこの複雑な世界で変わってしまったのでしょう。たぶん、基本的な何かを無視しているのでしょう。そして、家庭生活が異なってきて、子どもたちがこの無視の最初の犠牲者になっているのです。私たちはこの視点から子どもたちのことを考慮しなければなりません。

道徳と社会教育は密接に関係しているので、私たちは道徳衛生学（moral hygiene）に何らかの新たな貢献をしなければなりません。これらの子どもたちが苦しんでいるのは明らかです。現代の心理学が十分でないのも明らかです。私たちが道徳教育のために現在までやって来たすべてのことは十分ではなかったことを、いろいろな事実が証明しています。道徳教育の問題はかつてほど単純ではありません。今日の社会の形に何らかの要素が付け加えられなければなりません――社会は以前とは異なっています。家族と教師と子どもたちの関係は調和したものでなければなりません。学校の環境が以前よりも大きな役割を果たしているからです。教師たちも親たちも、以前には知られていなかった、心理学の新たな知識の助けを得なければなりません。特に道徳と精神衛生学は、子どもたちを守るために発達しなければなりません。

子どもたちの人工哺乳が一般に採用されたとき、実際面で問題が生じました。正しい処方を見つけなければならず、その準備に使われる用具を消毒しなければなりませんでした。母親と乳母が最初にこれらの技術を学ばなければなりませんでした。教師もまたバクテリアが原因の病気について多少のことを知っていなければなりませんでした。それぞれの家が衛生学上の理由で自分の水道を持たなければならないと教えられたとき、水を供給するのは市当局の責任になりました。善き意図だけでは十分ではありません。今日、私たちは人間の魂の改善に向けての一つの積極的な貢献を必要としています。精神と道徳の衛生学に向けて、家族と学校と市当局がみな一つの貢献をしなければなりません。これは文明の進歩になるでしょう。

個人の進歩と成長はとても大切です。進歩とは精神の保護、環境と個人の関係の保護です。まず個人のために何かをし、次に社会のために何かをするという問題ではありません。問題の根があるのは社会の中だからです。私たちは個人を社会における位置において見なければなりません。社会の影響なしには個人は誰も発達できないからです。それは身体の栄養物のようです――私たちは食物について話すことができます。しかし、食物がなかったら、私たちの胃は何も消化できません。私たちは肺を持っていますが、空気がなければ呼吸できません。

心理学的に言えば、個人は自分の発達のためのすべての要素を精神の環境から取り入れます。とすると、どのような結論になるでしょう？　そうですね、これらは深く研究する必要のある難しい問題です。今日、なぜ性悪で難しい子どもたちの数が増えているかを見るとき、私はそれを子どもたちの道徳の問題だとは考えません。子どもたち一人一人の内部に何か悪いものがあるのではありません。むしろ、子どもたちよりも親たちの中で見失われている何かの問題です。したがって、注意は小さい子どもたちにではなく、親たちに向けられなくてはなりません。私たちが子どもたちのためにより良い状況をつくるべきだとしたら、私たちはまず親たちのことを考えなければなりません。

それゆえに、私たちはまずこれら成長した人々を変えなければなりません。小さい子どもたちに一種の道徳教育を与えたいと切望している大人たちをです。大人たちは時代の要求に適応しなければなりません。幼い子どもたちのための中心点は、大人になるために一定の方向へ行こうとする子どもたちの要求です。大人たちは無知で、子どもたちを一つの仕方でしか見ません――子どもたちの性悪さを見るだけです。しかし、私たちがよりよい人類を持つべきだとしたら、大人たちがより良くなければなりません。威張ったり、自分勝手になったり、独裁的になったりしてはなりません。大人たちは自分を見つめ、「そうか、私は問題がわかった」と言わなければなりません。

第30講義　一九四六年十二月四日

正常化

道徳教育の問題は非常に難しい問題です。一般に考えられているほどには単純な問題ではありません。道徳的な行動は矯正あるいは説教の結果ではありません――道徳を直接的に教えるのは不可能です。それは、全体としての社会の精神の健康に関係する一つの大きな問題です。道徳教育につながるすべての要素を考えてみましょう。

経験によれば、私たちは教師と子どもを別々に考えてはなりません――つまり、教師は道徳の教えを子どもに与え、子どもを罰する存在だと考えることです。教育とはもっと複雑です。私たちのところにいろいろな教訓を上手に教える教師がいるとしても、クラスの子どもたちが良い人間に、道徳的な人間に育つという結果にはなりません。それほど単純ではありません。もう一つの別の面があります――環境と生活の仕方です。道徳を教える方法は間接的です。大人、子ども、そして環境が三位一体です。この三者が一つだと考えられるべきです。

私たちは環境の基本的な重要性を発見しました。そして、多くの人々が今ではこの原理を理解しています。環境、特に学校の環境は非常に大切です。私たちが強調したもう一つの考えは子どもの精神的な発達の重要性です――つまり、子どもたちは能力を遺伝を通じて得るのではなく、発達のためのさまざまな「可能性」を持っているのだということです。この発達には厳密な順序があって、しっかりと決められた成長の諸法則に従います。子どもは誰でも内面の衝動を持っています。幼児にあっては、意識されない衝動が力強い何かによって、つまり子どもの内部にいる人格の創造者によって刺激されます。この意識されない創造は素晴らしいものです。ほとんど無から生じるからです。第一に、ただ可能性だけがあります――そして子どもは、環境から必要とするものを取り入れることによって、なるべき人間に成長します。

自然はある程度の援助を与えます。私たちは既に、幼児を「精神的胎芽（psychic embryo 精神的な胚）」にたとえることによって、人間の子どもの創造における自然のこの秩序だった力を考察しました。身体的な胎芽においては身体のすべての器官が非常にデリケートに発達するので、自然はそれを守ります。しかし、「精神的胎芽」はこの強力な守り手を持っていません。この胎芽はとてもデリケートで偉大なものですが、私たちの助力を必要とします。自然はいくらかの援助——たとえば母性愛——を与えます。しかし、精神のデリケートな建設は環境の中で行なわれます。その環境は今日では、精神的胎芽のために十分に整えられてはいません。精神的胎芽はたくさんの障害物に出会います。もし精神的胎芽がそのような障害物に出会わなければならないとすれば、その結果として怪物になるでしょう。一人一人の子どもはそれぞれ異なる精神的欠陥を持っています。精神的胎芽が環境でさまざまな障害物に出会うので、私たちは発達の自然な創造の線から多くの逸脱をこうむります。自然な創造の線からのこれらの逸脱は生命の始まりの時期に起こります。主として誕生から三歳までの年月にです。

このせいで、私たちの学校での三歳児たちは、この年齢ではそうであるべきはずの優しい天使たちではありません。乳母たちは言います。それらの子どもたちは小さい悪魔たちで、母親たちはただ面倒を見てもらうために乳母たちに引き渡したいと望むだけなのだ、と。教師たちもどうしたらよいか戸惑うばかりです。教師たちはみんな、子どもたちはどうにもならないと言います——つまり、子どもたちは気まぐれで、気難しくて、物を壊し、不注意だ、などと言います。大人たちは言います。「私はネコやイヌたちとは一緒に暮らせる。でも、子どもたちは与えないでくれ。私の手におえない」と。私は多くの人々が言うのを聞きました。「小さい子どもたちに教える以上に大きい犠牲的行為はない。そして、もっと難しいこともない」と。どうしてそうなのでしょう？　子どもではなくて、怪物がいるからです。私たちが世話をしている子どもたちのうちにも非常の多くの小さい「怪物」がいます。

この最も難しい実践上の問題について、私たちには何ができるでしょう？　これらの恐ろしい子どもたちがもっと年長になって、大人たちの命令に自分を適応できるようになったとき、小学校の教師たちは鞭か罰で子どもたちを扱うことができるでしょう。母親たちは、教師たちが自分の子を罰するべきだと同意します。両親は家で子どもたちを罰し、教師たちに同情した後にはその一つの結果として、私たちは犯罪傾向を持つ少年少女たちを見ることになるでしょう。たくさんの若い犯罪者たちです。それらの犯罪者たちがそうなったのは、道徳や行動が劣っていたからではなく、彼ら自身の誤りのせいでもなく、彼らが不適切にも性悪さいっぱいの世界に登場した、と私たちは考えるからです。

もし子どもたちの行動が両親次第だとすれば、教師たちは自分が教えたいと思う種類の子どもたちを選べることになるかもしれません。教師たちは言うかもしれません。「私は自分のクラスに優しい母親の子どもたちだけを受け入れたい」と。あるいは「私は両親が厳しい子どもたちを選びたい。それらの子どもたちの行動がましだから」と。そうではなく教師たちは、両親がどうであろうと、子どもたちはみんな同じだ、優しい母親が気まぐれな子たちを持っているかもしれないし、その反対の場合もあると知ります。

抑圧とは何で、何がその原因になるのでしょう？　このことを言うのは私だけではありません。抑圧とは、成長のいろいろな力が、つまり精神的人格の創造的な力が邪魔されたときに起こると、今や全世界が気づいています。人格が正常に育つようにと自然が人間に課したあれらの特別な活動をするのを妨げられるとき、子どもたちは抑圧されます。子どもたちのすべての精神的な異常は二つの源から生じます。第一の源は「精神的な飢え」です。このことは私たちには奇妙に思えるかもしれません。というのは、私たちは子どもの精神は空っぽで受動的だと考えてきたからです。私たちは子どもの精神が栄養を必要とすることを知りません。小さい子どもたちは精神的な飢えに苦しむことがありえることを知りません。第二の源は「活動の不足」です。もし子どもたちが無視された状態のままに放っておかれると、受動的でたくさん寝るように期待されると、結果として性悪になります。これらも抑圧です。それらの子どもたちは発達できません。なぜならば、すべての獲得物は環境での経験を通じて得られるからです。子どもたちは非常に有能です――環境から吸収する素晴らしい能力を持っています――でも、世界から切り離されると、刺激のない牢獄に入れられると、基本的な何かが欠けるようになります。もし、動かずに座っているようにされると、動いたり触ったりするのを禁じられると、自然な活動が抑圧されます。

抑圧は多くの異なる行動の仕方をもたらします――やる気のなさ、環境への不適応、内気、破壊性など。

私の図のこの線は正常さを表します。線が一本だけあります。垂直線がまっすぐに上に伸びています。正常さからのいろいろな逸脱を表します。限りない数の正常さからの逸脱があります。それらの奇妙な行動タイプは不適切な働きしかしません。それらは不道徳ではありません――病気なのです。身体の病気はある器官へのダメージからだけでなく、不適切な働きからも生じます。したがって、私たちが性悪と呼ぶ不適切な行動は一種の不適切な働きなのです。性悪は逸脱した発達の一つの現れで、正常な発達の現れではありません。私たちの経験では、不適切な行動は直接の介入では直せないことが分かっています。優しさも親切に扱うことも、直接的にはそれをやめさせられません。私たちが見つけた唯一のうまくいく方法は、それらの子どもたちを創造的な活動を妨げないような環境に置くことです。

私たちはそれらの子どもたちにもう一回チャンスを、別の形の生活を与えなければなりません。逸脱を直そうとしてはいけません。そうではなく、もっと正常な生活を与えなければなりません。それは、多くの活動の動機を含んでいる環境において、子どもたちの身心が活動的になれる生活です。私たちは子どもたちに、大人の絶えざる介入からの解放と寛ぎを与えなければなりません。適切な環境を与えましょう。他人からの自由と寛ぎを与えましょう。これが間接的な治療です。これは個々の子どもを矯正するのではなく、新しい生活への準備です。これは子どもたちが、最もぜいたくで最も富んでいる家庭においてさえも、それまでに決して享受したことのない何かです――というのは、皆さんが宮殿においてさえ子どもたちがよく解っていない乳母に任されているのを見ることになるからです。

困難な子どものための相談所を経営する心理学者たちは、このごろは家族だけでは十分ではないことを知っています。これらの難しい子どもたちは、あまりにも厳格に扱われている家庭からしばらく離されるべきだ、と言います。子どもたちには大人たち——召使、教師、両親、乳母など——からの自由を与えなければなりません。これらの心理学者たちは、子どもたちはそれぞれに応じて、さまざまな長さの時間にわたって離れていることを提唱しています。それは、街の生活の後で、新鮮な田舎の空気を呼吸するようなものです。田舎での休日のようなものです。これらの子どもたちは貧しいから困難児になったのではありません。というのは、いちばん悪い子どもたちの多くはいちばん富んだ家庭からやって来るからです。

初めは、これらの子どもたちが送られる環境は、たくさんの活動の動機を含んでいます。そして大人たちが成果を見守ることができるようにドアに覗き穴が開いています。子どもたちは自分たちが観察されていることを知りません。子どもたちは玩具類に囲まれて一日の休日を自由に過ごせます。子どもたちだけにされます。しかし、病気のままです。犯罪者たちが監獄での時間を過ごした後でも、悪いままで逆戻りするように、子どもたちも相談所に何回も繰り返して戻ってきました。そして、治りませんでした。たぶんこれは、環境がただ物理的なものであって、それだけでは十分ではないからでしょう。たぶん子どもたちは「発達への障害物」から解放されなくてはならなかったのでしょう。しかし、両親から、あるいは社会からも解放されませんでした。

私たちは難しい子どもたちを切り離してはなりません。しかし、子どもたちが自由に暮らせる一つの場所を与えなければなりません。そして、その場所では母親や父親、残りの人々から切り離されません。一つの場所があるべきです。子どもたちが何でもやりたいことをやりながら、毎日何時間か過ごせる場所、精神的な緊張のない場所です。多くのそのような環境が今では用意されています。子どもたちは一夜明ければ小さい天使になるわけではありません。あいかわらず不作法に振る舞うでしょう。しかし子どもたちには一人の教師がいます。愛と希望を持って子どもたちを見守り、子どもたちが新たな世界に適応するのを助ける用意のある教師がいます。

もし皆さんが子どもたちに自由と適切な環境を与えても、子どもたちが依然として無秩序だったら、神に助けを祈らなければなりません。というのは、それらの傷ついた子どもたちは一つの奇跡がなくては助けられないからです。そうなると、私たちにできるすべてのことは神の恩寵を待つだけです。できることはすべてやって、神の恩寵を待ちましょう。このことが私たちの学校の中心点です。このことが、そこからあらゆることが生じてくる点です。ある日、一人の子どもが集中するかもしれません。そして、別の日には別の子どもが。少しずつ、皆さんは本当の集中の現象を観察するでしょう。

そして、ひとたびこのことが起これば、興味深い作業において、子どもたちのすべての能力が集められた作業において表わされた集中から良き意志が現れ始めるでしょう。この現象は手を使う興味深い作業を通じて現れます。これらの子どもたちは注意深く精確に作業をします。同じ練習を何回も繰り返します。その他のことも起ります。この集中は子どもたちに本当の変化を生み出します。子どもたちの精神生活に何が起こるのか正確には分かりませんが、自然の計画の何らかの実現があります。すべての機能が調和することが可能になります。いろいろな異なる部分が結び合わされるからです。一つの新たな人格の創造のようです。子どもの粗暴な行動は消えます。おとぎばなしみたいですが、でも本当です。一つの奇跡です。抑圧されていたせいで、前には働かなかった諸機能が今や働くようになります。私たちはすべてのエネルギーの統一と一人の新しい人間の創造とを達成します。私たちはこのことを「正常化」と呼びます。この正常化の現象は、熱烈な活動と本当の集中とを通じてだけ達成されます。

人々は小さい子どもたちの集中へのこの能力を疑います。私たちが子どもたちと異なっていて、散らばったエネルギーを集中させられないからです。子どもがこの集中を発見した後では、以前にはそうではなかった、あるべき姿の子どもを見るでしょう。まるで、以前はそのすべての特徴が混ぜ合わされたような一人の子どもを持っていたかのようです——その目は頬の真ん中にあって、その手は両足があるべき場所にあったなど——そしてこれらすべての部分が正しい順番に、自然が意図した場所に並べ直されたかのようです。

この新しい子どもが現れると、教育が可能になります。以前のような子どもは教育できません。今や子どもが再調整されました――教育することができます。子どもが発達できる状態、発達させるべきものをたくさん持っている状態にあるからです。教育の道は長い道です。今後に有効になる多くの練習があります。環境に適用できる多くの事柄があります。私たちはすべての良いもの、高尚なものを紹介できます。そして、子どもはそれらを学ぶことができるでしょう。以前は学べませんでした。学べなかったので、人々は学べないのだと考えました。今や子どもは学ぶ用意ができています。これが教育の喜びです。精神の教育と日常生活の技能の教育の喜びです。子どもたちは正常化した後では、教育のすべてを取り入れられます。したがって、教育にとっての大きな希望はいちばん幼い子どもたちを援助することです。この希望は私たちの手中にあります。

第31講義　一九四六年十二月九日

回心した子どもたち

難しい子どもたちについてお話ししましょう。その難しさが天性のせいではなく、環境においていろいろな障害物に出会ったために抑圧されて難しくなってしまった子どもたちです。抑圧は一種の発達不足です。抑圧された人は正常には発達できません。この現象はその人の環境に誤った状況があるために生じます。

これらの抑圧は、両親が意識して行なった何かからは生じません。自分の子どもたちの無意識な扱いから生じます。両親は自分の子どもたちのためには何でもしたいと思っています。でも、両親が子どもたちのために何でもしてしまったら、子どもたちは発達できません――子どもたちは自分自身の活動を通じてだけ発達できるのです。

私たちが明らかにしたいちばん大切な事実（私たちの信念ではなく事実です――私たちは何回も繰り返して起こるのを見たからです）は、これらすべての形の粗暴さが消えるということです。直接の介入によってではなく、大人たちの良い手本によってでもなく、集中によってです。集中するということは、全注意力を吸い込む何かの練習に携わることとです。練習は一般に、手の運動を必要とする何かの教具による作業から成り立っています。ある子どもが興味を持つと、その子の全能力がその仕事に吸い込まれます。それが集中です。ある子どもがひとたび集中すると、性悪さがすべて消えます。照明のスイッチが入れられると、暗闇が消えるのと同じです。魔法みたいです。私たちは、集中が何をなすかを認識しなければなりません。そして、ある子どものすべての欠陥を一つ一つ矯正する必要がないことを確信しなければなりません。子どもたちが集中すると、その人格が変化して、本当に「新しい子どもたち」になります。この時点から進歩が始まります。人格は正常に発達し、私たちは教育の成果を目にし始めます。子どもたちが突然に知性的なるなどと言っているのではありません。しかし、この時点から後、子どもたちの振る舞い方が違ってきて、完成というこの道に沿った旅が始まります。それが発達です。

発達は子ども自身の活動を通じて生じなければなりません。皆さんは、三歳から六歳の一人の子どもの発達を直接的な援助を与えることによって促進することはできません。発達とは人間の内部から生じるものだからです。子どもの身体が物理的に成長するとしたら、それは子ども自身によって成長させられます。他人の身体をその人に代わって成長させられる人は誰もいません。それと同じように、一人の子どもは自分の活動を通じて発達しなければなりません。この仕事は内部の一つの仕事です。集中は練習と内部の何かとを結びつけます。もし子どもの創造的なエネルギーが結びつきを絶たれたり壊されたりしていると、集中が新たな結びつきをもたらし、その結果として正常さが生じます。

集中は家庭では不可能です。家庭は相応《ふさわ》しい場所ではありません。したがって、この目的に適した一つの環境を用意する必要があります。この環境は学校であるべきです。そしてその学校はたくさんの「活動の動機」を含んでいるべきです。一人の教師も必要です。でも、子どもたちの本当の改善は子どもたち自身の内部から生じなければなりません。

性格の発達は、子どもたちが集中し始めた後で生じます――人格のない性格はないからです。私たちは、移り気で乱暴で不注意な人に、一つの性格を発達させることはできません。まずは内面の再建がなければなりません――その後に、すべての子どもたちは似たような一つの性格を持ちます。私たちはこれを正常さと呼びます。たった一つの正常さしかありません。そのいっぽうで、非正常さは数え切れないほどあります。正常さは優れていて驚くべきです。正常な子どもたちは一般的ではないいろいろな特徴を持っています。積極的な興味、精確さと静かさ、幸せ、社会的な感情などを持って仕事をします。しかし、集中する前は、これらの同じ子どもたちが乱暴で、物を壊し、移り気で、喧嘩ばかりしていて、不注意という具合でした。

奇妙なことは、正常化の後には、性悪さが消えるだけでなく、性悪さだとは考えられないいくつかの特徴も同様に消えることです。活動の不足に由来するいくつかの受動的な特徴もまた消えます――度の過ぎたまといつき、母親か乳母へのまといつき、たくさん眠る必要などが消えます。私たちが想像力と呼びますが、本当は想像力における精神の病気である、異様なさまざまな考えも消えます。私たちが良い事柄だと考えてきた多くのことも消えます。たとえば、乳母は物語をねだるだけで、静かでたくさん眠る、受け身の子どもを喜び、この子は頭が良いと言うかもしれません。しかしながら、それらの特徴は消えます。それらの特徴が良いか悪いか、私には分かりません――私に分かっていることのすべては、それらが消えるということです。ある種の子どもたちの大人への度の過ぎた、まといつきは消えて、作業への興味にともなって自立が生じます。その子どもはもはや物語には興味を持ちません。一つあるいは別の種類の作業に興味を持ちます。この物語への興味は受動の一つの現れでしたが、消えます。

私たちは、子どもたちの良い諸特徴と悪い諸特徴について混乱しています。私たちは、良い子どもたちと悪い子どもたちとがいて、悪い子どもたちを良い子どもたちに変えなければならない、という考えを持っています。私たちは、私たちが受動的と呼ぶ、私たちに従う子どもたちを持ちたいと思います。従順な子どもたちは「良い」子たちなのです。しかし、これらの悪い諸特徴といわゆる良い諸特徴はすべて正常化の後には消えて、何か別のものが現れます。私たちは「良い」と「悪い」の強い先入観を持っているので、洞察力がなく、子どもたちを適切に判断できません。私たちはこの新しいタイプの子どもの一つの実際例を持たなければなりません。性悪な振る舞いをすべてやめて、正常に発達した子どもの例をです。

今日、社会は何が善で何が悪かを判断することに気を取られています。皆さんは良い政府を望んでいます。政府は人々によって選ばれます。しかし、政府はたくさんの悪いことをします。私たちは社会を再建しなければなりません。社会を構成しているすべての人たちは誤った発達の仕方をしたからです。この再建は、人間の行動と個人の正常な建設とを通じて生じなければなりません。子どもたちにおいては、これは人格の再建で、自然に生じます。非正常さは状況によってもたらされた内面の一つの苦しみです。そして、人間のこの非正常さは一貫してより悪くなっています。正常化が起こる前に、何か神秘的なことが魂の内部で起こらなければなりません。

図のこちら側には、私たちが「性悪さ」と呼ぶ、正常な子どもたちからのすべての逸脱を示しました。この別の側には、大人の場合に起こることを示しました。大人には、私たちが「致命的な罪」と呼ぶいくつかの罪があります。それらの罪は「致命的」と呼ばれるので、本当に恐ろしい罪に違いありません。これらすべての致命的な罪が行動ではないのは何と奇妙なことでしょう——たとえば、殺人は致命的な罪ではありませんし、都市の爆撃もそうではありません。致命的な罪とは、行動ではないという特徴を持っています。私はここ致命的な罪の上に一つの墓を表すために黒い一本の線を引きました（原注39：この図もなくなったようだ）。

人間は墓の中に埋められ、外には出られません。この黒線の上には、誰もが幸せであるべき正常な社会生活が見られます。貪欲は墓の中です。貪欲な人々は何の目的もなしに金をためます。それらの人たちは幸せではありません。金を有効に使わないからです。貪欲は内面の一つの状態です。貪欲な人間も美しい家族を持つことが出来るでしょう。でも、受動的な状態を選びます。だから埋葬されます。怠惰——怠惰な人々は世界では何もしないでしょう。だから、生み出すことができません。偉大な事柄をするというビジョンを持てません。だから、死んでいるのです。妬み、怒り、食い意地があります——食い意地とは、健康な仕方で身体に栄養を与える代わりにただ味わうという食欲です。そのようなすべての特徴は目的の代わりに手段だけを考えます。これらすべてのことは内面の状態で、私たちはこれらの特徴の中にただ一つの活動をも見ることができません。これらの特徴は正常さの中では消えます。十分な発達をとげなかったこれらの人々は、優れた正常な社会生活を失います。自分たちの欠陥に固執して、死んでいるのです。

これらの人々をどのようにしたら矯正できるでしょう？　私たちがある守銭奴に「あなたの金を地中から取り

出して、循環させなさい。何か良い仕事をしなさい。あなたの金を使えば、金持ちになる機会があるでしょう」と言っても、その守銭奴にはできないでしょう。死んでいるからです。説教も手本もその男を救えません。何か内面の変化が起こらなければ、その男の性質は変えられません。その変化は、内面の変化を通じてだけ生じえるのです。

正常さの線が一本だけあります。正常さはここだけから来なければなりません。内面の部分から来なければなりません。後悔は集中に似ています。後悔の後に、自分にとって何がいちばん良いかあるいは悪いかが分かり、社会に加われます。それは誰にとっても同じです。内面の危機は必要で、その後に、改善の可能性があります。それは新たな生活に似ています。

子どもたちには正常さは内面の現象――集中という現象――を通じてやって来ます。集中はここにあります（図表を示す）。後悔はあちらです。二つのことは同じではありません。集中は人格の再建で、正常に発達する能力をもたらします。

人々だけが世界を再建できます。もし今日の人々が死んだら、世界はもっと悪くなるでしょう。したがって、第一に必要で重要なことは人々の内面の再建です。そして、教育において第一に必要なことは子どもたちを援助することです。子どもたちに必要な状況を与えて、この現象が始まることのできる幸福な瞬間を待つことです。このことは、教育では普通は考えられません。普通は、道徳的な行動が強調され、子どもたちが静かに座っていて受動的であることが期待されています。子どもたちは理解していないので、何もできません。子どもというものは、怖れていたら何もできません。内気だったら、勇敢であれと話しても無意味です。所有欲に駆られていたら、友だちと分け合えと話しても無意味です。内面のいろいろな欠陥があるのです。普通の形の道徳教育は、そのような欠点を矯正しようとするのですが、助けにはならないでしょう。そうではなく、私たちは人格の内面の再建を求めなければなりません。

その内面の再建を助けるとすれば、次の二つのことが考慮されなければなりません。

一．この再建をもたらすために私たちは何をするべきか？

二．その後の発達を助けるために私たちは何をするべきか？

多くの人々は、私たちの子どもたちを見た後で、「回心」について話します。それらの人たちの一人にイタリアの偉大な女性詩人がいました。[40] 彼女が私たちの子どもたちを見たとき、子どもたちはこの戦争の後でヨーロッパの多くの子どもたちが置かれていたのと同じような環境にいました。子どもたちは孤児で、貧しくて、不幸でした。恐ろしいショックを受けていました。メッシーナの地震、二十万人の死者を生み、街全体を壊滅させた地震の生存者でした。[41] あらゆるものが破壊されました。それらの子どもたちは親も家もなしに残骸の中でなんとか生き残ったのでした。子どもたちの名前を誰も知りませんでした。子どもたちは絶望していたどころではありませんでした。恐怖でいっぱいでした。一晩じゅう泣いていました。女性詩人がそれらの子どもたちを見に来たときには、子どもたちは幸せでした。喜びのせいで、ジャンプしたり、スキップしたりしていました。子どもたちは日常生活の練習のすべての練習を精確に実行し、満足していました。子どもたちはあらゆることを楽しんでいました。庭の花々や示される一つ一つの親切さを楽しんでいました。知性的にもなりました――読み書き算数の準備が出来ていました。環境に対する責任を引き受けていました。環境を愛し、環境の世話をするために何をするべきかをちゃんと知っていました。そのことが、女性詩人が「これらは本当に回心した子どもたちである」と言った理由です。回心とは内面の状態の一つの変化です。落胆し絶望した人々を変化させ、身の回りの世界の空虚を満たします。生命力にあふれた一つの生活をもたらします。これが最大の回心で、それらの子どもたちに明確に見られました。

それらの子どもたちは、その世話をしていた修道女たちが母代りになったから、幸せになったのではありません。修道女たちが「恐れないで。泣かないで。家がなくなったのを悲しまないで。私が助けます」とか「私があなたのお母さんになりましょう」とかと言って話しかけたからでもありませんでした。そのようなことばは子どもたちの心を慰めなかったでしょう。それらの子どもたちは幼すぎて理解できなかったからです。子どもたちに話すことによって、子どもたちにこの美しい世界を楽しむようにさせることは誰にもできませんでした。それらの子どもたちは集中を通じて変わりました。子どもたちは、何かに興味を持ったとき、突然に変わりました。その興味は満足をもたらしました。その満足は小さい子どもたちにとっては大切です。勇気を与えるからです。子どもたちは満足から満足へと通っていって、その社会生活は実に見事になりました。子どもたちは一緒に仕事をし、幸せでした。それらのちょっとした活動が環境への責任という点で子どもたちを結びつけました。大切なのはいろいろな物だけではありません。環境への配慮が自分たちの手の中にあるという事実が大切なのです。したがって、それらの子どもたちは活動から活動へと移って行きます。夜も静かに眠ります。そして完全に治りました。子どもたちの内面生活の協力がなければ、子どもたちのために、そのことを誰もできませんでした。

それらの子どもたちについては多くの本が書かれました。私が書いたのではなく、ほかの人たちが書いたのです。皆さんはそれらの本の何冊かを読むべきでしょう。戦後の今、たくさんの不幸な子どもたちがいるのですから。英語の本の『モンテッソーリ・マザー』は、皆さんが自分の仕事に責任を持つことは小さい子どもたちにとって、ほかの何にもまして、大きな重要性を持つことを示しています(42)。その本は一つの例として、三歳半の小さい男の子のことを引き合いに出しています。その子はとても悲しかったので、スープも飲めないぐらいでした。それはとても美味しいスープで、それらの子どもたちは十分な食物を与えられていました。その子は、なぜそんなに悲しいのかと問われて、答えました。「今日は、ぼくが食事の給仕を出来ると言われたのに、そうではなくて、食べなくてはならないから」と。活動という考えが食べることという考えに勝っていたのです。さらに、それらの子どもたちは食事の前に手を洗うのを決して忘れませんでした。生活のあらゆる側面が子どもたちの注意を捉えていたのでした。

ある日、とても貴族的な婦人が子どもたちを訪ねてきました。それらの子どもたちが災難から生き延びたにもかかわらず、とても幸せだという現象のことを聞いたからでした。子どもたちの一人がやって来て、その婦人が見るようにと自分の手を差し出しました。婦人は大いに嘆きながら私のところにやって来て言いました。「この子は乞食の本能を持っている。お金をねだって手を差し出した」と。私はその婦人に説明しなければなりませんでした。「その子はお金をねだったのではなく、自分の手がどんなにきれいか見せたかったのだ」と。

別の婦人はイギリスの人でしたが、「これらの貧しい子どもたちがなぜ、このように美しいマナーをしているのか？　イギリス人の乳母たちがこれと同じぐらいに子どもたちを教育出来たらいいのに、と思います」と言いました。

それらの子どもたちはみんな活動に興味を持っていました。それらの性質のすべては、興味と活動と環境への責任のゆえに現れたのでした。環境にあるあらゆる物は子どもたちに任されていました――たとえば、昼食のときには何人かの子どもたちがテーブルの用意をします。たいへんに注意して用意し、ナイフとフォークと皿を正確な位置に置きます。子どもたちは興味を持っていて幸せなのです。テーブルの用意をしている間、喜びのせいでスキップしました。スキップは皿にとっては危険ですが、喜びがとても大きいのでしなくてはいられないのです。子どもたちは友だちが食べている間は給仕しました。召使になるときは、完璧な召使になりました。食べるときには、教えられた良いマナーを思い出しました。

私は二歳半の小さい男の子を覚えています。その子はひとりではナプキンを顎の下にはさめませんでした。スープを飲まないままで座っていました。すると、年長の一人の子がその理由を理解して、その子のところにやって来て、ナプキンをはさむのを手伝いました。その後、その子は食事を食べました。子どもは食い意地が張ってはいません。自分自身の主人です。そして、自分のスープが冷めたとしても、ほかの子を助けます。二人はその点で一致していました。大切なことは、それらの子どもたちが自分のするべきことをすべて理解していて、援助なしにそれらが出来るということでした。それが正常な子どもの特徴です。内面の再建です。それらの子どもたちは一般の本能の犠牲者ではありません。自分の本能を支配できます。それらが新しい子どもたちです。

同じことがどこででも起こりました。子どもたちは何か一つの作業に興味を持つのが常でした。そして、その現象の後に、発達が生じるのでした。したがって、もし皆さんのところに不注意な子どもがいたり、クラスに秩序がなかったりしたら、皆さんに出来る唯一のことは基本的な何かをすることです。子どもたちが集中の可能性を持っていないクラスでは、学習することはできません。教師はまず子どもが集中するのをどのように助けるかを研究しなければなりません。これが最初の責任です。その後、発達を援助し活動を指導するのが容易になります。

しかし、回心が最初に来なくてはなりません。もし社会が犯罪者たちを助けようと望むなら、まず犯罪者たちの魂を変え、この回心をもたらさなければなりません。さもなければ、社会がすることになるすべてのことは、犯罪者の社会を形成することになります。社会は犯罪を組織することになります。したがって、考えるべき二つの点があります。第一はいちばん難しいことです。というのは、皆さん自身がまず回心し、この新しい考え方を理解しなければならないからです。

原注(40)：モンテッソーリはたぶんLina Schwarz（リーナ・シュバルツ一八七六〜一九四七）のことを言っているのであろう。リーナ・シュバルツは子ども向けの詩の作者で、当時、とても人気があった。あるいは、Ada Negri（アダ・ネグリ一八七〇〜一九四五）に言及した可能性が大きいかもしれない。アダ・ネグリは教師で詩人。貧しい人々や社会で無視されている人々についてしばしば書いた社会意識の持ち主だった。

(41)：一九〇八年のメッシーナ海峡地震は、歴史上でも最も破滅的な出来事の一つだった。六万人から十万人以上の死者を出し、シチリア島のメッシーナ市と対岸のレッジョ・カラーブリア市はほとんど完全に破壊された。ジウスティ街の「子どもの家」にいた子どもたちの大部分はこの地震によって孤児になった子どもたちである。（『幼児の秘密』第二十八章

参照）

(42)：この本はアメリカ人のD・C・フィッシャーによって英語で書かれた。フィッシャーはモンテッソーリを訪ね、ローマの「子どもの家」を観察した後、この本を書いた。それは、アメリカの母親たちのモンテッソーリの方法についての多くの質問に答えるためだった。その本『A Montessori Mother』（一九一二年）はモンテッソーリ人気の波頭に乗った。フィッシャーは多作な作家で、子ども向きと大人向きのフィクションとノンフィクションを書いた。女性の権利、人種の平等、生涯教育の支持者でもあった。

第32講義　一九四六年十二月十日

新しい教師

集中は生活の一部で、教育法の結果ではありません。私がお話ししたすべての逸脱は病気ではなく、いろいろな抑圧の結果です。抑圧は病気ではありません。病気の人々は病院に送られます。もし私たちがそれらの難しい子どもたちを病院に送るべきだとしたら、子どもたちは治らないでしょう。心理学的に言えば、子どもたちはみんな傷ついています。

いろいろな抑圧はせき止められていたエネルギーの結果として生じます。一人の個人を発達させるに十分な一つの自然のエネルギーが抑圧されていたら、もっとエネルギーに満ちた一つの生活が治癒をもたらす前に、障害物が取り除かれなければならないことは明らかです。発達の唯一の線があります。正常さです。発達がその途上で妨げられると、逸脱します。一人一人の人間は、逸脱してはいても、正常なものへ返る傾向を持っています。もしそうでないとすれば、私たちには何もできないでしょう。ことはとても単純です――私たちがしなければならないことのすべてはこのエネルギーを解放することです。それほど単純なことです。このことは、一般に意味するように子どもたちを自由に走り回らせることではありません。もし逸脱を助長するのが自由だとしたら、子どもたちに自由を与えても何にもならないでしょう?

私たちは、教育における自由について語るときは、創造的なエネルギーに対する自由のことを言います。創造的エネルギーは個人の正常な発達のための生命の衝動です。これは、爆発する爆弾のエネルギーとは違って、当てにならないエネルギーではありません。一つの手引き、素晴らしい指示――意識されない指示――を持っています。その指示の目的は一人の正常な人間に発達させることです。私たちが自由な子どもたちについて語るときには、私たちはこのエネルギーのことを考えています。それらの子どもたちを申し分なく建設するために自由でなければならないエネルギーのことです。私たちはこの目的を助けなければなりません。私たちは、助けるときに、子どもたちがこの有無を言わさない創造的なエネルギーのもとに帰ってきて、正常になるのを見出します。そのことが起こると、すべての逸脱がやみます。

この現象は子どもたちの生活状況から生じます。だから、難しい子どもたちのための治療はそれらの子どもたちに自由な生活を提供する――一つの環境を用意する――ことでなくてはなりません。環境は生活の一部であり、生活は環境なしには存在しえないからです。これは間接準備です。適切な環境では正常さが自然におのずから生じます。皆さんは、非常に性悪な子どもたちが、適切な環境に置かれるとすぐに、突然に変身するのではないということを認識しなければなりません。一人一人の子どもは特有の形の性悪さを持っています。一人一人が違っています。一人一人で反応が違います。そこで、ある日ある子どもがある一つの作業に集中します。そしてその後、私たちはその子どもが変わったのを見出します。しかし、皆さんの目は、その現象が起こったときに、それを観察するよう訓練されていなければなりません。私たちは一般にそのようなことに気づきません。特に精神面の事柄についてはそうです。私は皆さんと一緒に見るための光景を提供できません。ある子どもが集中すると、その子の性格が変化します。まるで、その子が仮面を取ったかのようです。

皆さんが三十人の子どもたちのいる一つのクラスを担任していると想像してください。子どもたちは、正常な二人を除いて、みんな騒々しくて不注意です。担任教師は、これらの子どもたちの種類の違いを認識できなければなりません。違いを見分けるのはそんなに容易ではありません。破壊的な行為や秩序のなさは正常な振る舞いよりもずっと目につきやすいからです。教師はいろいろな欠陥を目にします。ここでもまた教師たちは、子どもが教具を壊していても止めません。これは集中の瞬間かも知れないと考えるからです。生物学を学び始めた人々は顕微鏡でいろいろな物を研究しなければなりません。でも、それらの人の目が訓練されるまでは何も見ることができません。だから、教師の目も訓練されなければなりません。集中というこのつかの間の現象が起こったときに、それを認識するために教師には敏感さが発達していなければなりません。

私が一人の子どもが集中するのを見たのは四十年前です。それは三歳の女の子で、ほかに四十五人の子どもがいるクラスにいました。その子ははめこみ円柱で作業をしていました。ほかの子どもたちも何かをしていました。でも、この小さい子について驚くべきことは、その子が非常に注意して作業をしていたこと、それからその練習を何回も繰り返していたことでした。そのことは、私には正常だとは思えませんでした。でも、それは正常だったのでした。しかし、私は当時の心理学を勉強しました。そしてその心理学は、小さい子どもたちは集中することはできない、と言っていました。私は、この子どもが一つの興味にそんなにも長く集中し続けているのを見たとき、その子がその練習を何回繰り返すか数えました。その子は練習を三十回あるいは四十回繰り返しました。そこで私は、すべての子どもたちに歌を歌わせるよう教師に頼みました。子どもたちはみんな歌いました。でも、その子は依然として自分の仕事に没頭していました。そして突然、その子は終わりました。たぶんその練習を四十回かそれ以上やったでしょう。歌を歌ったことはその子の妨げにはなりませんでした。その子がやめたのは、何か内面のものが完結したからでしょう——「活動のサイクル」が。

活動のサイクルは突然に終わります。このことは、非常に重要な何かが内部で起こったことを示唆しています。四十五人のクラスのただ一人にしか起こらないとしてもです。もし私がこの子の集中に気づかなかったら、担任教師も気づかなかったでしょう。そしてその教師は、歌を歌う時間になったら、その子もほかの子どもたちに加わるよう言い張ったでしょう。そうしたら、その子の集中は破られたことでしょう。

これは種子でした。皆さんはこのことについて私の著書で読めます。(43)この後では、私は子どもが何かの仕事に集中しているのを見たら、いつでも邪魔しないようにしておいたものです。私たちは集中している子どもの邪魔をしてはいけません。その子どもの内部で何かが起こっているからです。だんだんとほかの子たちも集中し始めるでしょう。ある日には一人の子が、別の日には二〜三人の子が。子どもたちは、ひとたび集中を獲得すれば、違ってきます。もはや粗暴さがなくなります。孤立してひとりで作業します。無秩序な子どもたちも秩序を愛し始めます。全員がとても規則正しくなるので、乱雑さが一つの異常な事柄になります。子どもたちは几帳面です。一つの新たな道に入ります！

子どもたちがこのようにして正常になるときには、新しいタイプの教師が必要とされます――正常さを助けることのできる一人の教師です。この教師がやらなければならない最初のことは、環境を用意することです。環境にあるすべてのものを整頓しなければなりません。教具群が完璧な順番になっているか、すべてのものが魅力的であるか、気をつけなければなりません。子どもたちが部屋に入ってきてすぐに、この環境を好むようにです。教師は子どもたちがきちんとしているよう期待します。だから、自分自身もきちんとしていなければなりません。教師自身も十分に気配りをして、適切な服装をしていなければなりません。清潔でこぎれいで、環境の魅力の一部でなければなりません。私たちは、三歳から六歳の小さい子どもたちと一つの部屋にひとりでいるとしても、できるだけ自分を魅力的にする女性である教師を持たなければなりません。教師はほとんど神秘的な何かをしなくてはならず、この小さい魂を引きつけなくてはならず、環境の魅力の一部でなければなりません。

母親もやはりこのようでなくてはなりません。母親は社会と自分の夫のためだけではなく、子どもたちのためにも自分を魅力的にしなくてはいけません。盛大な歓迎会のための服装をするときには、子どもたちのところに行かなければなりません。子どもたちがほれぼれと眺められるようにです。小さい子どもたちは自分の母親が美しく見えるのを目にしてとても幸せになります。そして、真剣になってほめます。

教師はまた、環境が子どもたちのものであることを理解していなくてはなりません。環境は教師のものではありません。なぜなら教師だからです。環境は小さい子どもたちがそれをマスターするのを助けます。社会に欠けているものは子どもたちのための一つの場所です。子どもたちが抑圧されず、発達のためのいくつかの手段を持てる場所です。教師は担任の子どもたちが自立するのを、環境を自分たちできちんと維持するのを助けなければなりません。教師は、それらすべての子どもたちが正常化するのを見ることに大きな誇りを持たなければなりません。教師は、自分がもはや必要でなくなったとき、最も誇りとすることができます。すべての子どもたちが正常になったからです。教師は次のように言えるとき、途方もない成功を収めたのです。すなわち、「子どもたちは何でも自分でできます。私を必要としません。これらの子どもたちは違っています。私が適切な仕方で扱ったからです。私はこれらの生命のエネルギーに自由を与えました――今や子どもたちは進み続けられます。そして私のほうはますます背景に退くことができます」と。こう言える教師は偉大な教師です。生命の教師です。

第一に、集中という現象が必要です。すると、子どもたちは静かになります。作業をするときに、手を動かすだけになります。集中した子どもはほかの子たちの邪魔をしません。教師は集中の最初の瞬間を認識しなければなりません。そして、それを妨げてはなりません。全未来がこの瞬間から生まれます。だから、教師は集中が起こったときに、邪魔しないように用意していなければなりません。それは非常に難しいことです。というのも、子どもたちが正常化する以前には、教師は絶えず介入する必要があるからです。一般に、子どもが仕事をしているとき、教師は妨げるでしょう。たとえば、教師は子どもが何をしているか見に行って、褒めます。この褒めることが一つの妨害です。教師は誤りを訂正するために行きます――これもまた、たとえ善意であっても、一つの妨害です。

子どもの行儀が悪いときに介入するのは妨害ではありません。でも、大人がよく言うように「ああ、子どもは生命力いっぱいだ！」というときだけです。

しかし、子どもが真剣に仕事をしているときに、多くの場合に、教師は行って言います。「何をしているの？見せて」と。すると、集中が壊れます。終わりです。だから、子どもがひとりで仕事をしているときには、決して口出ししてはいけません。子どもが間違っているかどうかに気を取られてはなりません。その瞬間には、子どもを訂正してはいけません。大切なことは、子どもが教具を上手に扱うということではなく、その教具が子どもの注意を引きつけたということです。子どもは練習を繰り返すことによって、あるいは誤りのチェック機能によって、自分で誤りを訂正します。誤りのチェック機能はいくつかの教具については厳密です。もし皆さんが口出しをすると、子どもの興味は終わります。自分で訂正するという魅力も台無しにされます。あたかも子どもが言っているかのようです。「ぼくは内部の自分自身と一緒にいた。でも、あなたが呼んだので、それが終ってしまった。もうこの教具はぼくには大事ではない」と。

子どもは褒めことばを必要としません。褒めことばは魅力を壊します。子どもは教具それ自体に興味を持つのではありません。一つの大きな内面のエネルギー、正常さが教具を使うこの作業から生まれるのです。そして、皆さんは口出しすることによって活動のサイクルを壊すのです。

教師はとても敏感でなければなりません。そして、集中というこの現象が起こったらすぐに、それを認識しなければなりません。教師は喜んで口出しをしたり訂正したりするのを我慢しなければなりません。もし訂正が必要なら――別のときに――本当の集中の瞬間にでは決してなく、間接的に教えなければなりません。今は獲得のときです。子どもが自分の自然な衝動に従って自分を教えるときです。環境での経験と教具での練習とを通じて建設が生じます。もし子どもたちがこの時点で訂正されると、この建設のプロセスが妨げられます。子どもたちが完全に建設されたとき、そのときには訂正が可能です――しかしそのときにでも、訂正は必要ありません。誤りのチェック機能が教具にそなわっているからです。

教師の仕事は子どもたちを正常化に、集中に導くことです。教師は牧羊犬に似ています。羊たちが道に迷ったときには羊の後を追い、すべての羊を囲いの中に入れておきます。教師には二つの仕事があります。子どもたちを集中に導き、その後に、子どもたちの発達を援助することです。発達の基本的な援助は、特に小さい子どもたちについては、口出ししないことです。口出しは活動を止め、集中を止めます。しかし、子どもたちがまださまざまな粗暴さの犠牲者である間は、口出ししないというその規則を適用してはいけません。子どもたちに窓枠や家具などに上らせてはいけません。この段階では、干渉しなければなりません。教師は警察官でなければなりません。警察官は正直な市民たちを治安の妨害者から守る必要があります。

教師は、子どもが集中しているときには邪魔しないようにするだけでなく、その子が妨害されないように見張らなければなりません。クラスの残りの子どもたちについては、皆さんは自分の好きなようにしてかまいません。養成中に習ったことを何でも、あるいは皆さんの常識が指示する別のことを何でもやってかまいません――それは重要ではありません。この段階は重要ではないからです。妨害をやめさせるために口出ししなさい。私たちは、悪い振る舞いをやめさせるときに、罰や叱責や説教は必要としません。その子どもに一緒に来るように頼んで、庭で花を摘むことができます。あるいは、その子どもの気に入りそうな玩具や何かの作業を提供できます。そのようにして、私たちはその子を今日は楽しませることができます――でもその後に――その子の隠された魂から何かが生じて、その子も集中するようになり、新たな生命を持つことになるでしょう。正常化するでしょう。

私たちは辛抱強く待たなければなりません。長くはかからないでしょう。自然が適切な種類の活動に向けて駆り立てるからです。そしてその後には、環境が子どもたちの発達に相応しく用意されていなければなりません。行儀の悪さは消え、子どもたちは適切な仕方で作業をし始めます。

皆さんは、子どもたちが無秩序なときには、何もできません。皆さんが一クラス全体を担任していて、一人一人の子どもに特別な注意を払えないときには、子どもたちに物語を語り聞かすこと――歌を歌わせること――グループ全体で練習すること――音を立てずに椅子を運ぶこと、水の入ったグラスを一滴の水もこぼさずに運ぶこと――ができます。これらのことを誰がいちばん上手にできるか、子どもたちに見させることさえできます。競争は悪いことですが、この段階ではかまわないのです。集中が生まれた後には、競争は消え失せるでしょう。子どもたちが作業に興味を持つようになるからです。したがって、競争が実際的な目的のために助けになるなら、それを使うのを恐れてはなりません。子どもたちがまだ逸脱している間は、何をしてもかまいません。ひとたび集中が生まれたら、すべてのものがおのずから訂正されます。

子どもたちの注意を引くために、私たちはどんな手段を使ってもよいのです。子どもたちの注意は活動を通じて引きつけられます。子どもたちに活動を与えましょう。優しさによって子どもたちを引きつけましょう。これもまた愛の一つの使い方です。私たちは何を目指しているかを知っているからです。私たちは、そのエネルギーが子どもたちの内部にあることを知っています。そして、子どもたちの発達に必要な練習をするよう促します。集中という点まで子どもたちを連れて行くのは自然です。皆さんではありません。皆さんはこの考えを理解したとき、そして子どもたちに抑制力をもたらすいろいろな練習を与えるとき、子どもたちを援助しているのです。子どもたちがとりあえず興味を持つものを、何でも与えましょう。

教師は魅力的であるだけでなく、威厳もなければなりません。教師は品位がなければならず、今日の学校の教師とは違って、単なる友達であってはなりません。教師と子どもたちは同等ではありません。教師が子どもたちに対して一人の子どもにならなくても、クラスには十分な子どもたちがいます。子どもたちはもう一人の子どもを必要としません。威厳のある成熟した人間を必要とします。子どもたちはその重要性のゆえに教師に敬服しなければなりません。権威者がいなかったら、子どもたちは指示をえられません。子どもたちはこの援助を必要とします。もし子どもたちを愛撫したりキスしたりするなら、威厳を持ってそうしなさい。子どもたちが教師に愛着してはなりません。教師に信頼を持たなければなりません。子どもたちは教具に愛着しなくてはなりません。教師に愛着すると、自立できません。威厳は傲慢と誤られてはなりません。威厳があるということは単に上位の人間であるということで、大人は子どもたちに対して品位がなくてはなりません。より長く生きているからです。

子どもたちは、この魅力的な環境では自分の仕事を自由に選べることを知っています。そして、そこには援助するための、この魅力的で威厳のある人がいて自分たちを導いてくれるということを知っています。イギリスのある詩人が教師について、教師は天使のようであり守ってくれ、優しくて威厳がある、と書いています。子どもたちは、この品位のある人物の近くにいるとき、安心感を持つでしょう。教師はあらゆることに完璧でなければなりません。

原注(43)：『幼児の秘密』の「What They Showed Me（第二部の「練習の繰り返し」）」と題する章で、モンテッソーリは、〈はめこみ円柱〉を四十二回繰り返した小さい女の子について書いている。その子は、周りで歌を歌ったり、座っていた肘掛け椅子ごと持ち上げてテーブルの上に載せたりしても気を散らすことがなかった、と。その子は、〈はめこみ円柱〉の仕事を終えると、「夢から覚めたかのように」幸せそうに微笑んだ、とモンテッソーリは書いている。（『自己教育』第三章にも）

第33講義　一九四六年十二月十一日

連帯による社会

私はこれまでに、どのように子どもたちが集中することを学ぶか、そしてどのように教師は集中の瞬間には子どもたちの邪魔をしてはならないかについて、お話ししてきました。集中の瞬間以外には、教師は常識を働かせなければなりません——口出しすることができます。でも、集中を邪魔したり壊したりしてはなりません。

子どもたちが集中した後では、子どもたちに自由を与えることが本当に可能になります。教師は子どもたちの活動を励まさなければならず、活動のための多くの機会を提供しなければなりません。教具——豊富な教具——を与えなければなりません。これらの子どもたちはひとたび集中すると、非常に活動的になって、とても作業をしたがるからです。多くのするべきことを与える必要があります。教師は、環境には作業のためのたくさんの可能性があるように気をつけなければなりません。

集中というこの現象が起こった後では、子どもたちが本当に「新しい子どもたち」になるのは、興味深い事実です。子どもたちは、ある種の行動が出来るようになり、子どもたちには普通では見られないレベルの活動が出来るようになります。まるで、内面の力あるいは潜在意識との一つの結びつきが確立したかのようです。そしてこのことが人格の建設をもたらします。私たちはこれらの子どもたちが活動的であることを目にします。自分自身を驚くべきやり方で建設します。そして、以前には出来なかった作業が出来るようになります。これらの子どもたちは誰にとっても驚きです。

子どもたちが私たちに示したことの一つは、書きことばに対する一つの驚くべき反応です。子どもたちはほとんど援助を受けずに——ほとんど自分で——書くことを学びました。この段階でのことばの獲得の特徴は、子どもたちが長くて難しいいろいろな単語を覚えることです。それらは一度だけ聞くのを許された単語です。子どもたちは内面の感受性――子どもたちはまだ吸収する精神の時期にいます――を持っています。そしてこのことは、話しことばの創造に対する敏感期に似ています。長くて理解できない単語を覚えるのは大人にとっては難しいことです。私たちは、単語を書いて綴りを言ってもらう必要があります。しかし子どもたちについては、既に頭の中にある内部のことばの一つの分析があるだけです。一つの〈砂文字〉が一つの反応を生みます――子どもは単語が音から成り立っていることに気づきます。七歳の子どもたちは、このようには反応しません。この幼い年齢の子どもたちだけが、まだことばに対する感受性を持っている子どもたちだけが、そうするのです。

敏感期の力は抑圧されてきました。でも、その力は解放されると、再び働き始めます。集中はいろいろな欠陥を治すだけではありません。眠っていた一つの新しい力をもたらします。ドアが開けられて、この内面の力が解放されます。このことの一つの現われはアルファベットへの一種の熱狂です。子どもたちは既にことばに対する内面の感受性を持っています。私たちはそれを一種の知的興味と呼んでもよいでしょう。それは新しい生命の表現のようです――驚くべきです。今や子どもたちは、自分のことばを完成させる機会を手にしました。

集中という現象の一つの結果として生じるもう一つのことは、社会的な環境に容易に適応することです。学校は一つの社会です。人々が一緒にいるとき、それらの人は一つの社会の中にいるのです。子どもたちはもちろん、家にいるときも社会の中にいます。でも、適応の仕方は違います。社会生活はあらゆるところにあります――さもなければ、家族も、国もないことになるでしょう。違うのは適応の仕方です。適応の困難さは容易には克服できません。これらの新しい子どもたちは何にでも容易に適応します。仕事にも、ほかの人たちとの触れ合いにも適応します。

この社会意識は賜物みたいです。子どもたちは普通、そう容易には互いに触れ合うことに適応しません。だから、これは一つの新しい現象です。それはたぶん、一つの自然なもの――個人間の容易なコミュニケーションを可能にする何か――思いやりとか協力などです。私はこのことを「連帯による社会（society by cohension）」と呼びました。それは強制された行動からは生まれません。あるいは、模倣行動からでさえ生まれません。そして、私たちの知っている世界には欠けています。しかしながら、これらの新しい子どもたちにとっては一種の連帯による社会を形成するのは自然なことです。

子どもたちが集まるのは普通です。これがいちばん基本的な一つの事実です。この現象を観察した人々は、一つの胎芽期の社会のようだ、と言います。その社会は多くの面を持っていますが、その一つは助け合いです。年長の子どもたちは年少の子どもたちを助けます。そして、年少の子どもたちは互いに助け合います。子どもたちは、互いに敬意を示し合い、関心を抱きます。

たとえば、ある子どもが黒板に文字を書くというような、何か難しいことを初めてするとき、ほかの子がそこへ行って、その子の仕事を褒めます。もし文字を書いた子が「ここにいて、誰かが文字を消さないように見張っていて」と言えば、見に行った子は、ほかの子の仕事を引き受けて、兵士のようにその場に止どまるでしょう。したがって、子どもたちの間には称賛はありますが、妬みはありません。互いの仕事を称賛し関心を持て、と子どもたちに言える教師はいないでしょう。しかし、私たちの学校では、誰かがする一つ一つのことは、私たちが偉大な画家の作品を称賛するように、全員から称賛される見事なことなのです。それは競争ではなく称賛です――きわめて自発的です。

ある子どもが何かを壊すという不幸に見舞われると、とても後悔します。子どもたちはこの段階に達すると、物を壊さないからです。子どもたちは後悔するだけでは足りません。もし何かを壊すと、とても心配します――でも、子どもたちは教具をたいへん上手に扱うので、何かがだめになることは、しばしばはありません。もしある子が何かを壊したら、ほかの子たちがやって来て慰めます。その子たちは自分の作業を中断して、かけらを拾うのを手伝います。

子どもたちはまた互いに精神的な援助者になれます。クラスの一人の子が秩序を乱しがちだと、もう一人の子がその子のところへ行って、「きみは少々行儀が悪いよ。でも、気にしなくていい。ぼくたちも以前はみんな行儀が悪かったけれど、今は良くなった。きみも良くなるはずだ」というようなことを言うでしょう。教師はこのようなことは教えられないでしょう。教師は、ある人をその悪い行いのゆえに慰めたり気を楽にさせたりは出来ないでしょう。しかしながら子どもにとっては、ほかの子の失敗は単なる不幸なのです。そして、この、ほかの子は慰められ、支えられなくてはならないのです。

生じてくる第三のことは調和です。一緒に働く人々の間の調和です。教具も一つの助けになります。というのは、私たちは一クラスに一セットの教具しか置かないからです。だから、もし一人の子が一つの教具を使いたいと思っても、もう一人の子がその教具を使っていたら、その子は前に使っている子が使い終わって元の場所に戻すまで待たなければなりません。子どもたちは互いに教具を直接に受け渡ししない、という規則があります。そして、使い終わったらいつも元の場所に戻します。したがって、子どもたちは忍耐とほかの子たちの尊重という練習をすることになります。

これらの些細なことすべてが思いやりと理解が生じるのを助けます。子どもたちは徐々に一つの真の調和を生み出します。それは人為的には与えられないものです。このことのすべてが驚くべき秩序と自発的な規律に導きます。子どもは自分の生活を秩序づけます。自由と規律が一緒に生じます。これは私たちの発見です。自由と規律は一般には反対のものと考えられているからです。そうではなく、私たちは自由のないところに規律はないということを見つけました。自由と規律は調和ある一つの組み合わせで、しっかりと結びついているのです。教師は、一定期間の後にもし規律が欠けていたら、自分がある間違いをしているに違いない――子どもたちが十分な自由を持っていない――ということを理解します。だから、規律は自由に対する誤りのチェック機能みたいです。もし私たちが完全な自由を与えれば、完全な規律を手に入れるでしょう。秩序はこの調和にとって必要な基礎です。

子どもたちはグループで何か――たとえば〈静粛練習〉（静けさのゲーム）――をします。子どもたち全員は同じ目的を持って、それを達成するために一緒に働きます。全員で完全な静粛を目指します。それが各個人を結びつけます。

私たちは一つの大人の社会を想像できます。子どもたちの社会と同じ線上に――つまり、この自然な連帯社会という線にそって――一つの構造的な社会として組織された社会です。ほかの人たちへの愛着が第一段階です。それが人々を共通の目的に向かって一緒に働かせます。もし社会がこのように建設されえたら、誰にとっても素敵でしょう。しかし、私たちはそれを要求できません。自然から生じなければなりません。もし自然が基礎ならば、建設物は優れたものになるでしょう。しかし、この基礎がなければ、ただ人工的な建設物がありえるだけです。簡単に崩れ落ちる建設物です。

子どもたちのこの連帯による社会を観察するのは興味深いことです。子どもたちは、外面的な目的のために、社会的な活動に携わります。子どもたちは、その活動が協力を要求するときは、グループで仕事をします。何かすることがあれば、協力します。私は一人の小さい男の子を見たことがあります。その子は〈幾何たんす〉のカードと図形板を全部取り出して眺めていました。そのときに音楽が始まりました。男の子は音楽に加わる前に、カードと図形板を片づけたいと思いましたが、それには多少の時間がかかったでしょう。ほかの子どもたちがその子を手伝いに来ました。それは自発的な協力です。子どもたちは、テーブルのセットや庭に植物を植えることなどで協力します。協力は自由な活動をともなう、自由な生活の結果です。

そうなると子どもたちは、秩序正しくなり、一つの調和した規律を身につけます。一人一人の子どもが自分の興味を持ちつつも、守っている一つの規律です。それは、全員が同じことを同じときにする必要のあるときの、従順さを強いられる、兵士の規律とは違います。子どもたちの規律は社会的なもので、人々を互いに調和するよう導きます。家庭でもやはりこのようであるべきでしょう。父親は家族の活動を命令するべきではありませんが、家族全員が調和して一緒に行動するべきです。普通の学校で規律として知られているのは、一つの社会的な誤りです。それは学校の規律ですが、社会生活の準備にはなっていません。というのは、社会では一人一人が自分の仕事――各人がいろいろな違うことをしなければなりません――を選びますが、全員が調和して働かなければならないからです。

これらの新しい子どもたちに少しずつ一つの発達が起こります。それは逸脱した子どもたちには決して見られません。教師が部屋にいないときにも、一つのクラスの子どもたちが静かに一緒に作業しているのを見るのも珍しくありません。学校の近くの道路には、近くに学校があると警告する注意書きがなければなりません。子どもたちがてんでんばらばらに学校から出てくるので、自動車にひかれる危険があるからです。これが不自然な規律に対する子どもたちの反応です。それとは反対に、私たちの子どもたちは、自由を基礎とした一つの自然な規律を持っています。

一人の子どもは自分の集団に行き渡っているいろいろな感情を吸収します。そして、この集団の仕事を誇りに思います。これが社会的な感情の一つの表現です。その子どもは自分の集団あるいはクラスがうまくいっていると幸せです。その子は自分自身の仕事だけでなく、自分のクラスがする仕事も誇りに思います。これが、もっと複雑な種類の一つのまとまりです。それは、私たちが町や国に対して持っている愛と同じような、より高度な感情です。

もう一つの興味深い現象は従順さです。私たちは自由と従順さは二つの対立するものと考えています。そうではなく、これらの自由な子どもたちは不思議に従順なのです。従順さは一人の個人の形成から生じなければなりません――さもなければ抑圧です。一人の個人の完成の現れでもありえます。自分自身の主人である人だけが従順になることができます。もし私たちがこの内面の規律を持っていなかったら、従うのは難しいでしょう。幸せな子どもたちは教師に従います。教師は頼みますが、命令はしません。子どもたちは従うことが出来るのを誇りにします。

最近のことですが、あるロンドンの教師が私に、子どもたちに伝える内容にどれだけ注意しなければならなかったか、と話しました。子どもたちがその教師に従うのをとても幸せに思っていたからです。たとえば、その教師が子どもたちに「それらの物を片づけてね、家に帰る前に」と言いたかったら、子どもたちが急いで自分に従うことを知っているので、「家に帰る前に、それらの物を片づけてね」と言わなければなりませんでした。

もう一つは性格の形成です。性格の人（a person of character 気骨のある人）とは自分が始めた仕事を終わらせることのできる人です。一ダースものさまざまなことを始めて、どれも終らせない人たちがいます。そのような人たちは決定できないのです。自分自身に自信がないのです。いちばん簡単な決定をするにも、ほかの人の助けを必要とするのです。子どもたちみたいで、自立して行動できません。

性格を発達させるために、私たちには何が出来るでしょう？　もし子どもたちに忍耐力がなければ、私たちが望んでいる内容を理解できません。もし子どもたちが優柔不断だったら、自分で決めなさいと言っても無意味です。まさにそれが、その子たちに出来ないことだからです。もし皆さんが子どもたちに、始めたばかりの活動あるいは仕事を終わらせなさいと言っても、子どもたちは終わらせることができません。又は非常に短い時間で活動に飽きてしまいます。これらの性質は経験と練習によってだけ発達させることができます。したがって、私たちはそれらの子どもたちに──毎日の生活で──忍耐心と選択力と持続力を練習する機会を与えます。それらの子どもたちは、これらすべての長所を練習する機会を持たなければなりません。それらが合わさって性格を形成するのです。

ということで、これらの子どもたちは一日じゅう選択の自由を持っています。選択が生活の基礎になっています。だから、自分で決定することを学びます。いつでも自分で決定して選びます。だから、これらの性質を発達させます。他人の要求に従うことによっては、これらのことは学べません。もし子どもたちがある特定の教具を望んでも、ほかの子がそれを使っていたら、その子が使い終わって片づけるまで待たなければなりません。このようにして、子どもたちは忍耐と他人の必要に適応することを学びます。子どもたちにこれらのことを説明するだけでは十分ではありません——実行しなければなりません。さもなければ、皆さんが一人の子どもにピアノについて説明するようなものです。ピアノがどのように動くか詳しく説明して、さあ弾いてごらんと言うようなものです。その子はピアノについてすべてを理解するでしょう。でも、練習しなければ、依然として弾けないでしょう。理解するだけでは十分ではありません。もしその子が熟達しなければならないとしたら、何時間も何時間も練習して過ごさなければならないでしょう。

それと同じように、子どもは、一人の大人になることを学ばなければ、どのようにしたら大人になれるのでしょう？　もし私たちが泳げない人が溺れそうになっているのを見たら、そして助けに行く代わりに正確な泳ぎ方を大声で教えたとしたら、その人は溺れてしまうでしょう。その人が私たちの指示を理解できたとしても、練習によって既に泳ぎ方を学んでいなかったら、泳げません。性格の形成は教えることができません。経験から生じます。説明からではありません。

何ごとにも広範な準備とたくさんの練習が必要です。したがって、教育の問題は一つの理論的な問題あるいは道徳教育の問題ではありません。もし優しいことばを言うことによって人々をよりよく出来たら、統治するのは容易になるでしょう。知識の大部分は絶えざる仕事を通じて生じます。私たちは課題を変えてもかまいません。しかし、学び続けなければなりません。さもないと、私たちが既に身につけたものを失うことになるでしょう。皆さんは見事に秩序だったクラスを持つことができるかもしれません。でも、そのクラスを放っておくと、しばらく後には見事なクラスではなくなるでしょう。子どもたちは、この段階にいるときは、練習と繰り返しを通じて自然に自分を完成させます。子どもたちは、この年齢の子どもたちが出来ると考えられているのより、ずっと多くのことが出来ます。

ということで、私はこの問題について、クラスでの生活、社会的な問題、性格の問題、教師と子どもの関係の問題などについて触れました。私がお話しした、この連帯による社会は小さい子どもたちの一つの特徴です。というのは、子どもたちは生まれながらに、他人に対する愛、思いやり、援助心でいっぱいだからです。子どもたちはこれらの性質を教師からの援助なしに発達させます。この驚くべき活動と規律は自然に生じるのです。

子どもが七歳あるいはそれ以上になると、別の種類の社会組織が始まります。この組織は、それを指導するリーダーのいる外面的な組織です。小学校の子どもたちが一人のリーダーを選びます。私たちは同じことをボーイスカウト運動に見出します。それは別の種類の共同生活です。この年齢の子どもたちは自分たちの活動を計画するためのリーダーを持つことを好みます。これはもっと発達した人々のための共同生活の一つの形です。小さい子どもたちは自分たちだけで仲よくやって行きます。しかし小学校年齢の子どもたちは支配し命令する一人のリーダーを必要とします。別の種類の組織を必要とするのです。その組織は、異なる発達段階にいた小さい子どもたちには無益だったでしょう。

私たちはこの二つの組織の形を一枚の織物にたとえられます。一枚の布が織られるとき、まず経糸（たていと）が用意されます。すべての糸が互いにくっ付いていますが、平行です。それは連帯による社会のようです。それらの糸はある点で固定されていますが、混じり合いません。第二段階では、梭（ひ）がすべての糸を一緒にくっ付けます。これは、すべての人々を一緒にまとめるリーダーの仕事に似ています。しかし、基礎として経糸、連帯による社会が必要です――さもなければ丈夫な布は織れません。

これらの段階はとても興味深いものです。社会発生学の研究になりえます。社会を形成する諸要素とは何でしょう？　社会の基礎は個人です――思いやりや愛などです。これが、小さい子どもたちが発達させるものです。これらの基本的な社会の要素は、この時期に発達させることが出来るし、発達させなければなりません。これらの要素は人間の発達における自然な現象です。この段階では、小さい人たちは、互いに思いやったり、助け合ったりする用意があります。互いの仕事に対する妬みや自慢はありません。もしこのように自然に発達できれば、これらの子どもたちは、これまでに逸脱した子どもたちに可能だったよりも、もっと知性的になり、高度な話題に興味を持ち、もっと有能で魅力的になるでしょう。これらの子どもたちは文化を吸収します。有益な活動をして毎日を過ごします。その精神は活動的です。生命の最初の瞬間から、人間の精神は何かに飢えています。今日では、精神の飢えは大部分の小さい子どもたちの一つの特徴です。子どもたちは、精神の食物を与えられれば、知性的になり始めます――大きな記憶力を見せます。たくさんの単語を学び、難しい知識も吸収します。正常化した小さい子どもたちはそれができます。正常さの一つの効果です。

皆さんは、これらの新しい子どもたちをこの新しい光のもとで見なければなりません。人間の内部には、隠されている一つの性質と一つのエネルギーとがあります。子ども時代という王国は天の王国です。もし子どもがこの年齢で発達する自由を持てば、その結果は大人の段階になって明確になるでしょう。大人の段階で連帯を学ぶのは難しいことです。小さい子どもたちは、自由を持てば、規律正しくなります。

これが小さい子どもの世界の法です。子どもたちはおきてを廃止します。そして、キリスト教におけるように、愛だけが残ります。このことを理解することが不可欠です。私たちはこの驚くべき現象を観察、研究しなければなりません。

『一九四六年ロンドン講義録』終わり

国際モンテッソーリ協会とは

Associaton Montessori Internationale（AMI）

オランダのアムステルダムにある国際モンテッソーリ協会（以下AMI）は、1929年マリア・モンテッソーリ自身と子息マリオによって設立されました。AMIの目的は、社会における子どもの権利を擁護し、すべての子どもたちが持つ無限の可能性を充分に開花できるよう援助すること。また世界中の大人が子ども時代の重要性を知り、生きる時代や宗教、社会的、政治的な背景に関わらず、どの人間も持つ普遍的な発達法則を知ることです。

具体的には教師養成コースのカリキュラム（０－３歳、３－６歳、６－12歳レベル、思春期や国境なき教育者）の質の維持と向上、教師養成者の育成（３レベルのトレーナー）、モンテッソーリ教具の品質管理と向上、そして貧困、差別、戦禍や災禍で苦しむ子どもたちへの教育援助、学校作りなど、ユネスコや他団体、NGOと協力し、グローバルな視点にたって、子どもの真の理解者を増やす平和活動を実践しています。

連絡先：Koninginneweg 161
1075 CN Amsterdam、The Netherlands
メール：info@montessori-ami.org
電話：+31 20 679 8932
HP:www.montessori-ami.org

AMI友の会NIPPON

Friends of AMI NIPPON

一般社団法人 AMI 友の会 NIPPON は、2013年４月にオランダの国際モンテッソーリ協会本部（以下 AMI）より正式に関連外郭団体（Affiliate Society）として認められた、日本で唯一の AMI を代表する団体です。

AMI 友の会 NIPPON の会員になることでオランダの AMI 本部の会員になることができ、グローバルな視点にたって世界各地で実施されているモンテッソーリ運動を支援することができます。

AMI 友の会 NIPPON の具体的な活動は、AMI 公認教師養成コースの支援、アシスタントコースやセミナーの企画運営、モンテッソーリ著書の翻訳・出版、コンサルティング、ニュースレターの発行、誰でも参加できるワンコインセミナーなどを通して、マリア・モンテッソーリ博士が系統立てた教育的理論と実践法を維持・普及し、日本国内や海外におけるモンテッソーリ教育の発展を目的としています。

連絡先：

AMI 友の会 NIPPON
〒252-0301
神奈川県相模原市南区鵜野森2-20-2
東京国際モンテッソーリ教師
トレーニングセンター３F
電話・FAX　042-705-6160
E-mail amitomo@arion.ocn.ne.jp
http://www.amitomo.org/

マリア・モンテッソーリ
Maria Montessori
（1870－1952年）

イタリア最初の女性の医師。精神医学、哲学、人類学、心理学など幅広い知識と経験を兼ね備え、鋭敏な観察眼を通して、子どもたちを観るうちに人間にはある共通した「発達の法則」があることを発見した。1907年、ローマのスラム街サンロレンツォ地区に貧しい子どもたちのための「子どもの家」を開設し、そこでの試行錯誤の結果生み出したモンテッソーリのメソッドは瞬く間に世界各地に広まり、100年たった現在も世界中で高い評価を得ている。戦後は平和教育に注目したことからノーベル平和賞に三度ノミネートされる。1952年にオランダにて逝去。―― 幼い子どもは「私たちの未来の希望である」とはモンテッソーリの深く永続する信念である。

翻訳　　：中村　勇
監修　　：一般社団法人 AMI 友の会 NIPPON
装丁　　：須藤康子＋島津デザイン事務所

国際モンテッソーリ協会（AMI）公認シリーズ02
1946年ロンドン講義録

2016年10月21日　初版第１刷発行
2021年11月12日　初版第２刷発行
2023年４月８日　初版第３刷発行

著　者　マリア・モンテッソーリ
訳　者　中村　勇
監　修　一般社団法人 AMI 友の会 NIPPON
発行所　株式会社風鳴舎
東京都豊島区南大塚2-38-1 MID POINT 6F 〒170-0005
（電話03-5963-5266　FAX03-5963-5267）
印刷・製本　奥村印刷株式会社

ISBN978-4-907537-02-9　C3037